公司法
条文对照与适用要点

何建 / 编著

法律出版社 LAW PRESS · CHINA
北京

图书在版编目(CIP)数据

公司法条文对照与适用要点 / 何建编著. -- 北京 : 法律出版社, 2024
ISBN 978-7-5197-8542-0

Ⅰ. ①公… Ⅱ. ①何… Ⅲ. ①公司法-法律解释-中国②公司法-法律适用-中国 Ⅳ. ①D922.291.915

中国国家版本馆 CIP 数据核字(2023)第 212775 号

公司法条文对照与适用要点
GONGSIFA TIAOWEN DUIZHAO YU SHIYONG YAODIAN

何 建 编著

责任编辑 翁潇潇
装帧设计 汪奇峰

出版发行 法律出版社
编辑统筹 法规出版分社
责任校对 张红蕊
责任印制 耿润瑜
经 销 新华书店

开本 A5
印张 14.25 字数 395 千
版本 2024 年 1 月第 1 版
印次 2024 年 1 月第 1 次印刷
印刷 固安华明印业有限公司

地址:北京市丰台区莲花池西里 7 号(100073)
网址:www.lawpress.com.cn
投稿邮箱:info@lawpress.com.cn
举报盗版邮箱:jbwq@lawpress.com.cn

销售电话:010-83938349
客服电话:010-83938350
咨询电话:010-63939796

书号:ISBN 978-7-5197-8542-0　定价:58.00 元

凡购买本社图书,如有印装错误,我社负责退换。电话:010-83938349

编写说明

公司是最重要的市场主体,《公司法》是社会主义市场经济制度的基础性法律。我国《公司法》于1993年制定,于1999年、2004年修正,于2005年全面修订,于2013年、2018年修改公司资本制度相关问题。《公司法》的制定和修改,与我国社会主义市场经济体制的建立和完善密切相关。自颁布实施以来,《公司法》对于鼓励投资兴业、维护交易安全、建立健全现代企业制度、促进社会主义市场经济持续健康发展发挥了重要作用。

为落实党中央关于深化国有企业改革、优化营商环境、加强产权保护、促进资本市场健康发展等重大决策部署,《公司法》修改列入十三届全国人大常委会立法规划。2021年12月,公司法修订草案提请十三届全国人大常委会第三十二次会议进行了初次审议,《公司法》再次开启大修序幕。2022年12月,公司法修订草案提请十三届全国人大常委会第三十八次会议进行了二次审议。2023年8月,公司法修订草案提请十四届全国人大常委会第五次会议进行了三次审议。

2023年12月,十四届全国人大常委会第七次会议对公司法修订草案进行了四次审议并通过了这部法律。这次修订是《公司法》实施以来修改内容最多、力度最大的一次,立足我国公司制度发展的实践经验,在2018年《公司法》框架和基本制度的基础上,不仅吸收了近年来我国企业改革积累的成功经验,还吸收了一些国家公司法律制度的有益做法,在坚持党对国有企业的领导,完善国家出资公司特别规定,完善公司设立和退出制度、资本制度,优化公司组织机构设置,强化控股股东和高管责任,加强公司社会责任等方面作出了明确规定,进一步落实产权平等保护要求、促进公司治理制度革新、加强中小股东保护、加强法律之间的衔接，对于完善中国特色现代企业制度、促进社会主义市场经济健康发展具有里程碑意义，为进一步完善中国特色现代企业制度、打造更具活力的中国市场提供坚实法治保障。

为方便广大读者更好地学习、理解、适用2023年新修改的《公司法》，我们编著了这本《公司法条文对照与适用要点》，本书具有以下特点：

1. 条文对照

本书围绕2023年《公司法》的条文进行编写，同时整理2018年《公司法》与2023年《公司法》条文对照表，列于相应条款之下，使读者清晰了解该条的立法变化。对照表中，针对不同修改情况采用了不同的特殊符号。

2. 适用要点

本书对主体法条进行专门注释并提炼条文主旨，每个条款特设“适用要点”，便于读者把握理解适用核心要点。

3. 典型案例

本书从最高人民法院指导案例、参考案例和公报案例中精心梳理关于《公司法》的典型案例，并提炼裁判要旨，有针对性地放在相关条款之下，以案释法。读者可扫描二维码，进入“有章 · 案例”，查阅相关案例全文。

本书的出版，如果能够对普通大众了解2023年《公司法》提供帮助，将是我们莫大的荣幸。本书在编著过程中，难免有不足之处，恳请读者不吝指正。

编　者

2024年1月

目　　录

中华人民共和国公司法

中华人民共和国公司法

（1993年12月29日第八届全国人民代表大会常务委员会第五次会议通过　根据1999年12月25日第九届全国人民代表大会常务委员会第十三次会议《关于修改〈中华人民共和国公司法〉的决定》第一次修正　根据2004年8月28日第十届全国人民代表大会常务委员会第十一次会议《关于修改〈中华人民共和国公司法〉的决定》第二次修正　2005年10月27日第十届全国人民代表大会常务委员会第十八次会议第一次修订　根据2013年12月28日第十二届全国人民代表大会常务委员会第六次会议《关于修改〈中华人民共和国海洋环境保护法〉等七部法律的决定》第三次修正　根据2018年10月26日第十三届全国人民代表大会常务委员会第六次会议《关于修改〈中华人民共和国公司法〉的决定》第四次修正　2023年12月29日第十四届全国人民代表大会常务委员会第七次会议第二次修订）

第一章　总　　则

第一条　【立法目的和立法依据】[1]为了规范公司的组织和行为，保护公司、股东、职工和债权人的合法权益，完善中国特色现代企业制度，弘扬企业家精神，维护社会经济秩序，促进社会主义市场经济的发展，根据宪法，制定本法。

〔1〕条文主旨为编者所加，仅供参考，下同。

条文对照[1]

2018 年《公司法》	2023 年《公司法》
第一条 为了规范公司的组织和行为,保护公司、股东和债权人的合法权益,维护社会经济秩序,促进社会主义市场经济的发展,制定本法。	**第一条** 为了规范公司的组织和行为,保护公司、股东、**职工**和债权人的合法权益,**完善中国特色现代企业制度,弘扬企业家精神**,维护社会经济秩序,促进社会主义市场经济的发展,**根据宪法**,制定本法。

适用要点

本条是关于立法目的和立法依据的规定。

公司是现代企业的基本组织形式,党的二十大报告提出,完善中国特色现代企业制度,弘扬企业家精神,加快建设世界一流企业。中共中央、国务院在《关于促进民营经济发展壮大的意见》中提出,培育和弘扬企业家精神,引导民营企业家增强爱国情怀、勇于创新、诚信守法、承担社会责任、拓展国际视野,敢闯敢干,不断激发创新活力和创造潜能。本条阐明了《公司法》的立法目的和立法依据,即规范公司的组织及与此有关的公司行为,调整公司的内部、外部权利义务关系,保护公司、股东、职工及债权人等利害关系人的合法权益。《宪法》是制定《公司法》的依据,具有最高法律效力,《公司法》的内容都必须符合《宪法》的规定,要把公司的活动纳入法治化轨道,维护良好的社会经济秩序,为市场主体提供公平、有序的营商环境,从而促进社会主义市场经济的发展。

---

〔1〕 为便于阅读,笔者针对不同情况采取了特殊符号,统一说明如下:"加粗"的内容,为2023 年《公司法》较 2018 年《公司法》新增的主要内容;"斜体"的内容,为字词的调整但表意不变的内容;"删除线"的内容,系 2018 年《公司法》较 2023 年《公司法》删除的主要内容。

第二条 【调整范围】本法所称公司，是指依照本法在中华人民共和国境内设立的有限责任公司和股份有限公司。

条文对照

2018 年《公司法》	2023 年《公司法》
第二条 本法所称公司是指依照本法在*中国*境内设立的有限责任公司和股份有限公司。	**第二条** 本法所称公司，是指依照本法在*中华人民共和国*境内设立的有限责任公司和股份有限公司。

适用要点

本条是关于本法调整范围的规定。

本条主要是补全了中国的全称“中华人民共和国”，在内容上并无实质性变化。

根据本条的规定，本法所称的公司是指依照本法在我国境内设立的有限责任公司和股份有限公司。也就是说，我国《公司法》认可的公司种类是有限责任公司和股份有限公司，不允许设立无限公司和两合公司。通过本条可知，纳入本法调整的只能是有限责任公司和股份有限公司两种形式。

第三条 【公司法律地位和公司经营活动基本规则】公司是企业法人，有独立的法人财产，享有法人财产权。公司以其全部财产对公司的债务承担责任。

公司的合法权益受法律保护，不受侵犯。

条文对照

2018 年《公司法》	2023 年《公司法》
第三条第一款 公司是企业法人，有独立的法人财产，享有法人财产权。公司以其全部财产对公司的债务承担责任。 **第五条第二款** 公司的合法权益受法律保护，不受侵犯。	**第三条** 公司是企业法人，有独立的法人财产，享有法人财产权。公司以其全部财产对公司的债务承担责任。 公司的合法权益受法律保护，不受侵犯。

适用要点

本条是关于公司法律地位和公司经营活动基本规则的规定。

本条是在2018 年《公司法》第 3 条、第 5 条有关规定的基础上修改而来。

企业法人，是指以营利为目的，独立从事商品生产和经营活动的法人。根据《民法典》第 76 条的规定，有限责任公司、股份有限公司和其他企业法人等都属于营利法人，公司作为法人，具有民事权利能力和民事行为能力，可以自己的名义参与民事活动，依法独立享有民事权利和承担民事义务。公司可以自己的名义独立享有各种民事权利，如财产权、人身权、知识产权等，并可以通过行使权利而获得经济利益。公司以自己名义享有独立的财产权，这是公司从事民事活动的物质基础。

公司是具有民事权利能力和民事行为能力的社会组织，作为具有独立人格的团体，公司应当以其享有所有权的全部财产对外独立承担民事责任。独立承担民事责任，是指公司的责任范围是独立的，公司只能自己承担清偿债务的责任，公司设立人及公司内部成员对公司债务不负责任。公司能够独立承担民事责任，并不意味着公司必须对其债务承担全部给付义务，而是意味着公司要以自己独立的财产承担清偿债务的责任。公司出现资不抵债、无法清偿到期债务的情况，则依照破产程序宣告破产，以其全部财产按比例清偿所欠债务。

民事主体的人身权利、财产权利以及其他合法权益受法律保护,任何组织或者个人不得侵犯。公司作为民事主体之一,其合法权益受到法律的严格保护,禁止任何人以任何方式侵犯公司合法权益。公司在生产经营过程中形成的所有合法权益,都应当受到法律保护。

典型案例

三亚凯利投资有限公司与张某男等确认合同效力纠纷案[1]

裁判要旨:公司股东仅存在单笔转移公司资金的行为,尚不足以否认公司独立人格的,不应依据2018年《公司法》第20条第3款判决公司股东对公司的债务承担连带责任。但该行为客观上转移并减少了公司资产,降低了公司的偿债能力,根据“举重以明轻”的原则,并参照《最高人民法院关于适用〈中华人民共和国公司法〉若干问题的规定(三)》(以下简称《公司法解释三》)第14条关于股东抽逃出资情况下的责任形态之规定,可判决公司股东对公司债务不能清偿的部分在其转移资金的金额及相应利息范围内承担补充赔偿责任。

第四条 【股东责任形式和股东权利】有限责任公司的股东以其认缴的出资额为限对公司承担责任;股份有限公司的股东以其认购的股份为限对公司承担责任。

公司股东对公司依法享有资产收益、参与重大决策和选择管理者等权利。

---

[1] 参见最高人民法院民事判决书,(2019)最高法民终960号。

条文对照

2018 年《公司法》	2023 年《公司法》
第三条第二款 有限责任公司的股东以其认缴的出资额为限对公司承担责任;股份有限公司的股东以其认购的股份为限对公司承担责任。 **第四条** 公司股东依法享有资产收益、参与重大决策和选择管理者等权利。	**第四条** 有限责任公司的股东以其认缴的出资额为限对公司承担责任;股份有限公司的股东以其认购的股份为限对公司承担责任。 公司股东**对公司**依法享有资产收益、参与重大决策和选择管理者等权利。

适用要点

本条是关于股东责任形式和股东权利的规定。

本条是在 2018 年《公司法》第 3 条、第 4 条有关规定的基础上修改而来,在第 2 款增加“对公司”的表述,明确了股东依法享有权利的对象是公司。

一、股东以出资为限承担责任

股东有限责任是现代公司的基本特征之一。2013 年 12 月,我国对《公司法》进行了较大幅度的修改,将注册资本实缴制改为认缴制,除法律、行政法规以及国务院决定对公司注册资本实缴另有规定外,还取消了关于公司股东足额缴纳出资的规定。公司作为独立法人,应当独立承担民事责任,当公司发生债务时,股东并不直接对债权人负责,而是由公司以自己的全部资产对公司债务承担责任。有限责任公司和股份有限公司的股东对公司均承担有限责任,体现为股东以其全部出资为限,对公司债务承担责任。

二、股东对公司享有的权利

股东是公司的投资者,其财产投入公司后,目的是取得收益,本质上是向公司让渡了该资产的所有权,并且只能以其对公司的投资享有对公司的股权。此时,股东在理论上仍是该项资产的最终所有者,但是已不占有该项资产,不能直接支配已作投资的资产,其所享有的权利在内容上发生了变化，即由原来的对财产的占有、使用、收益和处分的权利，演变为从公司经营该资产的成果中获得收益、参与公司作出重大决策以及选择公司具体经营管理者等权利。

典型案例

上海诺牧投资中心（有限合伙）等与北京中融稳达资产管理有限公司合同纠纷案[1]

裁判要旨：案涉投资方式为股票收益权转让及回购，根据2018年《公司法》的规定，公司股东依法享有资产收益、参与重大决策和选择管理者等权利。据此，资产收益具有财产权利的性质，属于公司股东依法享有的一项财产性权利，现行法律、行政法规对股权及其财产性权利的转让没有禁止性规定，故股权收益权可以独立转让。

第五条 【公司章程】设立公司应当依法制定公司章程。公司章程对公司、股东、董事、监事、高级管理人员具有约束力。

条文对照

2018年《公司法》	2023年《公司法》
第十一条 设立公司*必须*依法制定公司章程。公司章程对公司、股东、董事、监事、高级管理人员具有约束力。	**第五条** 设立公司*应当*依法制定公司章程。公司章程对公司、股东、董事、监事、高级管理人员具有约束力。

[1] 参见北京市高级人民法院民事判决书，(2021)京民终367号。

适用要点

本条是关于公司章程的规定。

制定公司章程是设立公司的条件之一。公司章程,又称“公司的宪法”,是指由公司权力机构依据规定程序制定的,规范股东出资及相关关系、公司组织机构设置、公司经营准则等公司营运基本规则,内部成员权利义务相关事项的法定文件,具有特定的法律地位。有限责任公司的公司章程,由股东制定,而且必须是全体股东共同制定。股份有限公司的公司章程,则根据设立方式的不同,其制定主体也有所不同。采取发起方式设立的,由全体发起人共同制定公司章程;采取募集方式设立的,由发起人拟定公司章程(实为草案),并提交成立大会通过。公司章程主要规定公司的宗旨、组织机构设置及其运行等涉及公司根本性、方向性的问题。公司章程应当载明的事项,属于公司章程的法定载明事项,除此之外,公司还可以根据自身情况,对其他事项作出规定。

公司章程是公司组织和活动的行为准则。公司章程的约束力,是指公司章程对哪些主体发生效力。根据本条的规定,公司章程对公司、股东、董事、监事、高级管理人员具有约束力。

第六条　【公司名称】公司应当有自己的名称。公司名称应当符合国家有关规定。

公司的名称权受法律保护。

条文对照

2018 年《公司法》	2023 年《公司法》
	第六条　公司应当有自己的名称。公司名称应当符合国家有关规定。 公司的名称权受法律保护。

适用要点

本条是关于公司名称受法律保护的规定。

本条是在吸收《民法典》第 58 条和第 110 条规定基础上形成的。

公司是法人,应当有自己的名称、组织机构和场所,以及必要的财产或经费保障。公司的名称是区别于其他公司的标志,公司对已经登记注册的名称享有专有权。我国法律、行政法规对公司的名称有明确的要求,公司名称应当符合国家有关规定,如《企业名称登记管理规定》第 6 条规定,企业名称由行政区划名称、字号、行业或者经营特点、组织形式组成。跨省、自治区、直辖市经营的企业,其名称可以不含行政区划名称;跨行业综合经营的企业,其名称可以不含行业或者经营特点。有一些特殊企业,经国家市场监督管理总局核准,可以不冠以企业所在地行政区划名称,包括全国性公司,国务院或其授权的机关批准的大型进出口企业,国务院或其授权的机关批准的大型企业集团,历史悠久、字号驰名的企业,外商投资企业,以及国家市场监督管理总局批准的其他企业。[1]

名称权,是指自然人以外的其他民事主体依法享有的决定、使用、改变及转让自己的名称,并排除他人非法干涉、盗用或冒用的权利,该权利是法人和非法人组织特有的一种人格权。侵犯公司的名称权不仅会给公司的信誉造成损害,还会在名称的管理、商品交换等方面引起一系列混乱,使国家和有关当事人遭受损害。当公司的名称被他人侵犯时,公司有权向人民法院请求保护。

---

〔1〕 参见黄薇主编:《中华人民共和国民法典总则编释义》,法律出版社 2020 年版,第 144 页。

典型案例

昆明船舶酒店与昆明船舶大观酒店有限公司名称权纠纷案[1]

裁判要旨：当企业名称权被侵害时，可以选择向侵权人所在地登记主管机关要求处理，亦可以就该侵权行为直接向人民法院起诉。上诉人以其名称权被侵害为由，向人民法院提起上诉，属于人民法院的受案范围，人民法院应予受理。一审对此处理有误，二审法院依法予以纠正。

第七条　【公司名称的规范要求】依照本法设立的有限责任公司，应当在公司名称中标明有限责任公司或者有限公司字样。

依照本法设立的股份有限公司，应当在公司名称中标明股份有限公司或者股份公司字样。

条文对照

2018 年《公司法》	2023 年《公司法》
第八条　依照本法设立的有限责任公司，*必须*在公司名称中标明有限责任公司或者有限公司字样。 依照本法设立的股份有限公司，*必须*在公司名称中标明股份有限公司或者股份公司字样。	**第七条**　依照本法设立的有限责任公司，*应当*在公司名称中标明有限责任公司或者有限公司字样。 依照本法设立的股份有限公司，*应当*在公司名称中标明股份有限公司或者股份公司字样。

〔1〕参见云南省昆明市中级人民法院民事裁定书，(2008)昆民三终字第 382 号。

适用要点

本条是关于公司名称的规范要求的规定。

公司名称能够反映公司的责任形式。因此，本条规定，依照本法设立的有限责任公司，应当在公司名称中标明有限责任公司或者有限公司字样；依照本法设立的股份有限公司，应当在公司名称中标明股份有限公司或者股份公司字样。社会公众通过公司名称可以了解公司的性质、责任形式，进而能够基本评价公司的实力、信用，有利于维护公司及交易相对人的合法权益，保障交易安全，维护社会经济秩序。

第八条 【公司住所】公司以其主要办事机构所在地为住所。

条文对照

2018 年《公司法》	2023 年《公司法》
第十条 公司以其主要办事机构所在地为住所。	**第八条** 公司以其主要办事机构所在地为住所。

适用要点

本条是关于公司住所的规定。

公司住所是公司生产经营活动的中心场所，与其自身活动、有关管理机关监督管理、确定诉讼管辖等关系十分密切。在我国法律上，公司的住所是指主要办事机构所在地。公司可能有多个办事机构所在地，但主要办事机构所在地为住所，即公司的住所只能有一个。所谓办事机构所在地，是指执行公司的业务活动、决定和处理公司事务的机构所在地。公司的办事机构所在地可能与公司的厂址不在同一个地方，但应以办事机构所在地为住所；如果办事机构所在地有多个，并且分别位于不同的地方，则以其主要办事机构为住所。在法律上，公司的“住所”与场所的概念是不同的，场所的范围更大，不仅包括公司的住所，还包括公司从事生产经营活动的其他地点或设施。司法实践中，经常出现公司住所地与实际经营地不一致的情形。

《最高人民法院关于适用〈中华人民共和国民事诉讼法〉的解释》（以下简称《民事诉讼法解释》）第22条规定：“因股东名册记载、请求变更公司登记、股东知情权、公司决议、公司合并、公司分立、公司减资、公司增资等纠纷提起的诉讼，依照民事诉讼法第27条规定确定管辖。”《民事诉讼法》第27条规定，因公司设立、确认股东资格、分配利润[1]、解散等纠纷提起的诉讼，由公司住所地人民法院管辖。

第九条　【公司经营范围】公司的经营范围由公司章程规定。公司可以修改公司章程，变更经营范围。

公司的经营范围中属于法律、行政法规规定须经批准的项目，应当依法经过批准。

条文对照

2018年《公司法》	2023年《公司法》
第十二条　公司的经营范围由公司章程规定~~，并依法登记~~。公司可以修改公司章程，改变经营范围~~，但是应当办理变更登记~~。	**第九条**　公司的经营范围由公司章程规定。公司可以修改公司章程，变更经营范围。 公司的经营范围中属于法律、行政

[1] 2020年《最高人民法院关于适用〈中华人民共和国公司法〉若干问题的规定（四）》第13条规定：“股东请求公司分配利润案件，应当列公司为被告。一审法庭辩论终结前，其他股东基于同一分配方案请求分配利润并申请参加诉讼的，应当列为共同原告。”

续表

2018 年《公司法》	2023 年《公司法》
公司的经营范围中属于法律、行政法规规定须经批准的项目,应当依法经过批准。	法规规定须经批准的项目,应当依法经过批准。

适用要点

本条是关于公司经营范围的规定。

经营范围是市场主体从事经营活动的业务范围。公司的经营范围,是指公司在经营活动中所涉及的领域,具体包括公司生产项目、经营种类、服务项目等。公司需要一定的经营范围,以便开展经营活动。公司经营范围由公司章程规定,作为营利法人,公司应当依法享有经营自主权,有权自主决定在什么领域中从事经营活动。因此,公司的经营范围不应当由政府行政主管部门确定或指定进行登记,而应当由公司自行确定,根据经营需要自行调整范围,这有利于保障交易安全,促进市场交易,激发市场活力。

我国对公司法人的经营范围限制已经基本放开。《民法典》第 505 条规定:“当事人超越经营范围订立的合同的效力,应当依照本法第一编第六章第三节和本编的有关规定确定,不得仅以超越经营范围确认合同无效。”该规定明确了当事人超越经营范围订立合同一般不影响合同效力。需要注意的是,公司的经营范围应当符合法律、行政法规的规定,属于法律、行政法规规定禁止经营的项目,公司不得经营。在经营范围中,有法律、行政法规限制经营的项目的,必须依法经过审批,未经批准不得将该项目纳入公司经营范围。

典型案例

王某媛与苏某峰租赁合同纠纷案[1]

裁判要旨：关于涉案合同效力问题，虽然王某媛主张本案租赁合同因超出了经营范围而无效，但是签订租赁合同并不属于法律、行政法规规定须经批准的项目，而且上述规定不属于强制性效力性规定，不能因此而认定租赁合同无效。由于王某媛不能提供充分的证据证明涉案合同属于无效的情形，故二审法院维持一审判决并无不当，再审法院驳回了王某媛的再审申请。

第十条　【公司法定代表人】公司的法定代表人按照公司章程的规定，由代表公司执行公司事务的董事或者经理担任。

担任法定代表人的董事或者经理辞任的，视为同时辞去法定代表人。

法定代表人辞任的，公司应当在法定代表人辞任之日起三十日内确定新的法定代表人。

条文对照

2018 年《公司法》	2023 年《公司法》
第十三条　公司法定代表人*依照*公司章程的规定，由~~董事长、执行董事~~或者经理担任~~，并依法登记。公司法定代表人变更，应当办理变更登记。~~	**第十条**　公司**的**法定代表人*按照*公司章程的规定，**由代表公司执行公司事务的董事**或者经理担任。 **担任法定代表人的董事或者经理**

[1] 参见吉林省高级人民法院民事裁定书，(2015)吉民申字第 1813 号。

续表

2018 年《公司法》	2023 年《公司法》
	辞任的，视为同时辞去法定代表人。 法定代表人辞任的，公司应当在法定代表人辞任之日起三十日内确定新的法定代表人。

适用要点

本条是关于公司法定代表人的规定。

法定代表人是代表法人从事民事活动的负责人，是法人的组成机关。我国实行单一法定代表人制，法定代表人只能为自然人一人。法定代表人是能够以法人的名义，代表法人对外实施法律行为的人。在法定代表人的产生过程中，法定代表人可以由法律直接规定，也可以由法人的成员根据章程来确定。就公司的法定代表人而言，应当按照公司章程的规定，由公司根据本公司具体情况，在代表公司执行公司事务的董事或者经理的人员中选择和确定法定代表人。在不设董事会的公司，由董事或经理担任。

本条取消了法定代表人的登记要求，交由《市场主体登记管理条例》进行调整；在不设董事会的公司，放宽了法定代表人的人选范围，不再限定于执行董事，任一董事均有资格担任。

需要注意的是，辞任的董事如担任法定代表人，由于法定代表人是从董事或总经理中选任产生，辞去董事意味着同时辞去法定代表人，除非其仍具有担任法定代表人的资格身份。为了避免法定代表人辞任难问题，本条第 5 款专门规定公司要在法定代表人辞任之日起 30 日内确定新的法定代表人，有利于避免出现无人继任法定代表人的问题。

典型案例

韦某兵与新疆宝塔房地产开发有限公司等请求变更公司登记纠纷案[1]

裁判要旨:法定代表人是对外代表公司从事民事活动的公司负责人,法定代表人登记依法具有公示效力。就公司内部而言,公司与法定代表人之间为委托法律关系,法定代表人代表权的基础是公司的授权,代表权自公司任命时取得至免除任命时终止。公司权力机关依公司章程规定免去法定代表人的职务后,法定代表人的代表权即为终止。

有限责任公司股东会依据章程规定免除公司法定代表人职务的,公司执行机关应当执行公司决议,依法办理公司法定代表人工商变更登记。

第十一条 【法定代表人行为效力】法定代表人以公司名义从事的民事活动,其法律后果由公司承受。

公司章程或者股东会对法定代表人职权的限制,不得对抗善意相对人。

法定代表人因执行职务造成他人损害的,由公司承担民事责任。公司承担民事责任后,依照法律或者公司章程的规定,可以向有过错的法定代表人追偿。

[1] 参见韦某兵与新疆宝塔房地产开发有限公司等请求变更公司登记纠纷案,载《最高人民法院公报》2022年第12期。

条文对照

2018 年《公司法》	2023 年《公司法》
	第十一条 法定代表人以公司名义从事的民事活动，其法律后果由公司承受。 公司章程或者股东会对法定代表人职权的限制，不得对抗善意相对人。 法定代表人因执行职务造成他人损害的，由公司承担民事责任。公司承担民事责任后，依照法律或者公司章程的规定，可以向有过错的法定代表人追偿。

适用要点

本条是关于法定代表人行为效力的规定。

本条是在吸收《民法典》第 61 条和第 62 条规定的基础上形成的。

一、法定代表人对外行为的效力

法定代表人的身份赋予法定代表人代表公司实施法律行为的地位和权利，故法定代表人以公司名义实施法律行为，无须公司另行授权；法定代表人与公司之间是代表法律关系，代表权是由法律和公司章程规定，法定代表人的职务行为就是公司的行为。公司要对法定代表人以公司名义从事的民事活动或者其他执行职务的行为向第三人负责，但这仅限于职务经营活动。对于法定代表人的个人行为，公司无须负责。

二、法定代表人职权限制的效力

法定代表人的代表权不是无限制的，必须在法律或者公司章程的规定范围内行使职权。但是在现实经济活动中，却存在大量法定代表人超越代表权范围订立合同的情形，如何看待此类合同的效力？一般而言，法定代表人本身就是公司的组成部分，法定代表人的行为就是公司的行为，因此，其执行职务的行为所产生的一切后果都应当由公司来承担。对合同的相对人来说，其只认为法定代表人就是代表公司，一般不知道也没有义务知道法定代表人的权限到底有哪些，公司的内部规定也不应对合同的相对人构成约束力，否则将不利于保护交易安全，也不利于保护合同相对人的利益，对合同相对人来说也是不公平的。因此，公司章程或者股东会对法定代表人职权的限制，不得对抗善意相对人，这样既可以防止损害合同相对人利益现象的发生，又符合交易规则，能够保护交易安全。

《民法典》合同编第504条规定："法人的法定代表人或者非法人组织的负责人超越权限订立的合同，除相对人知道或者应当知道其超越权限外，该代表行为有效，订立的合同对法人或者非法人组织发生效力。"在订立合同的过程中，合同的相对人知道或应当知道公司法定代表人的行为超越代表权，而仍与之订立合同，则具有恶意，因此，订立的合同对公司就不发生效力。

三、法定代表人对外侵权的民事责任

一般而言，职务侵权行为的法律后果完全由公司承担，法定代表人无须承担该行为导致的民事责任。法定代表人在执行公司职务的过程中，造成他人财产或者人身损害的，其侵权行为被视为公司自身的侵权行为，依法应由公司承担侵权责任。这属于民法上的一种特殊侵权责任。该侵权责任的成立必须具备以下条件：(1)必须是公司的法定代表人因执行职务而造成他人损害。所谓执行职务的行为，是指执行公司目的事业的职务内行为，主要包括两种情形：①狭义的职务上行为。②与职务行为有牵连的行为。加害行为虽非职务行为本身，但其发生与职务行为有时间、地点以及内容上的关联。(2)法定代表人的加害行为必须具备侵权责任的构成要件，如损害后果的存在、加害行为的违法性、加害行为与损害后果之间存在因果关系及行为人有过错。比如，《全国法院民商事审判工作会议纪要》第21条规定，法定代表人的越权担保行为给公司造成损失，公司请求法定代表人承担赔偿责任的，人民法院依法予以支持。公司没有提起诉讼，股东依据 2018 年《公司法》第 151 条的规定请求法定代表人承担赔偿责任的，人民法院依法予以支持。

《民法典》第 62 条规定："法定代表人因执行职务造成他人损害的，由法人承担民事责任。法人承担民事责任后，依照法律或者法人章程的规定，可以向有过错的法定代表人追偿。"公司对于法定代表人的侵权行为承担责任后，有权根据法律规定或者公司章程的规定，对有过错的法定代表人行使追偿权。其中，"过错"包括故意和过失，不同于《民法典》第 1191 条第 1 款规定的用人单位承担侵权责任后向有故意或者重大过失的工作人员的追偿权。对有过错的法定代表人追偿权的行使，体现在以下两个方面：一是对法定代表人进行追偿，必须依据有关法律的规定或者公司章程的规定，否则不能向法定代表人进行追偿。公司向其他工作人员追偿，则不需要有法律的规定或者法人公司的规定这一前提，只要工作人员有故意或者重大过失，就可以向其追偿。二是法定代表人和其他工作人员承担内部责任的过错程度要求不同。对于法定代表人来说，只要有过错，包括故意或者过失，即便是一般过失，也要对内承担责任，公司可以向其追偿。但对其他工作人员来说，其对内承担责任的过错程度要求比较高，应为故意或者重大过失，如果只是一般过失，则无须对内承担责任，公司也不能向其追偿。[1]

典型案例

刘某与陈某官合同纠纷案[2]

裁判要旨：法定代表人以公司名义从事的民事活动，其法律后果由公司承受。本案系钢网架公司与易货通公司的施工合同纠纷引发，刘某与陈某官分别为钢网架公司与易

〔1〕 参见黄薇主编：《中华人民共和国民法典总则编释义》，法律出版社 2020 年版，第 156 页。
〔2〕 参见福建省福州市中级人民法院民事裁定书，(2019)闽 01 号民终 7698 号。

货通公司的法定代表人，刘某与陈某官以公司名义签订《泛福州跨境电子商务产业园装饰工程施工合同》（以下简称《施工合同》），因《施工合同》未能实际履行，陈某官向刘某出具《欠条》，该《欠条》应认定为陈某官以易货通公司名义向刘某经营的钢网架公司出具的，其法律后果应当由公司承受。故刘某、陈某官均非本案适格主体。一审法院裁定驳回刘某的起诉是正确的，二审法院予以维持。

第十二条　【公司形式变更及其债权债务承继】有限责任公司变更为股份有限公司，应当符合本法规定的股份有限公司的条件。股份有限公司变更为有限责任公司，应当符合本法规定的有限责任公司的条件。

有限责任公司变更为股份有限公司的，或者股份有限公司变更为有限责任公司的，公司变更前的债权、债务由变更后的公司承继。

条文对照

2018年《公司法》	2023年《公司法》
第九条　有限责任公司变更为股份有限公司，应当符合本法规定的股份有限公司的条件。股份有限公司变更为有限责任公司，应当符合本法规定的有限责任公司的条件。 有限责任公司变更为股份有限公司的，或者股份有限公司变更为有限责任公司的，公司变更前的债权、债务由变更后的公司承继。	**第十二条**　有限责任公司变更为股份有限公司，应当符合本法规定的股份有限公司的条件。股份有限公司变更为有限责任公司，应当符合本法规定的有限责任公司的条件。 有限责任公司变更为股份有限公司的，或者股份有限公司变更为有限责任公司的，公司变更前的债权、债务由变更后的公司承继。

适用要点

本条是关于公司形式变更及其债权债务承继的规定。

公司具有营业自由的权利,在实际生活中,根据经营活动的需要及投资者的要求,可能需要变更组织形式。根据公司应当依法设立的原则,公司变更组织形式,其变更后的公司形式应当符合本法对该组织形式的设立条件的规定,并符合有关变更程序的法定要求。由于有限责任公司与股份有限公司是两种不同类型的公司,在设立、内部组织机构的设置及组成以及对内、对外事务的管理等方面都存在不同之处,有限责任公司变更为股份有限公司时,必须符合股份有限公司的条件,反之亦然。

法人合并的,其权利和义务由合并后的法人享有和承担。法人分立的,其权利和义务由分立后的法人享有连带债权,承担连带债务,但是债权人和债务人另有约定的除外。同理,有限责任公司变更为股份有限公司或者股份有限公司变更为有限责任公司以后,原有限责任公司或者原股份有限公司就不再存在,但原有限责任公司或者原股份有限公司的债权、债务仍然存在,不会因为原有限责任公司或者原股份有限公司的不再存在而自动消失。为了有效保护债权人的合法权益,从法律上确认公司变更组织形式后的债权、债务的归属,即原公司的债权、债务由变更后的公司承继。因此,在合同生效后,当事人不得因姓名、名称的变更或者法定代表人、负责人、承办人的变动而不履行合同义务。

第十三条 【子公司、分公司】公司可以设立子公司。子公司具有法人资格,依法独立承担民事责任。

公司可以设立分公司。分公司不具有法人资格,其民事责任由公司承担。

条文对照

2018 年《公司法》	2023 年《公司法》
第十四条 公司可以设立分公司。~~设立分公司，应当向公司登记机关申请登记，领取营业执照。~~分公司不具有法人资格，其民事责任由公司承担。 公司可以设立子公司，子公司具有法人资格，依法独立承担民事责任。	**第十三条** 公司可以设立子公司。子公司具有法人资格，依法独立承担民事责任。 公司可以设立分公司。分公司不具有法人资格，其民事责任由公司承担。

适用要点

本条是关于子公司、分公司的规定。

本条是在 2018 年《公司法》第 14 条基础上形成的，删除了市场登记的管理规定。

有限责任公司和股份有限公司根据生产经营的需要，除了可以设立子公司，还可以设立分公司。子公司是相对于母公司而言的，它是独立于向它投资的母公司而存在的独立主体。子公司具有企业法人资格，依法独立承担民事责任的法律地位。

公司的分支机构是公司的组成部分，分支机构的行为后果由公司承担。公司的分支机构不同于公司的一般科、室、车间、班组等，后者不是公司的分支机构。只有能够独立执行公司职能，即在一定范围内从事业务活动的组织机构，才能作为公司的分支机构。此外，公司的分支机构也不同于公司所创立或所持股设立的具有独立法律人格的新的法人组织。不管是有限责任公司，还是股份有限公司，都可以根据生产经营的需要设立分公司。分公司是相对于总公司而言的，它是总公司的分支机构，也可以说是总公司的一个组成部分。分公司不论是在经济上还是在法律上，都不具有独立性。

需要注意的是，《民法典》第 74 条第 2 款规定："分支机构以自己的名义从事民事活动，产生的民事责任由法人承担；也可以先以该分支机构管理的财产承担，不足以承担的，由法人承担。”《公司法》作为特别法，优先于《民法典》的适用，本条并不要求先以公司分支机构管理的财产承担。根据《最高人民法院关于适用〈中华人民共和国民法典〉有关担保制度的解释》（以下简称《担保制度解释》）第 11 条第 1 款的规定，公司的分支机构未经公司股东（大）会或者董事会决议以自己的名义对外提供担保，相对人请求公司或者其分支机构承担担保责任的，人民法院不予支持，但是相对人不知道且不应当知道分支机构对外提供担保未经公司决议程序的除外。但是对于金融机构的分支机构和担保公司的分支机构对外担保有特别规定，除此之外，公司的分支机构对外提供担保，相对人非善意，请求公司承担赔偿责任的，参照前述解释第 17 条的有关规定处理。

典型案例

李某国与孟某生等建设工程施工合同纠纷案[1]

裁判要旨：法律规则是立法机关综合衡量取舍之后确立的价值评判标准，应当成为司法实践中具有普遍适用效力的规则，除非法律有特别规定，否则在适用时不应受到某些特殊情况或者既定事实的影响。根据 2013 年《公司法》第 14 条之规定，分公司的财产即为公司财产，分公司的民事责任由公司承担。以分公司名义依法注册登记的，应受到该既有规则调整。当事人之间有关公司、分公司内部经营模式、权责关系的特别约定，不足以对抗公司注册登记的公示效力，亦不足以对抗案外第三人。企业或者个人以承包租赁为名，借用建筑施工企业资质之实的，因违反法律及司法解释规定，应当承担不受法律保护的风险。

---

〔1〕 参见最高人民法院民事判决书，（2016）最高法民再 149 号。

第十四条 【公司转投资】公司可以向其他企业投资。

法律规定公司不得成为对所投资企业的债务承担连带责任的出资人的，从其规定。

条文对照

2018年《公司法》	2023年《公司法》
第十五条 公司可以向其他企业投资；~~但是，除法律另有规定外，~~不得成为对所投资企业的债务承担连带责任的出资人。	**第十四条** 公司可以向其他企业投资。 法律规定**公司**不得成为对所投资企业的债务承担连带责任的出资人**的，从其规定**。

适用要点

本条是关于公司转投资的规定。

公司向其他企业投资是公司实现营业自由、享有自主经营权的重要表现；运用公司财产进行投资也是实现公司发展的正常需要。所谓公司转投资，是指公司作为投资主体，以公司法人财产作为对另一企业的出资，从而使本公司成为另一企业成员的行为。公司既可以向其他有限责任公司或者股份有限公司投资，也可以向公司以外的其他类型的企业投资。一般来说，公司向其他企业投资，应以有限责任、互不连带为原则，以投资额为限对所投资企业承担责任，不得对所投资企业的债务承担连带责任。这样的规定对于分散经营风险，节约交易成本和稳定经营有重要意义。本条中的“法律规定”，主要是指《合伙企业法》等，公司不得通过投资成为合伙企业的普通合伙人或者其他公司的无限责任股东。

典型案例

广西金伍岳能源集团有限公司与广西柳州化工控股有限公司等合同纠纷案[1]

裁判要旨：关于《债务清偿协议》及《保证合同》效力的问题。广西金伍岳能源集团有限公司主张《债务清偿协议》违反了2018年《公司法》第15条的强制性规定，应认定无效。2018年《公司法》第15条是关于公司对外投资责任限制的规定，根据该条规定，公司可以对其他企业投资，但不能在出资时约定对该企业的债务承担连带责任，本案并不属于该条规定的情形。故《保证合同》是《股权转让合同》及《债务清偿协议》的从合同。在主合同有效的情况下，从合同作为当事人的真实意思表示，没有违反法律法规的禁止性规定，《保证合同》应为有效合同。法院裁定驳回了广西金伍岳能源集团有限公司的再审申请。

第十五条　【公司向其他企业投资或者提供担保】公司向其他企业投资或者为他人提供担保，按照公司章程的规定，由董事会或者股东会决议；公司章程对投资或者担保的总额及单项投资或者担保的数额有限额规定的，不得超过规定的限额。

公司为公司股东或者实际控制人提供担保的，应当经股东会决议。

前款规定的股东或者受前款规定的实际控制人支配的股东，不得参加前款规定事项的表决。该项表决由出席会议的其他股东所持表决权的过半数通过。

〔1〕 参见最高人民法院民事裁定书，(2019)最高法民申5131号。

条文对照

2018 年《公司法》	2023 年《公司法》
第十六条　公司向其他企业投资或者为他人提供担保，*依照*公司章程的规定，由董事会或者股东会~~、股东大会~~决议；公司章程对投资或者担保的总额及单项投资或者担保的数额有限额规定的，不得超过规定的限额。 公司为公司股东或者实际控制人提供担保的，*必须*经股东会~~或者股东大~~会决议。 前款规定的股东或者受前款规定的实际控制人支配的股东，不得参加前款规定事项的表决。该项表决由出席会议的其他股东所持表决权的过半数通过。	**第十五条**　公司向其他企业投资或者为他人提供担保，*按照*公司章程的规定，由董事会或者股东会决议；公司章程对投资或者担保的总额及单项投资或者担保的数额有限额规定的，不得超过规定的限额。 公司为公司股东或者实际控制人提供担保的，*应当*经股东会决议。 前款规定的股东或者受前款规定的实际控制人支配的股东，不得参加前款规定事项的表决。该项表决由出席会议的其他股东所持表决权的过半数通过。

适用要点

本条是关于公司向其他企业投资或者提供担保的规定。

本条对关联担保和非关联担保的决议机关作出了区别规定。一种是为公司股东或者实际控制人以外的人提供非关联担保，根据本条第 1 款的规定，由公司章程规定是由董事会决议还是股东会决议。无论章程是否对决议机关作出规定，也无论章程规定决议机关为董事会还是股东会，根据《民法典》第 61 条第 3 款关于“法人章程或者法人权力机构对法定代表人代表权的限制，不得对抗善意相对人”的规定，只要债权人能够证明其在订立担保合同时对董事会决议或者股东会决议进行了审查，同意决议的人数及签字人员符合公司章程的规定，就应当认定其构成善意，但公司能够证明债权人明知公司章程对决议机关有明确规定的除外。另一种是为公司股东或者实际控制人提供关联担保，本条第 2 款明确规定必须由股东会决议，未经股东会决议，构成越权代表。在此情况下，债权人主张担保合同有效，应当提供证据证明其在订立合同时对股东会决议进行了审查，决议的表决程序符合本条第 3 款的规定，本条第 2 款规定的股东或者受本条第 2 款规定的实际控制人支配的股东，不得参加本条第 2 款规定事项的表决，即在排除被担保股东表决权的情况下，该项表决由出席会议的其他股东所持表决权的过半数通过，签字人员也要符合公司章程的规定。

债权人对公司决议内容的审查一般限于形式审查，只要求尽到必要的注意义务即可，标准不宜太过严苛。公司以决议系法定代表人伪造或者变造、决议程序违法、签章（名）不实、担保金额超过法定限额等事由主张债权人非善意的，人民法院一般不予支持。但是，公司有证据证明债权人明知决议系伪造或者变造的除外。

《担保制度解释》第 7 条规定："公司的法定代表人违反公司法关于公司对外担保决议程序的规定，超越权限代表公司与相对人订立担保合同，人民法院应当依照民法典第六十一条和第五百零四条等规定处理：（一）相对人善意的，担保合同对公司发生效力；相对人请求公司承担担保责任的，人民法院应予支持。（二）相对人非善意的，担保合同对公司不发生效力；相对人请求公司承担赔偿责任的，参照适用本解释第十七条的有关规定。法定代表人超越权限提供担保造成公司损失，公司请求法定代表人承担赔偿责任的，人民法院应予支持。第一款所称善意，是指相对人在订立担保合同时不知道且不应当知道法定代表人超越权限。相对人有证据证明已对公司决议进行了合理审查，人民法院应当认定其构成善意，但是公司有证据证明相对人知道或者应当知道决议系伪造、变造的除外。"第 8 条规定："有下列情形之一，公司以其未依照公司法关于公司对外担保的规定作出决议为由主张不承担担保责任的，人民法院不予支持：（一）金融机构开立保函或者担保公司提供担保；（二）公司为其全资子公司开展经营活动提供担保；（三）担保合同系由单独或者共同持有公司三分之二以上对担保事项有表决权的股东签字同意。上市公司对外提供担保,不适用前款第二项、第三项的规定。”

典型案例

中兴天恒能源科技(北京)股份有限公司与武汉中能燃气有限公司等融资租赁合同纠纷案[1]

裁判要旨:根据2018年《公司法》第16条第2款之规定,公司为公司股东或者实际控制人提供担保的,必须经股东会或者股东大会决议。因此,中民国际融资租赁股份有限公司签订担保合同时应注意审查合同签订人是否获得合法授权,该担保合同是否经过长春中天公司股东大会决议。本案中,长春中天公司没有就此出具相应股东大会决议,中民国际融资租赁股份有限公司也并未提供证据证明其审查过长春中天公司同意担保的股东大会决议,故长春中天公司签订的担保合同属于法定代表人越权行为。中民国际融资租赁股份有限公司应当知道签订该合同行为超越权限而与之签订担保合同,并非善意相对人,所订立的合同依法应认定无效。

第十六条 【公司劳动保护义务】公司应当保护职工的合法权益,依法与职工签订劳动合同,参加社会保险,加强劳动保护,实现安全生产。

公司应当采用多种形式,加强公司职工的职业教育和岗位培训,提高职工素质。

[1] 参见最高人民法院民事判决书,(2021)最高法民再232号。

条文对照

2018 年《公司法》	2023 年《公司法》
第十七条　公司*必须*保护职工的合法权益,依法与职工签订劳动合同,参加社会保险,加强劳动保护,实现安全生产。 公司应当采用多种形式,加强公司职工的职业教育和岗位培训,提高职工素质。	**第十六条**　公司*应当*保护职工的合法权益,依法与职工签订劳动合同,参加社会保险,加强劳动保护,实现安全生产。 公司应当采用多种形式,加强公司职工的职业教育和岗位培训,提高职工素质。

适用要点

本条是关于公司劳动保护义务的规定。

一方面,公司职工是公司中直接从事生产经营的劳动者,职工的合法权益受法律保护。公司在开展生产经营活动的过程中,应当严格按照《劳动法》《工伤保险条例》等规定保护职工的合法权益,这是公司的法定义务。如果公司违反法律规定侵犯了职工的合法权益,就要承担相应的法律责任。另一方面,职工素质对于公司的生产经营活动乃至公司的长远发展具有重要的影响。随着社会经济的发展,公司对职工素质的要求也越来越高,应当采取多种形式,切实加强职工的职业教育和岗位培训,这样才能适应公司发展对职工素质的要求。

第十七条　【公司工会和民主管理】公司职工依照《中华人民共和国工会法》组织工会,开展工会活动,维护职工合法权益。公司应当为本公司工会提供必要的活动条件。公司工会代表职工就职工的劳动报酬、工作时间、休息休假、劳动安全卫生和保险福利等事项依法与公司签订集体合同。

公司依照宪法和有关法律的规定，建立健全以职工代表大会为基本形式的民主管理制度，通过职工代表大会或者其他形式，实行民主管理。

公司研究决定改制、解散、申请破产以及经营方面的重大问题、制定重要的规章制度时，应当听取公司工会的意见，并通过职工代表大会或者其他形式听取职工的意见和建议。

条文对照

2018 年《公司法》	2023 年《公司法》
第十八条　公司职工依照《中华人民共和国工会法》组织工会，开展工会活动，维护职工合法权益。公司应当为本公司工会提供必要的活动条件。公司工会代表职工就职工的劳动报酬、工作时间、~~福利、保险~~和劳动安全卫生等事项依法与公司签订集体合同。 公司依照宪法和有关法律的规定，通过职工代表大会或者其他形式，实行民主管理。 公司研究决定改制以及经营方面的重大问题、制定重要的规章制度时，应当听取公司工会的意见，并通过职工代表大会或者其他形式听取职工的意见和建议。	**第十七条**　公司职工依照《中华人民共和国工会法》组织工会，开展工会活动，维护职工合法权益。公司应当为本公司工会提供必要的活动条件。公司工会代表职工就职工的劳动报酬、工作时间、**休息休假**、劳动安全卫生和**保险福利**等事项依法与公司签订集体合同。 公司依照宪法和有关法律的规定，**建立健全以职工代表大会为基本形式的民主管理制度**，通过职工代表大会或者其他形式，实行民主管理。 公司研究决定改制、**解散、申请破产**以及经营方面的重大问题、制定重要的规章制度时，应当听取公司工会的意见，并通过职工代表大会或者其他形式听取职工的意见和建议。

适用要点

本条是关于公司职工组织工会和民主管理的规定。

工会是中国共产党领导的职工自愿结合的工人阶级群众组织，是中国共产党联系职工群众的桥梁和纽带。维护职工合法权益、竭诚服务职工群众是工会的基本职责。在中国境内的企业、事业单位、机关、社会组织中以工资收入为主要生活来源的劳动者，不分民族、种族、性别、职业、宗教信仰、教育程度，都有依法组织和参加工会的权利。任何组织和个人不得阻挠和限制。公司属于企业的一种，公司职工有权依照《工会法》的规定组织工会，开展工会活动，维护职工合法权益。公司应当为本公司工会提供必要的活动条件，工会代表职工与公司进行平等协商，签订集体合同。公司应当依照《宪法》和有关法律的规定，通过职工代表大会或者其他形式，实行民主管理，在研究决定重大事项时，应当听取工会和职工意见。

第十八条 【设立党组织及其活动】在公司中，根据中国共产党章程的规定，设立中国共产党的组织，开展党的活动。公司应当为党组织的活动提供必要条件。

条文对照

2018 年《公司法》	2023 年《公司法》
第十九条 在公司中，根据中国共产党章程的规定，设立中国共产党的组织，开展党的活动。公司应当为党组织的活动提供必要条件。	**第十八条** 在公司中，根据中国共产党章程的规定，设立中国共产党的组织，开展党的活动。公司应当为党组织的活动提供必要条件。

适用要点

本条是关于在公司中设立党组织及其活动的规定。

中国共产党是中国工人阶级的先锋队，同时是中国人民和中华民族的先锋队，是中国特色社会主义事业的领导核心。《中国共产党章程》第30条第1款规定，企业、农村、机关、学校、医院、科研院所、街道社区、社会组织、人民解放军连队和其他基层单位，凡是有正式党员3人以上的，都应当成立党的基层组织。公司是企业的一种，公司中如果有正式党员3人以上，应根据《中国共产党章程》的规定，设立党的基层组织，开展党的活动。公司应当为党组织的活动提供必要条件。

第十九条　【公司经营活动基本原则】公司从事经营活动，应当遵守法律法规，遵守社会公德、商业道德，诚实守信，接受政府和社会公众的监督。

条文对照

2018年《公司法》	2023年《公司法》
第五条第一款　公司从事经营活动，*必须*遵守法律~~、行政~~法规，遵守社会公德、商业道德，诚实守信，接受政府和社会公众的监督~~，承担社会责任~~。	**第十九条**　公司从事经营活动，应当遵守法律法规，遵守社会公德、商业道德，诚实守信，接受政府和社会公众的监督。

适用要点

本条是关于公司从事经营活动基本原则的规定。

本条规定与《民法典》第86条基本一致，营利法人从事经营活动，应当遵守商业道德，维护交易安全，接受政府和社会的监督，承担社会责任。

公司是社会经济活动的基本单位,作为民事主体,其合法权益受法律保护,同时应承担一定的社会责任。公司从事经营活动的目的是牟取经济利益,政府和社会对公司在逐利过程中的失范行为予以管理和监督。要求公司承担社会责任,不仅是《民法典》的重要规定,也是弘扬社会主义核心价值观的重要体现。

公司在生产经营、转让股权、发行股票或债券、签订合同以及合并、分立、破产清算等商事活动中,不得损害国家、集体或者第三人利益,破坏社会经济秩序和生产、生活秩序,应当自觉维护交易的安全和经济秩序的稳定,最大限度地关怀和增进出资人利益之外的其他所有社会利益。

典型案例

王某军等与北京城建弘城物业管理有限责任公司损害公司利益责任纠纷案[1]

裁判要旨:公司从事经营活动,必须遵守法律法规,遵守社会公德、商业道德,诚实守信,接受政府和社会公众的监督,承担社会责任。王某军上诉称"当时由于公司账户无资金,外欠账较多,所以公司使用现金出纳樊某个人账户作资金往来用",本案已查明的事实也反映出城建弘城物业管理有限责任公司存在财务管理混乱的情况,故城建弘城物业管理有限责任公司在自行清算的过程中,应规范清算程序,依法清算,保障公司独立的财产权及债权人利益。法院驳回了王某军的上诉请求。

[1] 参见北京市第二中级人民法院民事判决书,(2021)京02民终7074号。

第二十条　【公司应考虑利益相关者及社会公共利益】公司从事经营活动，应当充分考虑公司职工、消费者等利益相关者的利益以及生态环境保护等社会公共利益，承担社会责任。

国家鼓励公司参与社会公益活动，公布社会责任报告。

条文对照

2018 年《公司法》	2023 年《公司法》
第五条第一款　公司从事经营活动，*必须*~~遵守法律、行政法规，遵守社会公德、商业道德，诚实守信，接受政府和社会公众的监督~~，承担社会责任。	**第二十条**　公司从事经营活动，**应当充分考虑公司职工、消费者等利益相关者的利益以及生态环境保护等社会公共利益**，承担社会责任。 **国家鼓励公司参与社会公益活动，公布社会责任报告。**

适用要点

本条是关于公司应考虑利益相关者及社会公共利益的规定。

本条大部分属于新增加的内容，对利益相关者保护作出宣示性、倡导性的规定，指引公司在决策时考虑利益相关者利益的同时，细化了社会公共利益内容包括生态环境保护；借鉴中国香港、欧美等地成熟的公司社会责任实践，鼓励公司参与社会公益活动，发布社会责任报告，从而进一步强化公司的社会责任。

公司作为社会组织的一分子，除了努力致力于公司成长，谋求股东利益最大化之外，作出的决策应考虑公司活动的社会成本和整体社会的利益。公司经营者在决策过程中，应当考虑所有利害关系人的利益问题，而不只是着重考虑个体的利益，还应为管理层、职工、债权人等作出更大贡献。在具体决策时,应对其消费者、债权人、职工乃至公司所在地附近的一般社区利益加以考量,以尽其社会责任。[1] 与公司有利害关系的利益相关者,应当包括公司经营者、职工、消费者、客户、债权人、供应商等。社会责任是比法律规范更高的道德要求,本法通过本条规定促进公司社会责任的履行,完善利益相关者参与公司治理。公司在依法经营、努力实现盈利的同时,应承担一定的社会责任,包括维护职工合法权益和避免造成环境污染等方面的责任。

《民法典》的绿色原则转化为公司的经营准则,体现在《公司法》将生态环境保护作为公司社会责任的一部分。节约资源、保护生态环境是生态文明的必然要求,是包括《民法典》在内的整个法律体系的应有选择。《民法典》将绿色原则确立为民法的基本原则,民事主体从事民事活动,应当有利于节约资源、保护生态环境。生态文明原则的确定为民事主体行使民事权利、履行民事义务和承担民事责任等民事活动各领域起到引导和规范作用。

典型案例

中华环保联合会与德州晶华集团振华有限公司大气污染责任纠纷案[2]

裁判要旨:德州晶华集团振华有限公司(以下简称振华公司)是一家从事玻璃及玻璃深加工产品制造的企业,虽投入资金建设脱硫除尘设施,但仍有两个烟囱长期超标排放污染物,造成大气污染,严重影响了周围居民的生活。2014 年,振华公司被环境保护部点名批评,并被山东省环境保护主管部门多次处罚,但其仍持续超标向大气排放污染物。2015 年 3 月 25 日,中华

[1] 参见刘连煜:《现代公司法》(增订 13 版),台北,新学林出版股份有限公司 2018 年版,第 21 页。

[2] 参见山东省德州市中级人民法院民事判决书,(2015)德中环公民初字第 1 号。

环保联合会提起诉讼，请求判令振华公司立即停止超标向大气排放污染物，并增设大气污染防治设施，经环境保护行政主管部门验收合格并投入使用后方可进行生产经营活动；赔偿因超标排放污染物造成的损失2040万元及因拒不改正超标排放污染物行为造成的损失780万元，并将赔偿款支付至地方政府财政专户，用于德州市大气污染的治理；在省级及以上媒体向社会公开赔礼道歉；承担本案诉讼、检验、鉴定、专家证人、律师及其他为诉讼支出的费用。

2016年7月20日，德州市中级人民法院对该案依法公开作出一审宣判，判决被告振华公司赔偿因超标排放污染物造成的损失2198万余元，用于德州市大气环境质量修复，并在省级以上媒体向社会公开赔礼道歉；驳回原告中华环保联合会其他诉讼请求。

第二十一条　【股东不得滥用股东权利】公司股东应当遵守法律、行政法规和公司章程，依法行使股东权利，不得滥用股东权利损害公司或者其他股东的利益。

公司股东滥用股东权利给公司或者其他股东造成损失的，应当承担赔偿责任。

条文对照

2018年《公司法》	2023年《公司法》
第二十条第一、二款　公司股东应当遵守法律、行政法规和公司章程，依法行使股东权利，不得滥用股东权利损害公司或者其他股东的利益~~；不得滥用公司法人独立地位和股东有限责任损害公司债权人的利益~~。	**第二十一条**　公司股东应当遵守法律、行政法规和公司章程，依法行使股东权利，不得滥用股东权利损害公司或者其他股东的利益。

续表

2018 年《公司法》	2023 年《公司法》
公司股东滥用股东权利给公司或者其他股东造成损失的，应当~~依法~~承担赔偿责任。	公司股东滥用股东权利给公司或者其他股东造成损失的，应当承担赔偿责任。

适用要点

本条是关于股东不得滥用股东权利的规定。

股东作为公司的出资人，依法享有资产收益、参与重大决策和选择管理者等权利。股东应当遵守法律、行政法规和公司章程的规定，依法行使股东权利，不得损害公司或其他股东的权益。本着权利、义务平等的原则，公司的股东在享受各项权利的同时，负有正当行使权利的义务。其正当权利受法律保护，滥用权利将受到法律的制裁。股东行使股东权利不得损害公司或者其他股东的利益。对股东滥用权利的行为给公司和其他股东造成损失的，滥用权利的股东应承担赔偿责任。本条规定有利于规范股东行为，促使股东依法、正当行使权利。在公司股东违反本条规定时，其法律效果是给予公司和其他股东以特别救济。

第二十二条　【不得利用关联关系损害公司利益】公司的控股股东、实际控制人、董事、监事、高级管理人员不得利用关联关系损害公司利益。

违反前款规定，给公司造成损失的，应当承担赔偿责任。

条文对照

2018 年《公司法》	2023 年《公司法》
第二十一条 公司的控股股东、实际控制人、董事、监事、高级管理人员不得利用其关联关系损害公司利益。 违反前款规定,给公司造成损失的,应当承担赔偿责任。	**第二十二条** 公司的控股股东、实际控制人、董事、监事、高级管理人员不得利用关联关系损害公司利益。 违反前款规定,给公司造成损失的,应当承担赔偿责任。

适用要点

本条是关于不得利用关联关系损害公司利益的规定。

公司的关联交易,一般是指具有投资关系或合同关系的不同主体之间所进行的交易,又称关联方交易。公司的关联交易是一种经济行为。正常的关联交易,可以稳定公司业务,分散经营风险,有利于公司的发展。但实务中常有控制公司利用与从属公司的关联关系或对从属公司的控制地位,迫使从属公司与自己或其他关联方从事不利益的交易,损害从属公司和少数股东利益的现象。为此,各国公司法中对关联交易都有或繁或简的相关规定,以调整关联关系,保护从属公司及少数股东的利益。

我国的公司关联交易现象是随着经济的发展、公司规模逐渐扩大、公司内部结构逐渐复杂而逐步增多的,特别是在较大的公司和上市公司中,这一现象更多。一些公司的大股东、实际控制人和管理层通过与公司的关联交易,随意挪用公司资金,为自己或关联方提供担保,通过操纵交易条件等将公司的利润转移至关联方,严重损害了公司、少数股东和债权人的利益。

根据本法第 265 条的规定,关联关系是指公司控股股东、实际控制人、董事、监事、高级管理人员与其直接或者间接控制的企业之间的关系,以及可能导致公司利益转移的其他关系。但是,国家控股的企业之间不仅因为同受国家控股而具有关联关系。需要注意的是,相较于《民法典》关于营利法人关联交易的规定,本条主要是针对公司控股股东和实际控制人不得利用其与公司的关联关系损害公司利益。其中,公司控股股东,是指其出资额占有限责任公司资本总额50%以上或者其持有的股份占股份有限公司股本总额50%以上的股东;出资额或者持有股份的比例虽然不足50%,但依其出资额或者持有的股份所享有的表决权已足以对股东会的决议产生重大影响的股东。实际控制人,是指通过投资关系、协议或者其他安排,能够实际支配公司行为的人。

典型案例

周某与甘肃中集华骏车辆有限公司关联交易损害责任纠纷案〔1〕

裁判要旨: 周某作为实际上的高级管理人员,其妻高某迎和亲戚成立青海同海达公司及转让公司股权的行为,与周某任营销部经理及离任具有同步性,周某未如实向公司报告该事项,在和青海同海达公司进行交易之后,周某利用其职权,不及时回收资金,与青海同海达公司的交易给甘肃中集华骏车辆有限公司造成损失。周某在青海同海达公司未向甘肃中集华骏车辆有限公司支付货款的情况下,利用职权继续与青海同海达公司签订合同并供货,构成关联交易行为,周某的行为客观上给甘肃中集华骏车辆有限公司造成了经济损失,应当承担赔偿责任。

〔1〕 参见最高人民法院民事裁定书,(2019)最高法民申2728号。

第二十三条　【股东滥用公司法人独立地位和股东有限责任的责任】公司股东滥用公司法人独立地位和股东有限责任，逃避债务，严重损害公司债权人利益的，应当对公司债务承担连带责任。

股东利用其控制的两个以上公司实施前款规定行为的，各公司应当对任一公司的债务承担连带责任。

只有一个股东的公司，股东不能证明公司财产独立于股东自己的财产的，应当对公司债务承担连带责任。

条文对照

2018年《公司法》	2023年《公司法》
第二十条第三款　公司股东滥用公司法人独立地位和股东有限责任，逃避债务，严重损害公司债权人利益的，应当对公司债务承担连带责任。	**第二十三条**　公司股东滥用公司法人独立地位和股东有限责任，逃避债务，严重损害公司债权人利益的，应当对公司债务承担连带责任。 **股东利用其控制的两个以上公司实施前款规定行为的，各公司应当对任一公司的债务承担连带责任。** **只有一个股东的公司，股东不能证明公司财产独立于股东自己的财产的，应当对公司债务承担连带责任。**

适用要点

本条是关于股东滥用公司法人独立地位和股东有限责任的责任的规定。

一、公司具有独立人格

股东不得利用公司法人独立地位和有限责任损害债权人利益。公司属于营利法人，具有法人独立法律地位、财产独立和股东享有有限责任3个基本特征。

（一）公司在法律地位上的独立性

公司的法人性，是指公司具有独立的法人人格，这种独立的法人人格为法律所承认，或者说是法律赋予的。当然，公司具有法人人格并不意味着它是自然人那样活生生的有机体，而是立法技术使法人拥有了独立于出资人的权利、义务，并能独立地承担责任，这使法人在从事经营活动及参与诉讼时十分便利。

（二）公司在财产上的独立性

公司是以营利为目的的法人，必须有其可控制、可支配的财产，以从事经营活动。公司原始财产由股东的出资构成，股东一旦履行了出资义务，其出资标的物的所有权即转移至公司，构成公司的财产。公司的财产与股东个人的财产相分离，公司用其全部财产，对公司债务承担责任，自负盈亏。公司独立承担责任，就意味着股东除承担对公司的出资义务外，不再承担任何其他责任，即出资人责任的有限性。

（三）法人人格否认制度对股东有限责任的修正

公司的法人性与出资人受到有限责任制度的保护是密切相连的。换言之，股东借助公司的独立人格，将自己隐藏在公司背后，只在自己出资的范围内承担责任。股东仅承担有限责任，不意味着消灭了其投资风险，而只是将这些风险转嫁给公司及其债权人。当股东享受法人独立地位和有限责任的好处，但不尊重法人独立地位、滥用有限责任原则时，法律就需要考虑予以纠正。于是，法人人格否认制度应运而生，以维护法人制度的公平正义。

所谓法人人格否认，又称刺穿法人面纱或者揭开法人的面纱，是指为了阻止法人独立人格的滥用和保护公司债权人利益及社会公共利益，基于公司的股东滥用法人独立地位和出资人有限责任逃避债务，严重损害公司债权人利益的事实，否认公司与其背后的股东各自独立的人格及股东的有限责任，责令股东对公司债权人直接承担责任。在此种情形下，公司股东无权主张公司作为独立法人应以公司财产对其债务自行承担责任，也不得以其认缴的出资额主张有限责任。

二、股东利用关联公司实施人格混同行为

存在股权关系交叉、均为同一股东出资设立、由同一自然人担任各个公司法定代表人的关联公司，如果该法定代表人或股东利用其对上述多个公司的控制权，无视各公司的独立人格，随意处置、混淆各个公司的财产及债权债务关系，造成各个公司的人员、财产等无法区分，该多个公司法人表面上虽然彼此独立，但实质上构成人格混同，使债权人合法权益受到损害，该多个公司法人应承担连带清偿责任。[1] 如关联公司在借款关系中存在借款人身份混同的事实，两者之间构成了共同债务人关系，亦应共同承担偿还该笔贷款的法律责任。

在有限责任公司特别是一人公司的人格否认诉讼中，需要注意举证责任的分配。第一，在一人公司法人人格否认之诉中，应区分作为原告的债权人起诉所基于的事由。若债权人以一人公司的股东与公司存在财产混同为由起诉要求股东对公司债务承担连带责任，应实行举证责任倒置，由被告股东对其个人财产与公司财产之间不存在混同承担举证责任。其他情形下需遵循关于有限责任公司法人人格否认举证责任分配的一般原则，即折中的举证责任分配原则。第二，一人公司的财产与股东个人财产是否混同，应当审查公司是否建立了独立规范的财务制度、财务支付是否明晰、是否具有独立的经营场所等。[2]

---

〔1〕 参见江必新、何东宁等：《最高人民法院指导性案例裁判规则理解与适用·公司卷》，中国法制出版社2012年版，第86页。

〔2〕 参见应某峰诉嘉美德（上海）商贸有限公司、陈某美其他合同纠纷案，载《最高人民法院公报》2016年第10期。

典型案例

徐工集团工程机械股份有限公司与成都川交工贸有限责任公司等买卖合同纠纷案[1]

裁判要旨:川交工贸有限责任公司(以下简称川交工贸公司)向徐工集团工程机械股份有限公司支付货款及逾期付款利息,川交机械公司、瑞路公司与川交工贸公司人格混同,应承担连带清偿责任。公司人格独立是其作为法人独立承担责任的前提。公司的独立财产是公司独立承担责任的物质保证,公司的独立人格也突出地表现在财产的独立上。当关联公司的财产无法区分,丧失独立人格时,公司就丧失了独立承担责任的基础。本案中,3个公司虽在工商登记部门登记为彼此独立的企业法人,但实际上相互之间界限模糊、人格混同,其中川交工贸公司承担所有关联公司的债务却无力清偿,又使其他关联公司逃避巨额债务,严重损害了债权人的利益。上述行为违背了法人制度设立的宗旨,违背了诚实信用原则,其行为本质和危害结果与2005年《公司法》第20条第3款规定的情形相当,故参照该规定,川交机械公司、瑞路公司对川交工贸公司的债务应当承担连带清偿责任。

第二十四条 【采用电子通信方式召开会议和表决】公司股东会、董事会、监事会召开会议和表决可以采用电子通信方式,公司章程另有规定的除外。

[1] 参见徐工集团工程机械股份有限公司与成都川交工贸有限责任公司等买卖合同纠纷案,最高人民法院指导案例15号(2011年)。

条文对照

2018 年《公司法》	2023 年《公司法》
	第二十四条　公司股东会、董事会、监事会召开会议和表决可以采用电子通信方式，公司章程另有规定的除外。

适用要点

本条是关于公司可以采用电子通信方式召开会议和表决的规定。

随着现代信息技术的发展，各种场景不断线上化、网络化、电子化。本条规定公司可以采用电子通信方式召开股东会、董事会、监事会等会议和表决。采用电子通信方式开会和表决，能够有效节省会议时间，提高会议效率。电子通信方式未限定必须为某种特定软件，电子邮箱、语音电话、网络视频等方式都可以，以利于表决权的行使。以电子通信方式行使表决权，应当视为股东、董事或监事出席会议。当然，公司章程可以对召开会议和表决的方式作出另外规定，毕竟通过电子通信方式进行投票，大股东或经营者不容易掌控股东会决议，特别是董事、监事的选举结果无法掌控，可能会影响公司治理成败与公司经营生态。[1]

第二十五条　【股东会、董事会决议无效】公司股东会、董事会的决议内容违反法律、行政法规的无效。

〔1〕 参见刘连煜：《现代公司法》（增订 13 版），台北，新学林出版股份有限公司 2018 年版，第 413、416 页。

条文对照

2018 年《公司法》	2023 年《公司法》
第二十二条第一款 公司股东会~~或者股东大会~~、董事会的决议内容违反法律、行政法规的无效。	**第二十五条** 公司股东会、董事会的决议内容违反法律、行政法规的无效。

适用要点

本条是关于公司股东会、董事会决议无效的规定。

有限责任公司或者股份有限公司的股东会,是公司的权力机构,董事会是公司的业务执行机关,股东会和董事会通过召开会议、形成决议行使权力,二者都应当依法行使职权,决议的内容必须符合法律、行政法规的规定,不得违反,否则无效。

《最高人民法院关于适用〈中华人民共和国公司法〉若干问题的规定(四)》(以下简称《公司法解释四》)第 1 条规定,公司股东、董事、监事等请求确认股东会或者股东大会、董事会决议无效或者不成立的,人民法院应当依法予以受理。第 3 条规定,原告请求确认股东会或者股东大会、董事会决议不成立、无效或者撤销决议的案件,应当列公司为被告。对决议涉及的其他利害关系人,可以依法列为第三人。一审法庭辩论终结前,其他有原告资格的人以相同的诉讼请求申请参加前述规定诉讼的,可以列为共同原告。

典型案例

姚某城与鸿大(上海)投资管理有限公司、章某等公司决议纠纷案[1]

裁判要旨:有限责任公司章程或股东出资协议确定的公司注册资本出资期限系股东之间达成的合意。除法律规定或存在其他合理、紧迫事由需要修改出资期限的情形外,股东会会议作出修改出资期限的决议应经全体股东一致通过。大股东滥用控股地位,以多数决方式通过修改出资期限决议,损害其他股东期限利益,其他股东请求确认该项决议无效的,人民法院应予支持。

第二十六条 【公司股东会、董事会决议撤销及裁量驳回】公司股东会、董事会的会议召集程序、表决方式违反法律、行政法规或者公司章程,或者决议内容违反公司章程的,股东自决议作出之日起六十日内,可以请求人民法院撤销。但是,股东会、董事会的会议召集程序或者表决方式仅有轻微瑕疵,对决议未产生实质影响的除外。

未被通知参加股东会会议的股东自知道或者应当知道股东会决议作出之日起六十日内,可以请求人民法院撤销;自决议作出之日起一年内没有行使撤销权的,撤销权消灭。

[1] 参见姚某城与鸿大(上海)投资管理有限公司、章某等公司决议纠纷案,载《最高人民法院公报》2021年第3期。

条文对照

2018 年《公司法》	2023 年《公司法》
第二十二条第二款　股东会或者~~股东大会、~~董事会的会议召集程序、表决方式违反法律、行政法规或者公司章程，或者决议内容违反公司章程的，股东~~可以~~自决议作出之日起六十日内，请求人民法院撤销。	**第二十六条　公司**股东会、董事会的会议召集程序、表决方式违反法律、行政法规或者公司章程，或者决议内容违反公司章程的，股东自决议作出之日起六十日内，**可以**请求人民法院撤销。**但是，股东会、董事会的会议召集程序或者表决方式仅有轻微瑕疵，对决议未产生实质影响的除外。** **未被通知参加股东会会议的股东自知道或者应当知道股东会决议作出之日起六十日内，可以请求人民法院撤销；自决议作出之日起一年内没有行使撤销权的，撤销权消灭。**

适用要点

本条是关于公司股东会、董事会决议撤销及裁量驳回的规定。

公司股东会或者董事会的会议召集程序和表决方式，应当严格按照法律、行政法规或者公司章程的规定执行，如果采用违反法律、行政法规或者公司章程规定的召集程序和表决方式通过决议，则该决议为可撤销的决议。公司股东会或者董事会的决议内容应当符合法律、行政法规和公司章程的规定，违反公司章程规定的，即为可撤销的决议；如果违反法律、行政法规规定，则属于无效决议。股东自决议作出之日起 60 日内，未被通知参加股东会会议的股东自知道或者应当知道股东会决议作出之日起 60 日内，可以请求人民法院撤销。《公司法解释四》第 2 条规定，“依据民法典第八十五条、公司法第二十二条第二款请求撤销股东会或者股东大会、董事会决议的原告,应当在起诉时具有公司股东资格”。

《公司法解释四》第4条规定,“股东请求撤销股东会或者股东大会、董事会决议,符合民法典第八十五条、公司法第二十二条第二款规定的,人民法院应当予以支持,但会议召集程序或者表决方式仅有轻微瑕疵,且对决议未产生实质影响的,人民法院不予支持”。本条借鉴了司法解释的规定,考虑到撤销公司决议的成本以及公司决议被否定可能给公司正常经营带来的挑战,引入了“裁量驳回”制度,赋予法院一定范围的自由裁量权,对于存在某些非实质性的程序瑕疵的决议,继续维持决议的效力,即股东会、董事会会议的召集程序或者表决方式仅有轻微瑕疵,对决议未产生实质影响的,不予撤销决议,该公司决议必须同时符合“会议的召集程序或者表决方式”“轻微瑕疵”“未产生实质影响”3个要件。

本条第2款参考了《民法典》第152条第2款关于“当事人自民事法律行为发生之日起五年内没有行使撤销权的,撤销权消灭”的规定内容。《民法典》确立了公司决议属于民事法律行为,在规定撤销权行使主观期间的同时,以客观期间进行补充,实现二者利益的平衡保护,故本条也规定了撤销权的最长除斥期间,自股东自决议作出之日起1年内没有行使撤销权的,撤销权消灭。

典型案例

李某军与上海佳动力环保科技有限公司公司决议撤销纠纷案〔1〕

裁判要旨:人民法院在审理公司决议撤销纠纷案件中应当审查会议召集程序、表决方式是否违反法律、行政法规或者公司章程,以及决议内

〔1〕 参见李某军与上海佳动力环保科技有限公司公司决议撤销纠纷案,最高人民法院指导案例10号(2012年)。

容是否违反公司章程。在未违反上述规定的前提下,解聘总经理职务的决议所依据的事实是否属实,理由是否成立,不属于司法审查范围。

第二十七条 【公司股东会、董事会决议不成立】有下列情形之一的,公司股东会、董事会的决议不成立:

(一)未召开股东会、董事会会议作出决议;

(二)股东会、董事会会议未对决议事项进行表决;

(三)出席会议的人数或者所持表决权数未达到本法或者公司章程规定的人数或者所持表决权数;

(四)同意决议事项的人数或者所持表决权数未达到本法或者公司章程规定的人数或者所持表决权数。

条文对照

2018 年《公司法》	2023 年《公司法》
	第二十七条 有下列情形之一的,公司股东会、董事会的决议不成立: (一)未召开股东会、董事会会议作出决议; (二)股东会、董事会会议未对决议事项进行表决; (三)出席会议的人数或者所持表决权数未达到本法或者公司章程规定的人数或者所持表决权数; (四)同意决议事项的人数或者所持表决权数未达到本法或者公司章程规定的人数或者所持表决权数。

适用要点

本条是关于公司股东会、董事会决议不成立的规定。

《民法典》规定公司决议是一种民事法律行为,民事法律行为的成立和生效是两个不同的概念,因此,股东会或者董事会决议的成立和生效也要按照民事法律行为的理论逻辑进行,股东会或者董事会决议必须符合成立要件,方有必要进一步探究有无无效或可撤销的事由。[1]

本条规定标志着我国《公司法》关于决议的效力判断正式从"二分法"进入"三分半法",即原来规定的公司决议撤销和无效到现在的公司决议撤销、无效、不成立及裁量驳回,在《公司法》上确立了决议不成立制度。本条内容主要吸收借鉴了公司法司法解释的相关规定,明确规定了股东会或者董事会决议不成立的法定情形。《公司法解释四》第5条规定:"股东会或者股东大会、董事会决议存在下列情形之一,当事人主张决议不成立的,人民法院应当予以支持:(一)公司未召开会议的,但依据公司法第三十七条第二款或者公司章程规定可以不召开股东会或者股东大会而直接作出决定,并由全体股东在决定文件上签名、盖章的除外;(二)会议未对决议事项进行表决的;(三)出席会议的人数或者股东所持表决权不符合公司法或者公司章程规定的;(四)会议的表决结果未达到公司法或者公司章程规定的通过比例的;(五)导致决议不成立的其他情形。"

股东会或者董事会决议不成立的原因是决议欠缺成立要件,属于程序上的瑕疵。由于公司决议撤销的原因在很大程度上也包含程序上的瑕疵,因此,撤销原因与决议不成立原因所涉及的程序瑕疵如何区别,成为司法实践中的难点问题。决议可撤销和决议不成立的根本区别在于制度价值不同。法律行为成立与否是事实判断问题,法律行为的效力是法律价值判断问题。二者的区别主要有:其一,从瑕疵程度上看,可撤销决议的程序瑕疵严重程度相较而言要弱于不成立的决议,后者的程序瑕疵非

[1] 参见最高人民法院民事审判第二庭编著:《最高人民法院公司法司法解释(四)理解与适用》,人民法院出版社2017年版,第133页。

常严重，以至于决议不能成立；其二，从瑕疵原因上看，决议可撤销的事由除了程序瑕疵外，还包括决议内容违反公司章程，决议不成立的事由仅限于程序瑕疵。[1]

典型案例

张某娟与江苏万华工贸发展有限公司、万某、吴某亮、毛某伟股东权纠纷案[2]

裁判要旨：公司股东实际参与股东会议并作出真实意思表示，是股东会议及其决议有效的必要条件。虽然公司个人股东享有公司绝对多数的表决权，但并不意味着股东个人利用控制公司的便利作出的个人决策过程就等同于召开了公司股东会议。实际控制公司的个人股东虚构股东会议并作出股东会决议的，可认定该决议不成立，不能产生法律效力。

第二十八条 【公司股东会、董事会决议无效、撤销或者不成立的后果】公司股东会、董事会决议被人民法院宣告无效、撤销或者确认不成立的，公司应当向公司登记机关申请撤销根据该决议已办理的登记。

股东会、董事会决议被人民法院宣告无效、撤销或者确认不成立的，公司根据该决议与善意相对人形成的民事法律关系不受影响。

---

〔1〕 参见最高人民法院民事审判第二庭编著：《最高人民法院公司法司法解释（四）理解与适用》，人民法院出版社 2017 年版，第 138 页。

〔2〕 参见张某娟与江苏万华工贸发展有限公司、万某、吴某亮、毛某伟股东权纠纷案，载《最高人民法院公报》2007 年第 9 期。

条文对照

2018 年《公司法》	2023 年《公司法》
第二十二条第四款　公司~~根据~~股东会~~或者股东大会~~、董事会决议~~已办理变更登记的，~~人民法院宣告~~该决议~~无效~~或者~~撤销~~该决议后~~，公司应当向公司登记机关申请撤销~~变更~~登记。	**第二十八条**　公司股东会、董事会决议**被**人民法院宣告无效、撤销**或者确认不成立的**，公司应当向公司登记机关申请撤销**根据该决议已办理的**登记。 **股东会、董事会决议被人民法院宣告无效、撤销或者确认不成立的，公司根据该决议与善意相对人形成的民事法律关系不受影响。**

适用要点

本条是关于公司股东会、董事会决议无效、撤销或者不成立的后果的规定。

公司股东会或者董事会决议对公司、股东或者债权人的关系影响重大，公司按照股东会、董事会的决议办理了相关登记，如果嗣后公司股东会、董事会决议被人民法院宣告无效、撤销或者确认不成立，公司应当向公司登记机关申请撤销登记。

《民法典》第 85 条规定："营利法人的权力机构、执行机构作出决议的会议召集程序、表决方式违反法律、行政法规、法人章程，或者决议内容违反法人章程的，营利法人的出资人可以请求人民法院撤销该决议。但是，营利法人依据该决议与善意相对人形成的民事法律关系不受影响。"《公司法解释四》第 6 条规定："股东会或者股东大会、董事会决议被人民法院判决确认无效或者撤销的，公司依据该决议与善意相对人形成的民事法律关系不受影响。"被人民法院宣告无效、撤销或者确认不成立的决议自始没有法律约束力，决议的事项会受到一定的影响。发生争议可能会涉及公司内部法律关系、外部法律关系及兼具有内部和外部法律关系的情况。然而,决议为公司机关产生的内部意思,处于公司意思表示之意思形成阶段,意思表示之表达须有公司代表机关以公司名义将此向外部表示的行为,应当对公司意思进行内外区分,结合决议效力来判断对外行为的效力。[1] 如公司对外担保要区分关联担保与非关联担保,公司法规定了不同的决议机关,在非关联担保情形下,即使虚假决议,或者违反公司法关于公司对外担保决议程序,仍强调对善意相对人的保护。本条但书规定公司根据该决议与善意相对人形成的民事法律关系不受影响,在公司决议的溯及力问题上,遵循公平原则,合理确定各方的权利和义务,既尊重营利法人的意思,又顾及交易安全,保护善意相对人的利益。

典型案例

绵阳市红日实业有限公司、蒋某与绵阳高新区科创实业有限公司股东会决议效力及公司增资纠纷案[2]

裁判要旨:在民商事法律关系中,公司作为行为主体实施法律行为的过程可以划分为两个层次:一是公司内部的意思形成阶段,通常表现为股东会或董事会决议;二是公司对外作出意思表示的阶段,通常表现为公司对外签订的合同。出于保护善意第三人和维护交易安全的考虑,在公司内部意思形成过程存在瑕疵的情况下,只要对外的表示行为不存在无效的情形,公司就应受其表示行为的制约。

〔1〕 参见何建:《公司意思表示论》,法律出版社 2019 年版,第 268、272 页。

〔2〕 参见绵阳市红日实业有限公司、蒋某与绵阳高新区科创实业有限公司股东会决议效力及公司增资纠纷案,载《最高人民法院公报》2011 年第 3 期。

第二章　公 司 登 记

第二十九条　【公司设立登记】设立公司，应当依法向公司登记机关申请设立登记。

法律、行政法规规定设立公司必须报经批准的，应当在公司登记前依法办理批准手续。

条文对照

2018 年《公司法》	2023 年《公司法》
第六条第一款、第二款　设立公司，应当依法向公司登记机关申请设立登记。~~符合本法规定的设立条件的，由公司登记机关分别登记为有限责任公司或者股份有限公司；不符合本法规定的设立条件的，不得登记为有限责任公司或者股份有限公司。~~ 法律、行政法规规定设立公司必须报经批准的，应当在公司登记前依法办理批准手续。	**第二十九条**　设立公司，应当依法向公司登记机关申请设立登记。 法律、行政法规规定设立公司必须报经批准的，应当在公司登记前依法办理批准手续。

适用要点

本条是关于公司设立登记的规定。

在我国设立公司,实行准则主义加核准主义相结合的原则,即只要符合法律规定的公司设立条件,就应当允许设立公司,除非法律、行政法规明确规定设立公司必须事先取得批准。

团体人格非经登记不能创设,通常还需履行法定程序。由此可见,较之自然人人格的取得,公司法人人格之创设较复杂。公司法人设立的立法模式,经历过从所谓“自由设立主义”到“特殊主义”,再到“核准主义”及至“准则主义”的发展过程。但各国立法根据其传统习惯及法律政策,在不同法人的设立方式上仍有不同规定,如德国民法,对于营利性社团法人、外国社团法人和依州法设立的财团法人采用行政许可主义,而对于非营利性社团法人,则采用准则主义;瑞士民法,就营利性法人的设立采用准则主义,对公益法人的设立则采用自由设立主义;日本民法,认为自由设立主义会导致法人的法律关系不明确,有损害市场交易安全之虞,故不采用自由设立主义,对公益法人采用行政许可主义,对以营利为目的的社团法人采用准则主义,对其他法人采用特许设立主义。我国法律在法人设立方式上也不采用自由主义,法律思想与日本民法相同。

本条与《民法典》第 77 条相一致,是采用准则主义,以现行法为根据,规定公司原则上采用准则设立主义。所谓准则主义,是指公司设立的条件由法律作出规定。凡符合法定条件的,不必经国家主管机关批准,即可设立公司。法律、行政法规规定设立公司必须报经批准的,应当在公司登记前依法办理批准手续。这既是对申请人的要求,即申请人在向公司登记机关提出设立公司的申请之前,必须依照法律、行政法规的规定,取得有关部门的批准,如《证券法》《保险法》《商业银行法》均有批准的规定要求;同时,这也是对公司登记机关的要求。

第三十条 【公司设立登记申请】申请设立公司，应当提交设立登记申请书、公司章程等文件，提交的相关材料应当真实、合法和有效。

申请材料不齐全或者不符合法定形式的，公司登记机关应当一次性告知需要补正的材料。

条文对照

2018 年《公司法》	2023 年《公司法》
第二十九条 股东认足公司章程规定的出资后，由全体股东指定的代表或者共同委托的代理人向公司登记机关报送公司登记申请书、公司章程等文件，申请设立登记。	第三十条 申请设立公司，应当提交设立登记申请书、公司章程等文件，提交的相关材料应当真实、合法和有效。 申请材料不齐全或者不符合法定形式的，公司登记机关应当一次性告知需要补正的材料。

适用要点

本条是关于公司设立登记申请的规定。

一、公司设立登记的申请

公司设立登记是公司取得法人主体资格的要求，经法定的公司登记机关核准登记注册，公司即为成立，成为具有民事权利能力和行为能力的法人，可以依法开展经营活动。按照本条规定，申请设立公司登记时，应当向公司登记机关提交公司登记申请书、公司章程等文件。至于具体向登记机关提出公司设立登记申请的主体，根据《市场主体登记管理条例》第 18 条的规定，申请人可以委托其他自然人或者中介机构代其办理市场主体登记。受委托的自然人或者中介机构代为办理登记事宜应当遵守有关规定,不得提供虚假信息和材料。也就是说,全体股东可以在股东中指定一人或者几人作为代表,或者共同委托股东之外的人员具体办理申请公司设立登记的事务。

二、公司提交材料应遵守诚实信用原则

公司应对其申请材料的真实性、合法性和有效性负责,这是法律对申请人设定的基本要求也是最重要的义务,向登记机关如实提交有关材料和反映真实情况,保证申请材料的真实性,应依诚实信用之原则,行使权利、履行义务。诚实信用原则作为民法上的一项基本原则,扩充到行政法领域,对于市场经济健康有序发展十分重要,个人和组织也应当遵守诚实信用原则。

三、公司登记机关的一次性告知义务

不管是《行政许可法》,还是《市场主体登记管理条例》,对申请材料不齐全、不完备或者不符合法定的格式、要求的对补正告知,都作出了较严格的规定。申请材料不齐全或者不符合法定形式的,登记机关应当一次性告知申请人需要补正的材料,不能反复要求申请人补正,以避免浪费申请人的精力和时间。

第三十一条 【公司设立登记必须符合法定条件】申请设立公司,符合本法规定的设立条件的,由公司登记机关分别登记为有限责任公司或者股份有限公司;不符合本法规定的设立条件的,不得登记为有限责任公司或者股份有限公司。

条文对照

2018 年《公司法》	2023 年《公司法》
第六条第一款 设立公司,~~应当依法向公司登记机关申请设立登记。~~符合本法规定的设立条件的,由公司登记机关分别登记为有限责任公司或者股份有限公司;不符合本法规定的设立条件的,不得登记为有限责任公司或者股份有限公司。	**第三十一条** **申请**设立公司,符合本法规定的设立条件的,由公司登记机关分别登记为有限责任公司或者股份有限公司;不符合本法规定的设立条件的,不得登记为有限责任公司或者股份有限公司。

适用要点

本条是关于公司设立登记必须符合法定条件的规定。

我国《公司法》允许设立的公司包括有限责任公司和股份有限公司,分别规定了有限责任公司和股份有限公司的设立条件。只要符合法律规定的公司设立条件,就应当允许设立公司,除非法律、行政法规明确规定设立公司必须事先取得批准。公司登记机关在收到设立公司的申请文件后,应当进行审查,对于符合本法规定的公司设立条件的,应当依法登记为有限责任公司或者股份有限公司;对于不符合本法规定的公司设立条件的,则不得违反法律规定登记为有限责任公司或者股份有限公司。

第三十二条 【公司登记事项】公司登记事项包括:

(一)名称;

(二)住所;

(三)注册资本;

(四)经营范围;

（五）法定代表人的姓名；

（六）有限责任公司股东、股份有限公司发起人的姓名或者名称。

公司登记机关应当将前款规定的公司登记事项通过国家企业信用信息公示系统向社会公示。

条文对照

2018 年《公司法》	2023 年《公司法》
	第三十二条　公司登记事项包括： （一）名称； （二）住所； （三）注册资本； （四）经营范围； （五）法定代表人的姓名； （六）有限责任公司股东、股份有限公司发起人的姓名或者名称。 公司登记机关应当将前款规定的公司登记事项通过国家企业信用信息公示系统向社会公示。

适用要点

本条是关于公司登记事项的规定。

本条属于新增加的规定，明确了公司登记事项的内容。《市场主体登记管理条例》第 8 条规定："市场主体的一般登记事项包括：（一）名称；（二）主体类型；（三）经营范围；（四）住所或者主要经营场所；（五）注册资本或者出资额；（六）法定代表人、执行事务合伙人或者负责人姓名。除前款规定外，还应当根据市场主体类型登记下列事项：（一）有限责任公司股东、股份有限公司发起人、非公司企业法人出资人的姓名或者名称；（二）个人独资企业的投资人姓名及居所；（三）合伙企业的合伙人名称或者姓名、住所、承担责任方式；（四）个体工商户的经营者姓名、住所、经营场所；（五）法律、行政法规规定的其他事项。”公司作为营利法人，具有不同于自然人那样的信息，这些信息中的名称、住所、注册资本、经营范围、法定代表人的姓名、发起人的姓名或者名称等，具有特定的法律意义，在公司设立时应当在公司登记机关进行登记。

国务院市场监督管理部门制定统一的市场主体登记数据和系统建设规范，归集全国市场主体登记管理信息，推进登记全程电子化，提供规范化、标准化登记管理服务。根据本条第2款的规定，公司登记机关应当将本条第1款规定的公司登记事项通过国家企业信用信息公示系统向社会公示。公众可以通过企业信用信息公示系统查询公司登记事项，允许交易相对方通过合法渠道获得公司的真实信息，保护交易相对方的安全和合法权益，保障自然人、法人和非法人组织的知情权和监督权，维护社会经济秩序，促进市场经济的健康规范发展。

第三十三条　【公司营业执照】依法设立的公司，由公司登记机关发给公司营业执照。公司营业执照签发日期为公司成立日期。

公司营业执照应当载明公司的名称、住所、注册资本、经营范围、法定代表人姓名等事项。

公司登记机关可以发给电子营业执照。电子营业执照与纸质营业执照具有同等法律效力。

条文对照

2018 年《公司法》	2023 年《公司法》
第七条第一款、第二款　依法设立的公司，由公司登记机关发给公司营业执照。公司营业执照签发日期为公司成立日期。 公司营业执照应当载明公司的名称、住所、注册资本、经营范围、法定代表人姓名等事项。	**第三十三条**　依法设立的公司，由公司登记机关发给公司营业执照。公司营业执照签发日期为公司成立日期。 公司营业执照应当载明公司的名称、住所、注册资本、经营范围、法定代表人姓名等事项。 **公司登记机关可以发给电子营业执照。电子营业执照与纸质营业执照具有同等法律效力。**

适用要点

本条是关于公司营业执照的规定。

公司何时成立对于其是否具有主体资格至关重要。本条明确了营业执照签发日期为公司的成立日期，与《民法典》第 78 条、《市场主体登记管理条例》第 21 条第 1 款之规定相一致。营业执照的签发，具有下列效力：第一，取得从事经营活动的合法身份，即取得法人资格。依照本法、《民法典》、《市场主体登记管理条例》等规定，公司经设立登记并取得营业执照时，始成立为法人，为权利义务之主体。第二，取得公司名称专用权。经公司登记机关核准登记的公司法人名称受法律保护。在登记主管机关辖区内，同类业务之企业法人，不得使用相同或近似名称，但法律、法规有特殊规定者除外。由此，企业取得名称专用权。第三，取得公司经营权。《市场主体登记管理条例》第 3 条第 1 款规定："市场主体应当依照本条例办理登记。未经登记，不得以市场主体名义从事经营活动。法律、行政法规规定无需办理登记的除外。"因此，公司在设立登记后，取得经营权，对外可以公司名义进行活动。

公司营业执照，既是公司成立的法律依据，又是对外证明公司是企业法人，有资格从事经营活动的资格证书。公司在其经营场所应当悬挂公司营业执照，因此，公司的营业执照具有公示性。公众通过公司营业执照可以了解公司的基本情况，根据本条第 2 款的规定，公司营业执照应当载明公司的名称、住所、注册资本、经营范围、法定代表人姓名等事项。随着营商环境不断优化，“放管服”改革的深入推进，国务院市场监督管理部门统一制定营业执照样式、电子营业执照的标准。国家推行电子营业执照，本条第 3 款吸收了《市场主体登记管理条例》的相关内容，规定电子营业执照与纸质营业执照具有同等法律效力，公司可以凭电子营业执照开展经营活动。公司营业执照作为一种公示手段，将公司信息公之于众，借以保护公司本身及社会公众的利益，维护交易安全和市场秩序。公司的组织状态和营业状态等有关信息向社会公众公告，有利于相对人在交易中作出正确判断，有利于交易安全。

典型案例

宜宾市翠屏区建安钢模租赁站与成都森楠建筑劳务有限公司建筑设备租赁合同纠纷案[1]

裁判要旨：关于伪造公司证照和印章用于签订合同的法律效力问题，本案中，森楠建筑劳务有限公司在签订《劳务分包合同》时，并未取得安全生产许可证，不具备承包案涉工程资质条件，所使用的公司证照和相关印章均系伪造。根据《合同法》（已失效）第 52 条“有下列情形之一的，合同无效：……（五）违反法律、行政法规的强制性规定”的规定，其签订的上述合同因违反行政法规强制性规定而无效。

---

〔1〕 参见四川省宜宾市中级人民法院民事判决书，（2019）川 15 民终 2515 号。

第三十四条　【公司登记事项变更及效力】公司登记事项发生变更的，应当依法办理变更登记。

公司登记事项未经登记或者未经变更登记，不得对抗善意相对人。

条文对照

2018 年《公司法》	2023 年《公司法》
第三十二条第三款　公司~~应当将股东的姓名或者名称向公司登记机关登记；~~登记事项发生变更的，应当办理变更登记。未经登记或者变更登记的，不得对抗~~第三人~~。	**第三十四条**　公司登记事项发生变更的，应当依法办理变更登记。 公司登记事项未经登记或者未经变更登记，不得对抗善意相对人。

适用要点

本条是关于公司登记事项变更及效力的规定。

本条吸收了《民法典》的相关规定，其中第 64 条规定："法人存续期间登记事项发生变化的，应当依法向登记机关申请变更登记。"第 65 条规定："法人的实际情况与登记的事项不一致的，不得对抗善意相对人。"变更登记，是指法人因其存续中出现法定的变更事项而进行的登记。公司存续期间发生与其基本存在条件有重大关系的事项如名称、住所、注册资本、经营范围、法定代表人、发起人等事项的变更，应依照法定内容和法定程序向法定的主管机关办理变更登记。变更登记是私法行为与公法行为的结合，也是要式行为。

法人的登记事项涉及相对人利益和交易安全，各国民法均规定法人变更必须进行登记。已变更的事项未予登记的，其变更对善意相对人不发生效力。例如,公司的法定代表人变更后未向登记机关登记,若该法定代表人继续以公司名义实施法律行为,在相对人不知道也不应当知道该变更事项时,该法定代表人实施的行为仍然有效,其后果应由公司承担。

商事登记制度属于公司法中的强制性规范,登记产生的法律效果包括设权作用和公示作用,还具有推定的法律效力。[1] 它产生的权利外观是对相对人信赖的一种保护。在商事交易中,经常会产生真实的法律状态与外部所见的法律状态不一致的情形。当实际情况与外观不一致时,只要符合特定要件,就可对外观信赖者,也就是善意相对人进行保护。反过来说,与相对人交易的法人不能因为内部意思的瑕疵而否认他人以法人名义代表或代理法人对外行为所产生的法律效果。[2]

典型案例

大拇指环保科技集团(福建)有限公司与中华环保科技集团有限公司股东出资纠纷案[3]

裁判要旨:中华环保科技集团有限公司(以下简称环保科技公司)已经对大拇指环保科技集团(福建)有限公司(以下简称大拇指公司)的法定代表人进行了更换,其新任命的大拇指公司法定代表人明确表示反对大拇指公司提起本案诉讼。因此,本案起诉不能代表大拇指公司的真实意思,应予驳回。本案中,大拇指公司属于一人公司,其内部组织机构包括董事和法定代表人的任免权均由其唯一股东环保科技公司享有。法律规定对法定代表人变更事项进行登记,其意义在于向社会公示公司意志代表权的基本状态。

〔1〕 参见[德]C. W. 卡纳里斯:《德国商法》,杨继译,法律出版社2006年版,第74-75页。
〔2〕 参见何建:《公司意思表示论》,法律出版社2019年版,第300页。
〔3〕 参见最高人民法院民事判决书,(2014)民四终字第20号。

工商登记的法定代表人对外具有公示效力，如果涉及公司以外的第三人因公司代表权而产生的外部争议，应以工商登记为准。而对于公司与股东之间因法定代表人任免产生的内部争议，则应以有效的股东会任免决议为准，并在公司内部产生法定代表人变更的法律效果。因此，环保科技公司作为大拇指公司的唯一股东，其作出的任命大拇指公司为法定代表人的决议对大拇指公司具有拘束力。

第三十五条　【公司登记事项变更要求】公司申请变更登记，应当向公司登记机关提交公司法定代表人签署的变更登记申请书、依法作出的变更决议或者决定等文件。

公司变更登记事项涉及修改公司章程的，应当提交修改后的公司章程。

公司变更法定代表人的，变更登记申请书由变更后的法定代表人签署。

条文对照

2018年《公司法》	2023年《公司法》
	第三十五条　公司申请变更登记，应当向公司登记机关提交公司法定代表人签署的变更登记申请书、依法作出的变更决议或者决定等文件。 公司变更登记事项涉及修改公司章程的，应当提交修改后的公司章程。 公司变更法定代表人的，变更登记申请书由变更后的法定代表人签署。

适用要点

本条是关于公司登记事项变更要求的规定。

根据本法第30条的规定,申请设立公司,应当提交公司法定代表人签署的设立登记申请书、公司章程等文件。同理,在公司登记事项发生变更时,亦应由法定代表人签署变更登记申请书后向公司登记机关提交。《市场主体登记管理条例》第24条第1款规定:"市场主体变更登记事项,应当自作出变更决议、决定或者法定变更事项发生之日起30日内向登记机关申请变更登记。"为了保持法律、法规内在体系的统一,公司应当向登记机关提供登记事项发生变更所依据的变更决议或者决定等文件。

公司章程作为公司组织和行为的基本规则,对公司的类型、宗旨、组织机构设置等涉及公司根本性、方向性的重大问题作出规定。本法第32规定了公司登记事项,不包括公司章程。虽然公司章程不是市场主体的一般登记事项,只需要向登记机关办理备案即可,但是公司变更登记事项涉及修改公司章程的,仍应当提交修改后的公司章程。

公司法定代表人的行为构成公司的行为。法定代表人应当在登记机关登记,经登记的法定代表人,其行使职权的行为具有法律效力,同时具有公示力。公司变更法定代表人,应当到公司登记机关办理变更手续,而未到登记机关变更的,不得对抗善意相对人。2018年《公司法》第13条中只规定了"公司法定代表人变更,应当办理变更登记"。对于由谁来办理,变更登记申请书由谁签字,司法实践中经常发生新、老法定代表人争抢公司代表权的情形。公司法定代表人是基于股东会或董事会的选任而产生,并非基于登记而享有公司法定代表人的身份,只不过未进行变更登记容易制造一种权利外观表象。[1] 本条明确了变更登记申请书由变更后的法定代表人签署,这符合法定代表人选任的法理逻辑,比较科学、合理。

---

〔1〕 参见何建:《公司意思表示论》,法律出版社2019年版,第264页。

典型案例

平凉安康医院有限公司与王某1股东知情权纠纷案〔1〕

裁判要旨：股东知情权是法律赋予公司股东了解公司经营状况、财务状况以及其他与股东利益存在密切关系的公司情况的权利，也是股东实现其他股东权利的基础性权利，是股东参与公司管理的前提和基础，公司不得限制或者剥夺。公司登记事项发生变更的应当依法办理变更登记。平凉安康医院有限公司主张股东会议已经形成决议，解除了王某1的股东资格，其不是本案适格主体，但因该医院未依法办理变更登记，尚不能确认已解除了王某1股东资格，故对平凉安康医院有限公司的抗辩意见不予采纳。

第三十六条　【公司营业执照记载事项变更】公司营业执照记载的事项发生变更的，公司办理变更登记后，由公司登记机关换发营业执照。

条文对照

2018年《公司法》	2023年《公司法》
第七条第三款　公司营业执照记载的事项发生变更的，公司~~应当依法~~办理变更登记，由公司登记机关换发营业执照。	**第三十六条**　公司营业执照记载的事项发生变更的，公司办理变更登记后，由公司登记机关换发营业执照。

〔1〕参见甘肃省平凉市（地区）中级人民法院民事判决书，（2020）甘08民终407号。

适用要点

本条是关于公司营业执照记载事项变更的规定。

公司登记机关在公司营业执照记载的事项对外具有公示效力。公司可以根据经营情况的需要，对有关事项作出调整，如变更公司法定代表人、更换新的公司办公地址等。如果公司调整的事项涉及公司名称、住所、注册资本、经营范围、法定代表人姓名等，则属于公司营业执照载明事项，如这些事项发生变更，则必须依法办理变更登记，由公司登记机关换发营业执照。

典型案例

北京时光房地产开发有限公司与新华信托股份有限公司等合同纠纷案[1]

裁判要旨：公司的营业执照虽被吊销，但法律并未规定被吊销营业执照的公司不能进行股权变更，公司的营业执照被吊销，不能成为公司股权变动的法律障碍。

第三十七条　【注销公司登记】公司因解散、被宣告破产或者其他法定事由需要终止的，应当依法向公司登记机关申请注销登记，由公司登记机关公告公司终止。

〔1〕 参见最高人民法院民事裁定书，(2015)民申字第3135号。

条文对照

2018 年《公司法》	2023 年《公司法》
第一百八十八条　公司~~清算结束后，清算组应当制作清算报告，报股东会、股东大会或者人民法院确认，并报送~~公司登记机关，申请注销公司登记，公告公司终止。	**第三十七条**　公司**因解散、被宣告破产或者其他法定事由需要终止的，应当依法向**公司登记机关申请注销登记，**由公司登记机关**公告公司终止。

适用要点

本条是关于清算报告和注销公司登记的规定。

清算是对公司法律关系进行清理，了结公司债权、债务，分配剩余财产等，实现公司合法有序地消亡。公司解散进入清算程序后，公司丧失经营活动能力，其原有代表及执行业务的机关均丧失职权。公司机关的主要职责是结束常态下的经营活动，转向清算事务，包括清理公司债权债务、办理公司注销登记等。[1] 根据本法第 234 条的规定，在清算过程中，清算组往往要实施诸多清算法律行为，其职责包括通知债权人、清理公司债权债务及公司财产、处理未了业务、支付必要费用等。清算中公司的股东会依然存在，其在公司组织机构中的地位没有根本性变化，仍是公司的权力机构。由于公司不能再开展与清算无关的经营活动，股东会不能再行使正常经营而具有的法定职权，取而代之的只能是与清算有关的职权。[2]

"清算组对内执行清算事务，对外代表公司了结债权债务，行使清算中公司的代表及执行机关的职能。"[3] 清算程序结束后，清算组应当制作

〔1〕 参见何建：《公司意思表示论》，法律出版社 2019 年版，第 224 – 225 页。

〔2〕 参见王保树主编：《中国商法》，人民法院出版社 2010 年版，第 281 页。

〔3〕 何建：《公司清算中法定代表人行为的效力》，载《人民司法》2015 年第 16 期。

完整的清算报告,附上清算期间收支报表及各种财务账册,向股东会或者人民法院报送确认。清算终结时,清算组应申请公司注销登记,此登记一经完成,公司人格归于消灭。如果说公司登记机关办理设立登记是公司取得法人资格的前提,那么消灭公司的法人资格则要以公司登记机关注销其公司登记为依据。公司登记机关经过核准注销登记后,公司终止,公司法人资格消灭。

第三十八条　【设立分公司登记】公司设立分公司,应当向公司登记机关申请登记,领取营业执照。

条文对照

2018 年《公司法》	2023 年《公司法》
第十四条第一款　公司~~可以设立分公司。~~设立分公司,应当向公司登记机关申请登记,领取营业执照。~~分公司不具有法人资格,其民事责任由公司承担。~~	**第三十八条**　公司设立分公司,应当向公司登记机关申请登记,领取营业执照。

适用要点

本条是关于公司设立分公司的规定。

有限责任公司和股份有限公司根据生产经营的需要,可以设立分公司。分公司是相对于总公司而言的,它是总公司的分支机构,也是总公司的组成部分。分公司不论是在经济上还是在法律上,都不具有独立性。《市场主体登记管理条例》第 23 条规定:“市场主体设立分支机构,应当向分支机构所在地的登记机关申请登记。”公司设立分公司,应当依法向登记机关申请登记，领取营业执照。

需要注意的是，公司法人设立分支机构或内部职能部门是否及时进行相关登记，已反映在该企业的营业执照中；此外，有诸多因素，不能仅根据营业执照来确定一个企业法人是否设立了这个部门或机构，即使法定应当登记而未登记的情况发生，未申报登记的企业并不因此免除民事责任。[1]

典型案例

陕西益康乐工贸有限公司与宁夏新华百货夏进乳业集团股份有限公司陕西分公司经销合同管辖权纠纷案[2]

裁判要旨：宁夏新华百货夏进乳业集团股份有限公司陕西分公司是依法成立并领取营业执照的分支机构，依法具备签订合同的主体资格，具备诉讼主体资格，可以作为案件当事人。2005 年 1 月 1 日，陕西益康乐工贸有限公司（乙方）与宁夏新华百货夏进乳业集团股份有限公司陕西分公司（甲方）签订夏进乳品的经销合同书，约定如发生纠纷可在甲方所在地人民法院诉讼解决。后宁夏新华百货夏进乳业集团股份有限公司陕西分公司以刘某和陕西益康乐工贸有限公司为被告向宁夏吴忠市中级人民法院提起诉讼。在此期间，陕西益康乐工贸有限公司则以宁夏新华百货夏进乳业集团股份有限公司陕西分公司为被告向西安市雁塔区人民法院提起诉讼。

法院认为，依照我国民事诉讼法及其相关司法解释的规定，法人依法设立并领取营业执照的分支机构不仅可以作为民事诉讼的当事人，而且，还可以其自己名义对外签订合同，该合同内容特别是独立于合同效力之

---

〔1〕 参见江必新、何东宁等：《最高人民法院指导性案例裁判规则理解与适用 · 公司卷》，中国法制出版社 2012 年版，第 16 页。

〔2〕 参见最高人民法院民事裁定书，(2007)民立他字第 11 号。

外的双方协议管辖条款对其亦具有约束力。人民法院在认定协议管辖条款有效的情形下,可以依据分支机构的住所地确定案件管辖权,而无须按照法人的住所地确定案件管辖权。

第三十九条　【撤销登记】虚报注册资本、提交虚假材料或者采取其他欺诈手段隐瞒重要事实取得公司设立登记的,公司登记机关应当依照法律、行政法规的规定予以撤销。

条文对照

2018年《公司法》	2023年《公司法》
第一百九十八条 ~~违反本法规定,~~虚报注册资本、提交虚假材料或者采取其他欺诈手段隐瞒重要事实取得公司登记的,由公司登记机关~~责令改正,对虚报注册资本的公司,处以虚报注册资本金额百分之五以上百分之十五以下的罚款;对提交虚假材料或者采取其他欺诈手段隐瞒重要事实的公司,处以五万元以上五十万元以下的罚款;情节严重的,撤销公司登记或者吊销营业执照~~。	**第三十九条** 虚报注册资本、提交虚假材料或者采取其他欺诈手段隐瞒重要事实取得公司**设立**登记的,公司登记机关**应当依照法律、行政法规的规定予以撤销**。

适用要点

本条是关于公司撤销登记的规定。

关于撤销公司登记的事由,需要关注的重点在于设立申请人在申请设立公司的过程中是否具有欺诈的意思表示和行为。欺诈取得公司登记，是指当事人在办理公司登记时，故意隐瞒有关的重要事实、制造假象、掩盖真相，使公司登记机关受蒙骗、发生错误认识而取得了公司登记。公司登记包括设立登记、变更登记、注销登记。本条规定了采取欺诈手段取得公司登记的3种情形，包括虚报注册资本、提交虚假材料或者采取其他欺诈手段隐瞒重要事实等。需要注意的是，《行政许可法》第6章监督检查第69条第1款对行政机关违法履行职责而准予行政许可的撤销作了规定，第2款对被许可人以欺骗、贿赂等不正当手段取得行政许可的撤销作了规定。第7章法律责任第79条规定，被许可人以欺骗、贿赂等不正当手段取得行政许可的，行政机关应当依法给予行政处罚。依照《行政许可法》的上述规定，撤销被许可人以欺骗等不正当手段取得的行政许可，是对违法行为的纠正，不属于行政处罚。[1]

典型案例

施某东与宁波市市场监督管理局撤销公司登记决定纠纷案[2]

裁判要旨：根据司法鉴定意见，公司注销登记申请有关材料存在股东签字虚假问题，相关公司登记是否应当被撤销，需要将股东表决权对于决议效力的影响纳入考量。若股东签名非本人所签，该股东拥有的表决权不足以否定决议效力，则相关决议仍对外代表公司意志，故公司相关注销登记申请材料上股东签字虚假不属于应予撤销登记的情节严重情形。

---

〔1〕 参见《全国人民代表大会常务委员会法制工作委员会关于公司法第一百九十八条“撤销公司登记”法律性质问题的答复意见》（法工委复〔2017〕2号）。

〔2〕 参见浙江省高级人民法院行政判决书，（2015）浙行再字第8号。

第四十条　【企业信息公示系统公示事项】公司应当按照规定通过国家企业信用信息公示系统公示下列事项：

（一）有限责任公司股东认缴和实缴的出资额、出资方式和出资日期，股份有限公司发起人认购的股份数；

（二）有限责任公司股东、股份有限公司发起人的股权、股份变更信息；

（三）行政许可取得、变更、注销等信息；

（四）法律、行政法规规定的其他信息。

公司应当确保前款公示信息真实、准确、完整。

条文对照

2018年《公司法》	2023年《公司法》
	第四十条　公司应当按照规定通过国家企业信用信息公示系统公示下列事项： （一）有限责任公司股东认缴和实缴的出资额、出资方式和出资日期，股份有限公司发起人认购的股份数； （二）有限责任公司股东、股份有限公司发起人的股权、股份变更信息； （三）行政许可取得、变更、注销等信息； （四）法律、行政法规规定的其他信息。 公司应当确保前款公示信息真实、准确、完整。

适用要点

本条是关于公司企业信息公示系统公示事项的规定。

公司参与市场经济活动，离不开与他人发生业务联系，需要披露相关信息给他人以获得交易的机会。同时，公司作为法人，具有一些与自然人不同的信息，如有限责任公司股东认缴和实缴的出资额、出资时间、出资方式，股份有限公司发起人认购的股份数；有限责任公司股东、股份有限公司发起人的股权、股份变更信息；公司的行政许可取得、变更、注销等，这些均具有特定的法律意义，应当在公司登记机关进行登记公示。公司应当诚实守信，确保前述公示信息真实、准确、完整。

当前，国家市场监督管理总局建立了企业信用信息公示系统，并通过公示系统依法归集政府部门在履职过程中产生并对外公示的涉企信息，包括企业的登记注册、行政许可、行政处罚、年报公示、抽查检查结果等信息。为了保护交易相对方的安全和合法权益，维护社会经济秩序，促进市场经济的健康规范发展，应当公开必要的公司设立登记、变更登记与注销登记的事项，向公众提供查询服务。这既对公司登记机关提出了要求，赋予不特定的社会公众查询公司登记事项的权利，又能通过企业信用信息公示系统加强对公司的社会监督和信用监管。

第四十一条　【公司登记机关的职责】公司登记机关应当优化公司登记办理流程，提高公司登记效率，加强信息化建设，推行网上办理等便捷方式，提升公司登记便利化水平。

国务院市场监督管理部门根据本法和有关法律、行政法规的规定，制定公司登记注册的具体办法。

条文对照

2018 年《公司法》	2023 年《公司法》
	第四十一条　公司登记机关应当优化公司登记办理流程，提高公司登记效率，加强信息化建设，推行网上办理等便捷方式，提升公司登记便利化水平。 国务院市场监督管理部门根据本法和有关法律、行政法规的规定，制定公司登记注册的具体办法。

适用要点

本条是关于公司登记机关的职责的规定。

我国制定出台第一部统一规范各类市场主体登记管理的行政法规，体现了党中央、国务院对深化“放管服”改革、优化营商环境的高度重视。随着《市场主体登记管理条例》的颁布实施，本条为保护市场主体合法权益、促进创业创新、维护市场秩序提供了坚实的法律保障。市场主体登记管理应当遵循依法合规、规范统一、公开透明、便捷高效的原则，本条要求公司登记机关优化公司登记办理流程，完善具体规定，提高公司登记效率，加强信息化建设，推行网上办理等便捷方式，提升公司登记便利化水平，这旨在进一步巩固拓展商事制度改革成果，持续营造稳定、公平透明、可预期的营商环境。

《市场主体登记管理条例》第 53 条规定，国务院市场监督管理部门可以依照本条例制定市场主体登记和监督管理的具体办法。本条第 2 款授权由国务院市场监督管理部门根据本法和有关法律、行政法规的规定，制定公司登记注册的具体办法，实现与《市场主体登记管理条例》第 53 条的规定相衔接统一。

第三章　有限责任公司的设立和组织机构

第一节　设　　立

第四十二条　【有限责任公司股东人数】有限责任公司由一个以上五十个以下股东出资设立。

条文对照

2018 年《公司法》	2023 年《公司法》
第二十四条　有限责任公司由五十个以下股东出资设立。 **第五十七条第二款**　~~本法所称一人有限责任公司，是指只有一个自然人股东或者一个法人股东的有限责任公司。~~	**第四十二条**　有限责任公司由**一个以上**五十个以下股东出资设立。

适用要点

本条是关于有限责任公司股东人数的规定。

有限责任公司兼具资合性与人合性，很大程度上是基于股东之间的信任而建立起来的一种经济组织。人数太多不利于股东之间的合作，也不利于公司的决策和经营。本条规定有限责任公司的股东为 1 个以上 50

个以下，每个股东都要出资，否则不能成为有限责任公司的股东。股东既可以是自然人，也可以是法人。通常所说的一人公司是指只有1个股东的有限责任公司，该股东为自然人或法人。

第四十三条 【有限责任公司设立协议】有限责任公司设立时的股东可以签订设立协议，明确各自在公司设立过程中的权利和义务。

条文对照

2018年《公司法》	2023年《公司法》
	第四十三条 有限责任公司设立时的股东可以签订设立协议，明确各自在公司设立过程中的权利和义务。

适用要点

本条是关于有限责任公司设立协议的规定。

设立协议，又称股东协议或发起人协议，是指在公司设立过程中，各发起人以设立公司为目的而结合在一起，由发起人签订设立公司协议，建立他们之间的合伙关系。各发起人基于设立公司协议，制定公司章程，履行其他义务。此阶段的公司称为设立中公司，系指自发起人签订发起人协议或者达成发起合意时起至设立登记完成前尚未取得法人资格的公司。

需要注意的是，设立协议有别于公司章程。股东在公司设立前订立的协议，不能约束公司，设立协议的终止也不意味着其不再具有任何法律意义，如同其他已经终止的合同一样，对合同有效期内发生的涉及签约当事人利益的问题，该协议仍是处理设立期间相关争议的基本依据。

典型案例

代某等与公司设立纠纷案[1]

裁判要旨：当事人订立合同，可以采用书面形式、口头形式和其他形式。书面形式，是指合同书、信件和数据电文（包括电报、电传、传真、电子数据交换和电子邮件）等可以有形地表现所载内容的形式。司某正与代某、姚某思虽未就《2020年7月7日章程》全部内容达成一致，但各方就股东出资及比例，公司董事、监事等人选，新公司财务及经营状况汇报机制等公司设立协议主要事项已经达成合意。退而言之，采用合同书形式订立合同，在签名或者盖章之前，当事人一方已经履行主要义务，对方接受的，该合同成立。司某正与代某、姚某思共同申请工商部门预先核准新公司名称，各方对于新公司的股东出资及比例有明确约定，并已经具体实施设立新公司的行为，故本案公司设立协议已经对司某正与代某、姚某思产生法律约束力。

第四十四条　【有限责任公司设立行为的法律后果】有限责任公司设立时的股东为设立公司从事的民事活动，其法律后果由公司承受。

公司未成立的，其法律后果由公司设立时的股东承受；设立时的股东为二人以上的，享有连带债权，承担连带债务。

设立时的股东为设立公司以自己的名义从事民事活动产生的民事责任，第三人有权选择请求公司或者公司设立时的股东承担。

设立时的股东因履行公司设立职责造成他人损害的，公司或者无过错的股东承担赔偿责任后，可以向有过错的股东追偿。

〔1〕参见上海市第二中级人民法院民事判决书，（2021）沪02民终9928号。

条文对照

2018 年《公司法》	2023 年《公司法》
	第四十四条　有限责任公司设立时的股东为设立公司从事的民事活动，其法律后果由公司承受。 公司未成立的，其法律后果由公司设立时的股东承受；设立时的股东为二人以上的，享有连带债权，承担连带债务。 设立时的股东为设立公司以自己的名义从事民事活动产生的民事责任，第三人有权选择请求公司或者公司设立时的股东承担。 设立时的股东因履行公司设立职责造成他人损害的，公司或者无过错的股东承担赔偿责任后，可以向有过错的股东追偿。

适用要点

本条是关于有限责任公司设立行为的法律后果的规定。

本条是在《民法典》第 75 条和《公司法解释三》第 3 条、第 4 条和第 5 条基础上整合形成的。

1. 设立中公司的性质。对设立中公司具有何种法律性质，存在同一体说、合伙说、无权利能力社团说等不同认识。我国公司法对设立中公司权利义务关系的处理，采取了一种折中态度，即如果设立中公司发起失败，则全体发起人承担连带责任，从责任承担上看，似采“合伙说”；但如果公司设立成功，则权利义务自动归属于设立后的公司，与成立后的公司同为一体。

2. 发起人与设立中公司的关系。公司法规定，发起人承担公司筹办事务。即使在董事及监事选任后，设立中公司的执行机关仍然是发起人，发起人为设立中公司事务的执行机关及代表机关。质言之，设立中公司业务的执行仍属发起人的权限，对内发起人管理设立事务，对外由发起人代表设立中公司。公司自开始设立到设立完成而具有法律人格前的事务，由发起人代表设立中公司进行法律行为。从发起人与设立中公司的关系看，发起人作为设立中公司的机关，既体现了一定的灵活性，若公司设立成功，发起人作为设立中公司的代表，其行为后果由成立后的公司承继；又顾及了交易安全，若公司未成立，发起人就设立公司所造成的行为后果及所需费用，则由发起人承担个人责任或连带责任。对于在设立过程中致人损害的股东，承担责任之后的公司或者没有过错的发起人股东，可以向有过错的股东追偿。

3. 设立中公司的责任主体确定。《公司法解释三》第 2 条规定："发起人为设立公司以自己名义对外签订合同，合同相对人请求该发起人承担合同责任的，人民法院应予支持；公司成立后合同相对人请求公司承担合同责任的，人民法院应予支持。"第 3 条规定："发起人以设立中公司名义对外签订合同，公司成立后合同相对人请求公司承担合同责任的，人民法院应予支持。公司成立后有证据证明发起人利用设立中公司的名义为自己的利益与相对人签订合同，公司以此为由主张不承担合同责任的，人民法院应予支持，但相对人为善意的除外。"该司法解释确认了发起人在对外开展交易活动时所应承担的义务，同时，赋予成立后公司进行追认或选择的权利，公司成立后可以对发起人为设立公司以自己名义对外签订的合同予以确认。

典型案例

东莞市明驰光电科技有限公司与上海喆顶实业有限公司买卖合同纠纷案[1]

裁判要旨：债权人享有向发起人或公司主张权利的选择权。发起人以设立中公司名义对外签订合同，公司成立后，合同相对人请求公司承担合同责任的，人民法院应予支持。

2015年4月9日，东莞市明驰光电科技有限公司(以下简称明驰公司)向倪某虎的“中国.喆顶实业(倪承煜)”微信号(微信号码头像照片显示为“喆顶实业”字样)发送了水滴标照片2份和报价单1份，协商水滴标采购事宜。同年4月15日，上海喆顶实业有限公司(以下简称喆顶公司)成立，倪某虎系喆顶公司的一人股东和法定代表人。同年4月17日，双方又通过微信号约定，喆顶公司向明驰公司采购水滴标6000只，同时，喆顶公司通过微信转账方式支付3.1万元到明驰公司员工吴某个人账户内，并向明驰公司明确收货人，明驰公司确认收到上述信息。审理中，双方确认3000个水滴标货款已结清。明驰公司起诉请求判令喆顶公司支付欠款7.5万元，并承担本案诉讼费。上海市浦东新区人民法院经审理认为，倪某虎在喆顶公司成立时间前后即2015年4月9日和4月17日均以“中国.喆顶实业(倪承煜)”微信号(微信号头像照片显示为“喆顶实业”字样)与明驰公司协商涉案业务，显然倪某虎系以喆顶公司的名义与明驰公司约定了具体采购事宜，且倪某虎确系喆顶公司的股东兼任法定代表人，审理中倪某虎亦称该批货物系转售山东客户而非其个人使用。故判决喆顶公司支付明驰公司欠款7.5万元。喆顶公司不服，提起上诉，后又申请撤回上诉。上海市第一中级人民法院裁定准许撤回上诉。

---

〔1〕 参见上海市浦东新区人民法院民事判决书，(2015)浦民二(商)初字第4952号。

第四十五条　【有限责任公司章程制定】设立有限责任公司，应当由股东共同制定公司章程。

条文对照

2018 年《公司法》	2023 年《公司法》
第二十三条第三项　设立有限责任公司，应当具~~备下列条件：~~ ~~（三）~~股东共同制定公司章程~~；~~	**第四十五条**　设立有限责任公司，应当**由**股东共同制定公司章程。

适用要点

本条是关于有限责任公司章程制定的规定。

设立有限责任公司，必须制定公司章程。公司章程是规范公司的组织与行为，规定公司与股东之间、股东与股东之间的权利义务关系的公司基本法律文件，是公司组织和活动的基本准则。没有公司章程，就不能设立有限责任公司。公司章程是公司治理结构的总纲领，公司在章程基础上按意思自治原则决定自己应该决定的事情。公司章程由公司股东们一致协商，共同作出意思表示制定，体现全体股东的意志。股东所制定的公司章程必须符合法律的规定。

第四十六条　【有限责任公司章程法定记载事项】有限责任公司章程应当载明下列事项：

（一）公司名称和住所；

（二）公司经营范围；

（三）公司注册资本；

（四）股东的姓名或者名称；
（五）股东的出资额、出资方式和出资日期；
（六）公司的机构及其产生办法、职权、议事规则；
（七）公司法定代表人的产生、变更办法；
（八）股东会认为需要规定的其他事项。
股东应当在公司章程上签名或者盖章。

条文对照

2018 年《公司法》	2023 年《公司法》
第二十五条 有限责任公司章程应当载明下列事项： （一）公司名称和住所； （二）公司经营范围； （三）公司注册资本； （四）股东的姓名或者名称； （五）股东的出资方式、出资额和出资*时间*； （六）公司的机构及其产生办法、职权、议事规则； （七）公司法定代表人； （八）股东会~~会议~~认为需要规定的其他事项。 股东应当在公司章程上签名、盖章。	**第四十六条** 有限责任公司章程应当载明下列事项： （一）公司名称和住所； （二）公司经营范围； （三）公司注册资本； （四）股东的姓名或者名称； （五）股东的出资额、出资方式和出资*日期*； （六）公司的机构及其产生办法、职权、议事规则； （七）公司法定代表人**的产生、变更办法**； （八）股东会认为需要规定的其他事项。 股东应当在公司章程上签名**或者**盖章。

适用要点

本条是关于有限责任公司章程法定记载事项的规定。

公司章程内容可以分为绝对必要记载事项和任意记载事项。绝对必要记载事项，是指法律规定在章程中必须具备的内容，不记载这些内容，该章程即属无效，登记机关将不予登记。一般而言，绝对必要记载事项应包括公司的名称、住所、经营范围、注册资本和各个股东的姓名或名称，股东的出资数额、出资方式和出资日期，公司的机构及其产生办法、职权、议事规则，法定代表人的产生、变更办法及股东会认为需要规定的其他事项。任意记载事项，是指不是由法律明文规定不可缺少的事项，而是可以规定也可以不规定在章程中的事项。各个股东应当在章程上签名或者盖章。

第四十七条　【有限责任公司注册资本】有限责任公司的注册资本为在公司登记机关登记的全体股东认缴的出资额。全体股东认缴的出资额由股东按照公司章程的规定自公司成立之日起五年内缴足。

法律、行政法规以及国务院决定对有限责任公司注册资本实缴、注册资本最低限额、股东出资期限另有规定的，从其规定。

条文对照

2018 年《公司法》	2023 年《公司法》
第二十六条　有限责任公司的注册资本为在公司登记机关登记的全体股东认缴的出资额。 法律、行政法规以及国务院决定对有限责任公司注册资本实缴、注册资本最低限额另有规定的，从其规定。	**第四十七条**　有限责任公司的注册资本为在公司登记机关登记的全体股东认缴的出资额。**全体股东认缴的出资额由股东按照公司章程的规定自公司成立之日起五年内缴足。** 法律、行政法规以及国务院决定对

续表

2018 年《公司法》	2023 年《公司法》
	有限责任公司注册资本实缴、注册资本最低限额、**股东出资期限**另有规定的，从其规定。

适用要点

本条是关于有限责任公司注册资本的规定。

注册资本是公司开展基本经营活动、公司得以有效设立的物质基础。它来源于股东的出资，在股东出资完成后，该部分即归入公司财产范围，成为公司资本的组成部分。[1] 有限责任公司的注册资本以公司登记机关登记的数额为准，是由股东认缴出资额构成。所谓"认缴出资额"，是指股东共同制定的公司章程中规定的各股东出资的数额，该认缴出资额由实缴出资和应缴出资两部分构成。2013 年《公司法》的修正，改变了公司注册资本制度，除法律、行政法规以及国务院决定对公司注册资本实缴、注册资本最低限额、股东出资期限另有规定外，取消了对公司最低注册资本的要求。公司设立时无须缴纳最低出资，也不设验资要求，股东出资由实缴制改为认缴制，以降低设立公司的成本，放宽公司设立的门槛，缓解中小企业的"资金难"问题。针对实践中出现的股东认缴期限过长，影响交易安全、损害债权人利益的情形，为进一步完善认缴登记制度，确保资本充实和交易安全，2023 年《公司法》明确全体股东认缴的出资额应当按照公司章程的规定自公司成立之日起 5 年内缴足，强化股东出资责任，法律、行政法规以及国务院决定可以对有限责任公司股东出资期限作出特别规定，为重点行业领域设定有别于 5 年的认缴期限留出制度空间。

---

〔1〕 参见何建：《注册资本"生变"，司法准备好了吗》，载《人民法院报》2014 年 2 月 23 日，第 2 版。

典型案例

汪某霞、胡某雨股权转让纠纷案[1]

裁判要旨：有限责任公司的注册资本为在公司登记机关登记的全体股东认缴的出资额。股东未履行或者未全面履行出资义务，公司或者其他股东请求其向公司依法全面履行出资义务的，人民法院应予支持。公司债权人请求未履行或者未全面履行出资义务的股东在未出资本息范围内对公司债务不能清偿的部分承担补充赔偿责任的，人民法院应予支持。未履行或未全面履行出资义务的股东已经承担上述责任，其他债权人提出相同请求的，人民法院不予支持。未满出资期限的股权具备可转让性，但未全面履行出资义务的股东，不仅公司对其享有补齐出资的请求权，公司股东和公司债权人也对其享有补齐出资和承担补充赔偿责任的请求权。

第四十八条　【股东出资方式、出资评估及其限制】股东可以用货币出资，也可以用实物、知识产权、土地使用权、股权、债权等可以用货币估价并可以依法转让的非货币财产作价出资；但是，法律、行政法规规定不得作为出资的财产除外。

对作为出资的非货币财产应当评估作价，核实财产，不得高估或者低估作价。法律、行政法规对评估作价有规定的，从其规定。

〔1〕参见最高人民法院民事裁定书，(2020)最高法民申5590号。

条文对照

2018 年《公司法》	2023 年《公司法》
第二十七条　股东可以用货币出资,也可以用实物、知识产权、土地使用权等可以用货币估价并可以依法转让的非货币财产作价出资;但是,法律、行政法规规定不得作为出资的财产除外。 对作为出资的非货币财产应当评估作价,核实财产,不得高估或者低估作价。法律、行政法规对评估作价有规定的,从其规定。	**第四十八条**　股东可以用货币出资,也可以用实物、知识产权、土地使用权、**股权、债权**等可以用货币估价并可以依法转让的非货币财产作价出资;但是,法律、行政法规规定不得作为出资的财产除外。 对作为出资的非货币财产应当评估作价,核实财产,不得高估或者低估作价。法律、行政法规对评估作价有规定的,从其规定。

适用要点

本条是关于股东出资方式、出资评估及其限制的规定。

本条规定股东可以用货币出资,也可以用实物、知识产权、土地使用权等可以用货币估价并可以依法转让的非货币财产作价出资,2023 年《公司法》扩大了非货币出资形式,允许股权、债权等非货币作价出资。当然,法律、行政法规规定不得作为出资的财产除外。

为了计算公司注册资本总额,明确各股东出资在公司全部注册资本中所占的比例,本条对于用实物、知识产权、土地使用权、股权、债权等非货币财产的出资,必须依法进行评估作价,核实财产,既不能过高估作价,也不能过低估作价。由于实物、知识产权、土地使用权等的财产形态不同,其评估作价的方法、要求、规则以及主管部门等也都有区别,法律、行政法规对评估作价有规定的,按照法律、行政法规的要求执行。

典型案例

天津滨海泰达酒店开发有限公司与天津中盈置业有限公司等股东出资纠纷案[1]

裁判要旨：我国法律允许股东以能够估价的实物出资，因非货币出资在财产变动上的特殊性，法律规定出资人应将财产从自己名下移转至公司名下，使其成为法人财产，避免公司将来处分财产面临法律风险。同时，从公司实际利用和发挥资本功效的角度而言，办理权属变更仅解决财产归属和处分权的问题，出资人应将财产实际交付公司，从而使公司能够直接使用而直接获得收益，故已经办理权属变更手续但未实际交付的，出资人不享有相应的股东权利。根据权利义务相适应的原则，在出资人完成实际交付且办理权属变更手续而享有相应股东权利的情况下，应将财产实际交付之日认定为完成出资义务的时间。二审判决因已经交付的9套房屋中最早的一套交付时间为2012年3月8日，从而认定2012年3月8日为天津中盈置业有限公司履行出资义务的时间，适用法律错误，最高人民法院予以纠正。

第四十九条　【股东足额缴纳出资】股东应当按期足额缴纳公司章程规定的各自所认缴的出资额。

股东以货币出资的，应当将货币出资足额存入有限责任公司在银行开设的账户；以非货币财产出资的，应当依法办理其财产权的转移手续。

股东未按期足额缴纳出资的，除应当向公司足额缴纳外，还应当对给公司造成的损失承担赔偿责任。

---

〔1〕参见最高人民法院民事判决书，(2020)最高法民再85号。

条文对照

2018 年《公司法》	2023 年《公司法》
第二十八条第一款 股东应当按期足额缴纳公司章程中规定的各自所认缴的出资额。股东以货币出资的，应当将货币出资足额存入有限责任公司在银行开设的账户；以非货币财产出资的，应当依法办理其财产权的转移手续。 股东不~~按照前款规定~~缴纳出资的，除应当向公司足额缴纳外，还应当~~向已按期足额缴纳出资的股东~~承担违约责任。	**第四十九条** 股东应当按期足额缴纳公司章程规定的各自所认缴的出资额。 股东以货币出资的，应当将货币出资足额存入有限责任公司在银行开设的账户；以非货币财产出资的，应当依法办理其财产权的转移手续。 股东未**按期足额**缴纳出资的，除应当向公司足额缴纳外，还应当对**给公司造成的损失**承担**赔偿**责任。

适用要点

本条是关于股东足额缴纳出资的规定。

股东的出资形式包括货币出资和非货币出资。若股东以货币出资，应当按照公司章程规定的时间和金额，将足额的货币一次性或分期存入有限责任公司在银行开设的账户进行缴纳。股东以非货币财产出资的，除了必须作价评估之外，还应当依法办理转移财产权的过户手续，将原来属于股东所有或指定的财产转移为属于公司所有的财产，确保公司资本充实。股东应当按期足额向公司缴纳出资，届满仍未缴纳的，构成违约，既违反认股合同约定的义务，也违反对公司的法定出资义务，给公司造成损失的，无论是基于违约责任还是侵权责任，公司均有权请求该股东承担赔偿责任。

典型案例

中国长城资产管理公司乌鲁木齐办事处与新疆华电工贸有限责任公司等借款合同纠纷案[1]

裁判要旨：新疆华电工贸有限责任公司（以下简称工贸公司）的股东出资分为货币出资和实物出资两个部分。关于货币出资部分，在工贸公司设立过程中，红能公司、金马公司、电力公司分别以25万元、15万元、10万元人民币向工贸公司履行了货币出资义务。中国长城资产管理公司乌鲁木齐办事处（以下简称办事处）关于红能公司、金马公司、电力公司抽逃出资的诉讼主张没有事实证据，法院不予支持。工贸公司收到上述货币出资后，其资本额已经达到公司法规定的最低企业法人注册资本额，满足了企业法人设立的基本条件，该公司依法具有独立的企业法人资格。办事处关于工贸公司不具有法人资格，各股东应当对工贸公司债务承担连带责任的主张没有事实和法律依据，法院不予支持。

关于实物出资部分。在工贸公司设立过程中，雁池发电公司、苇湖梁发电公司、喀什发电公司、昌吉热电公司作为出资的库房未办理所有权变更手续，属于出资不到位。后经工贸公司股东会同意，上述股东承诺将各自的储油罐、供油泵等相关设备置换房产作为实物重新出资。但至本案诉前，上述设备未实际交付工贸公司，仍由股东单位占有使用，工贸公司出具的实物交接手续未能反映本案真实情况。上述设备属于动产，根据《物权法》（已失效）第23条的规定，动产物权的设立和转让，自交付时发生效力。动产所有权的转移以实际交付为准。本案上述股东承诺出资的相关设备并未实际交付给工贸公司，应当认定上述股东未能实际履行实物出资承诺，相关出资没有实际到位。新疆宏昌有限责任会计师事务所

[1] 参见最高人民法院民事判决书，(2008)民二终字79号。

出具的(2006)8－074号《验资报告》以及工贸公司补足出资的相关工商登记备案资料未能反映真实出资情况，法院不予采信。

第五十条 【股东非货币财产出资不实的违约责任】有限责任公司设立时，股东未按照公司章程规定实际缴纳出资，或者实际出资的非货币财产的实际价额显著低于所认缴的出资额的，设立时的其他股东与该股东在出资不足的范围内承担连带责任。

条文对照

2018年《公司法》	2023年《公司法》
第三十条 有限责任公司~~成立后，发现作为设立公司~~出资的非货币财产的实际价额显著低于~~公司章程~~所~~定价~~额的，~~应当由交付该出资的股东补足其差额；公司~~设立时的其他股东承担连带责任。	**第五十条** 有限责任公司**设立时，股东未按照公司章程规定实际缴纳出资，或者实际**出资的非货币财产的实际价额显著低于所**认缴的出资额**的，设立时的其他股东**与该股东在出资不足的范围内**承担连带责任。

适用要点

本条是关于股东非货币财产出资不实的违约责任的规定。

如实足额地缴纳公司章程所规定的出资额是股东的法定义务，股东以非货币资产出资的，如不能如实缴纳价值相等的出资额，就应当在出资不足的范围内承担相应的法律责任，即“补足其差额”，承担出资瑕疵责任，其他股东应对缴纳该差额承担连带责任。公司可以要求交付该非货币财产出资的股东补足差额，也可以要求设立时的其他股东承担连带补足责任。其他股东承担责任后，可向该以非货币资产出资的股东追偿，以确保公司资本的充足。

一旦公司成立，即产生了新的法律主体，此时股东不如实缴纳出资的问题，就变成了股东与公司之间的问题，未足额缴纳出资的股东应当向公司承担违约或侵权的赔偿。股东出资义务，是指股东按照与公司签署的协议、认股书、公司章程中所认缴的出资额，按期足额缴纳出资的义务。在公司成立后的出资瑕疵责任，首先是股东对公司的责任，这种责任应分具体情况看待，如果股东已经出资，其不如实缴纳出资的行为则是对公司财产权的损害，由此产生的责任应定性为侵权责任；如果股东自始至终未出资或虚假出资，则违反了设立协议和公司章程，由此产生的责任应定性为违约责任或违反章程规定的法定义务的侵权责任。其次，如果因股东不履行出资义务损害了其他股东的利益或导致其他股东的财产损失，还会产生股东对股东的违约责任，包括损害赔偿责任。股东出资义务无论是约定义务还是法定义务，股东违反出资义务给公司和其他出资人造成损失的，都应承担赔偿责任。一般来说，在公司成立的情况下，违反出资义务的股东应向公司承担损害赔偿责任；在因股东违反出资义务而导致公司不能成立或被撤销、解散的情况下，违约股东应向其他足额缴纳股款的股东承担损害赔偿责任。

典型案例一

李某与镇江安泰商业管理有限公司等股东出资纠纷案〔1〕

裁判要旨：股东出资义务作为法定义务，并不以其他股东出资到位作为前提条件。在股东出资纠纷案件中，出资责任和违约责任需要区别看待。出资责任的权利人是公司而非股东，在股东之间起诉要求履行出资义务的情况下，起诉股东和被起

〔1〕 参见江苏省常州市中级人民法院民事判决书，(2022)苏04民终108号。

诉股东不存在双务合同抗辩权问题。因而被起诉股东无权援引双务合同抗辩权以起诉股东未出资为由否定自己的出资义务。起诉股东是否履行出资义务,并不影响其享有的要求其他未出资股东履行出资义务的诉权。

典型案例二

青海威德生物技术有限公司与北京威德生物科技有限公司等公司增资纠纷案[1]

裁判要旨:有限责任公司成立后,发现作为设立公司出资的非货币财产的实际价额显著低于公司章程所定价额的,应当由交付该出资的股东补足其差额,公司设立时的其他股东承担连带责任。但出资人以符合法定条件的非货币财产出资后,因市场变化或者其他客观因素导致出资财产贬值,该出资人不承担补足出资责任,除非当事人另有约定。据此,出资人以知识产权出资的,知识产权的价值由出资时所作评估确定,出资人不对其后因市场变化或其他客观因素导致的贬值承担责任,除非当事人另有约定。

第五十一条 【股东出资催缴】有限责任公司成立后,董事会应当对股东的出资情况进行核查,发现股东未按期足额缴纳公司章程规定的出资的,应当由公司向该股东发出书面催缴书,催缴出资。

未及时履行前款规定的义务,给公司造成损失的,负有责任的董事应当承担赔偿责任。

---

[1] 参见最高人民法院民事判决书,(2019)最高法民终959号。

条文对照

2018 年《公司法》	2023 年《公司法》
	第五十一条　有限责任公司成立后，董事会应当对股东的出资情况进行核查，发现股东未按期足额缴纳公司章程规定的出资的，应当由公司向该股东发出书面催缴书，催缴出资。 未及时履行前款规定的义务，给公司造成损失的，负有责任的董事应当承担赔偿责任。

适用要点

本条是关于股东出资催缴的规定。

董事会是公司经营机关，知悉公司股东的出资情况，如股东未按期足额缴纳出资，由公司向股东催收资本属于董事、高级管理人员的勤勉义务，因董事、高级管理人员未履行该义务会对公司及其他利益相关者的利益产生影响，故应当向相关权利主体承担责任。因此，股东在向公司出资过程中未履行或者未全面履行出资义务的，给公司造成损失的，公司、其他股东或者债权人有权请求公司董事承担相应的赔偿责任。根据民法相关原理，董事承担责任后，可以向未履行或未全面履行出资义务的股东追偿。

第五十二条　【股东失权制度】股东未按照公司章程规定的出资日期缴纳出资，公司依照前条第一款规定发出书面催缴书催缴出资的，可以载明缴纳出资的宽限期；宽限期自公司发出催缴书之日起，不得少于六十日。宽限期届满，股东仍未履行出资义务的，公司经董事会决议可以向该股东发出失权通知，通知应当以书面

形式发出。自通知发出之日起，该股东丧失其未缴纳出资的股权。

依照前款规定丧失的股权应当依法转让，或者相应减少注册资本并注销该股权；六个月内未转让或者注销的，由公司其他股东按照其出资比例足额缴纳相应出资。

股东对失权有异议的，应当自接到失权通知之日起三十日内，向人民法院提起诉讼。

条文对照

2018 年《公司法》	2023 年《公司法》
	第五十二条　股东未按照公司章程规定的出资日期缴纳出资，公司依照前条第一款规定发出书面催缴书催缴出资的，可以载明缴纳出资的宽限期；宽限期自公司发出催缴书之日起，不得少于六十日。宽限期届满，股东仍未履行出资义务的，公司经董事会决议可以向该股东发出失权通知，通知应当以书面形式发出。自通知发出之日起，该股东丧失其未缴纳出资的股权。 依照前款规定丧失的股权应当依法转让，或者相应减少注册资本并注销该股权；六个月内未转让或者注销的，由公司其他股东按照其出资比例足额缴纳相应出资。 股东对失权有异议的，应当自接到失权通知之日起三十日内，向人民法院提起诉讼。

适用要点

本条是关于股东失权制度的规定。

本条是在吸收《公司法解释三》第17条内容的基础上形成的,是新增加的规定。

首先,在公司的存续过程中,股东始终应确保出资义务的全面实际履行,否则构成对其他守约股东合理期待的破坏,进而构成对公司契约的违反。一旦因该股东在章程规定的到期出资日未履行出资义务或抽逃出资,该违约行为将严重危害公司的经营和其他股东的共同利益,背离契约订立的目的和初衷,故本法赋予守约股东解除彼此间的合同、让违约股东退出公司的权利。这既体现了法律对违约方的惩罚和制裁,又彰显了对守约方的救济和保护。由此可见,合同"解除权"仅在守约方手中,违约方并不享有解除(合同或股东资格)的权利。

其次,催缴的宽限期。公司在对未履行出资义务或者抽逃出资的股东失权前,应给该股东补正的机会,即应当催告该股东在合理期间内缴纳或者返还出资。只有该股东在公司催告的合理期间内仍未履行出资义务的,公司方能经董事会决议让该股东丧失其未缴纳出资的股权,法院才能确认公司这种发出失权通知行为的效力。失权日,是发出通知之日,而非到达之日,公司对不履行义务股东发出失权通知不需要征求失权股东的意见,公司董事会可以直接作出决定;公司作出决定后,不履行义务的股东在公司中的股东资格的丧失即生效,不需要失权股东的配合,股东同时丧失其未缴纳出资的股权。股东失权是否仅限于严重违反出资义务的情形,即"未出资"和"抽逃全部出资",从该股东丧失其未缴纳出资的股权的文义上看,未完全履行出资义务和抽逃部分出资的情形未排除在外,丧失的该部分股权依法转让或减资后注销,6个月内未转让或注销的,由其他股东按比例缴纳相应出资。

最后,出资分担。为保障公司债权人的利益,法院在判决确定股东失权行为的效力时，应当向公司释明，要求公司及时办理法定减资程序或者由其他股东缴纳相应的出资，以消除公司资本中的“空洞”。

简而言之，股东失权决议有效应当满足的条件是：股东未按照章程规定的出资日期缴纳出资、股东未出资和抽逃出资，经公司在合理期限内催告仍未缴纳或者返还出资，通过召开董事会议，由除担任董事职务的未出资股东以外，代表1/2以上表决权的董事会表决通过，形成董事会决议。本法规定前，关于股东资格的解除，司法案例认为，如公司股东均为虚假出资或抽逃全部出资，部分股东通过股东会决议解除特定股东的股东资格，由于该部分股东本身亦非诚信守约股东，其行使除名表决权丧失合法性基础，该除名决议应认定为无效。[1]

需要注意的是，股东失权是对股东资格的剥夺，影响很大，应赋予股东对失权的异议权利救济，本条第3款增加失权股东救济程序，规定该股东应当自接到失权通知之日起30日内，向人民法院提起诉讼。

典型案例

张某萍与臧某存、青岛凯发置业有限公司股东会决议效力纠纷案[2]

裁判要旨：在无任何正当事由的情况下，股东将其认缴的全部出资经验资后又全部转出的行为，属于《公司法解释三》第12条第4项规定的“其他未经法定程序将出资抽回的行为”。在股东抽逃全部出资的情况下，公司要想以股东会决议方式解除股东资格，需要催告股东返还抽逃的出资并给其合

〔1〕 参见刘美芳诉常州凯瑞化学科技有限公司等公司决议效力确认纠纷案，载《最高人民法院公报》2023年第2期。

〔2〕 参见最高人民法院民事判决书，(2018)最高法民再328号。

理的期限。公司以股东会决议方式解除股东资格,除需要具备《公司法解释三》第17条规定的特别条件外,还需要符合《公司法》以及公司章程有关股东会决议程序的要求。被除名的股东不享有表决权,主要理由为:一是股权来自出资,在拟被除名股东没有任何出资或者抽逃全部出资的情况下,其不应享有股权,自然也不享有表决权;二是除名权是形成权,在符合一定条件下,公司享有单方面解除未履行出资义务或抽逃全部出资的股东的股东资格的权利。

第五十三条 【股东不得抽逃出资及法律后果】公司成立后,股东不得抽逃出资。

违反前款规定的,股东应当返还抽逃的出资;给公司造成损失的,负有责任的董事、监事、高级管理人员应当与该股东承担连带赔偿责任。

条文对照

2018年《公司法》	2023年《公司法》
第三十五条 公司成立后,股东不得抽逃出资。	**第五十三条** 公司成立后,股东不得抽逃出资。 **违反前款规定的,股东应当返还抽逃的出资;给公司造成损失的,负有责任的董事、监事、高级管理人员应当与该股东承担连带赔偿责任。**

适用要点

本条是关于股东不得抽逃出资及法律后果的规定。

股东的出资是公司设立并从事生产经营活动的物质基础。公司一旦成立，股东的出资就成为公司的财产，即股东的出资形成公司的全部法人财产。公司具有独立的财产权，以其全部财产对外承担责任。抽逃出资是严重侵蚀公司资本的行为，资本维持原则要求公司在其存续过程中，应当经常保持与其资本额相当的财产，股东不得抽逃出资减少公司资本，以保护公司债权人利益和维护交易安全。

本条第2款规定了应当返还抽逃的出资，未明确是否包括利息，但是，从后半句来看，对于公司而言，实际上是占有了公司的资金，造成了利息的损失，该利息属于损失范畴，应当予以赔偿。股东抽逃出资实质上是侵犯公司财产权，就行为性质而言，属于侵权行为。股东出资后又抽逃出资的，公司和其他股东有权请求其返还出资本息。如果董事、监事、高级管理人员协助股东抽逃出资，按照《民法典》侵权责任编第1169条第1款“教唆、帮助他人实施侵权行为的，应当与行为人承担连带责任”的规定，构成共同侵权行为，这些人员应当与该股东一起承担连带赔偿责任。本条第2款实际上是吸收了《公司法解释三》的规定，其中第14条规定：“股东抽逃出资，公司或者其他股东请求其向公司返还出资本息、协助抽逃出资的其他股东、董事、高级管理人员或者实际控制人对此承担连带责任的，人民法院应予支持。公司债权人请求抽逃出资的股东在抽逃出资本息范围内对公司债务不能清偿的部分承担补充赔偿责任、协助抽逃出资的其他股东、董事、高级管理人员或者实际控制人对此承担连带责任的，人民法院应予支持；抽逃出资的股东已经承担上述责任，其他债权人提出相同请求的，人民法院不予支持。”

需要注意的是，董事、监事、高级管理人员承担连带责任后，是否可向抽逃出资者进行追偿，本条未作规定，但依据一般法理，法律并不当然承认和保护其追偿的权利。原因在于，其他股东、董事、高级管理人员、实际控制人对抽逃出资一般存在直接协助的故意，其对公司财产损失存在直接的侵害关系，若允许连带责任人向抽逃出资者进行追偿，会降低其违法成本。否定连带责任人的追偿权，对协助抽逃出资人苛以更加严格的责任，预防此类行为频繁发生。[1]

典型案例

王某钊与王某保等追加、变更被执行人异议之诉纠纷案[2]

裁判要旨：足额出资是股东对公司的法定义务，股东在公司成立后，不得抽逃已投入到公司的出资，否则违反公司资本维持原则，侵害公司财产权及其他足额出资股东的合法权益，并严重损害公司债权人利益。依照2018年《公司法》第35条以及《公司法解释三》第14条的规定，股东不得抽逃出资，否则应在抽逃出资的本息范围内对公司债务不能清偿的部分承担补充赔偿责任。股东的出资构成有限责任公司成立时的全部法人财产，也是公司对外承担债务清偿责任的保证。股东抽逃出资实际上是股东转移公司资产却未支付公平、合理对价的行为，必然对公司偿债能力造成损害。根据《公司法解释三》第14条、第18条等规定精神，股东转让股权后，仍应承担未履行或者未全面履行出资义务的责任。

第五十四条　【股东出资加速到期】公司不能清偿到期债务的，公司或者已到期债权的债权人有权要求已认缴出资但未届出资期限的股东提前缴纳出资。

〔1〕　参见最高人民法院民事审判第二庭编著：《最高人民法院关于公司法司法解释（三）、清算纪要理解与适用》（注释版），人民法院出版社2014年版，第230－231页。

〔2〕　参见最高人民法院民事裁定书，（2023）最高法民申383号。

条文对照

2018 年《公司法》	2023 年《公司法》
	第五十四条　公司不能清偿到期债务的,公司或者已到期债权的债权人有权要求已认缴出资但未届出资期限的股东提前缴纳出资。

适用要点

本条是关于股东出资加速到期的规定。

《全国法院民商事审判工作会议纪要》第 6 条中规定,股东出资加速到期通常适用于公司作为被执行人的案件,因穷尽执行措施无财产可供执行,公司已具备破产原因,但不申请破产的。在有生效判决,经公司债权人申请执行的情况下,如果穷尽执行措施公司还无财产可供执行,已具备破产原因,但不申请破产的,其法律效果与《企业破产法》第 2 条规定的公司资产不足以清偿全部债务或者明显缺乏清偿能力完全相同,故这种情形下依照《企业破产法》第 35 条的规定,应将股东未届期限的认缴出资,加速到期。但是本条不再要求具备破产原因,只要公司不能清偿到期债务,公司或者到期债权的债权人有权要求已认缴出资但未届出资缴纳期限的股东应当向公司提前缴纳出资,不需要该债务经法院确认或者经法院强制执行不能。[1]

〔1〕 参见林一英:《公司注册资本认缴登记制的完善》,载《国家检察官学院学报》2023 年第 6 期。

典型案例

世纪长龙影视有限公司与浙江东望时代影视文化有限公司等追加、变更被执行人异议之诉纠纷案[1]

裁判要旨：曾某燕作为浙江东望时代影视文化有限公司（以下简称东望时代公司）股东，虽然提供了东望时代公司享有剧本及影视作品版权等证据，但并无充分证据证明相关影视作品的账面资产价值。在东望时代公司名下资产中，变现可能较大的电影作品《奇幻变形计》尚未最终制作完成（据其自认完成90%），距离最初计划的上映日期已过去4年多，《缘定今生》电视剧本尚未开拍，电影作品以及电视剧本继续完成制作、宣传发行等仍需巨额资金，曾某燕也无证据证明东望时代公司已引入相应的外部投资用于后续制作、宣传发行，本案难以认定其资产足以清偿全部债务；即使相关影视作品具备一定的账面价值，且账面资产大于负债，根据《最高人民法院关于适用〈中华人民共和国企业破产法〉若干问题的规定（一）》第4条"债务人账面资产虽大于负债，但存在下列情形之一的，人民法院应当认定其明显缺乏清偿能力：（一）因资金严重不足或者财产不能变现等原因，无法清偿债务；（二）法定代表人下落不明且无其他人员负责管理财产，无法清偿债务；（三）经人民法院强制执行，无法清偿债务；（四）长期亏损且经营扭亏困难，无法清偿债务；（五）导致债务人丧失清偿能力的其他情形"之规定，在财产不能变现或者经人民法院强制执行，无法清偿债务等情形下，东望时代公司也明显缺乏清偿能力。综上，曾某燕并未提供足以推翻终结本次执行程序裁定的相反证据，东望时代公司已具备破产原因，世纪长龙公司要求对曾某燕适用股东出资加速到期规则符合法律规定。

---

〔1〕参见浙江省高级人民法院民事判决书，（2023）浙民终391号。

第五十五条 【公司股东出资证明书】有限责任公司成立后，应当向股东签发出资证明书，记载下列事项：

（一）公司名称；

（二）公司成立日期；

（三）公司注册资本；

（四）股东的姓名或者名称、认缴和实缴的出资额、出资方式和出资日期；

（五）出资证明书的编号和核发日期。

出资证明书由法定代表人签名，并由公司盖章。

条文对照

2018年《公司法》	2023年《公司法》
第三十一条 有限责任公司成立后，应当向股东签发出资证明书。 ~~出资证明书应当~~*载明*下列事项： （一）公司名称； （二）公司成立日期； （三）公司注册资本； （四）股东的姓名或者名称、*缴纳*的出资额和出资日期； （五）出资证明书的编号和核发日期。 出资证明书由公司盖章。	**第五十五条** 有限责任公司成立后，应当向股东签发出资证明书，*记载*下列事项： （一）公司名称； （二）公司成立日期； （三）公司注册资本； （四）股东的姓名或者名称、*认缴和实缴*的出资额、**出资方式**和出资日期； （五）出资证明书的编号和核发日期。 出资证明书由**法定代表人签名，并**由公司盖章。

适用要点

本条是关于公司股东出资证明书的规定。

股东出资证明书，是指有限责任公司签发给股东的，证明其已履行出资义务、享有股东权利的法律文书，是投资人成为有限责任公司股东，并依法享有股东权利和承担股东义务的法律凭证。本条规定了出资证明书应当记载的相关事项，出资证明书应当由法定代表人签名，并由公司盖章。

第五十六条　【公司股东名册】有限责任公司应当置备股东名册，记载下列事项：

（一）股东的姓名或者名称及住所；

（二）股东认缴和实缴的出资额、出资方式和出资日期；

（三）出资证明书编号；

（四）取得和丧失股东资格的日期。

记载于股东名册的股东，可以依股东名册主张行使股东权利。

条文对照

2018 年《公司法》	2023 年《公司法》
第三十二条第一、二款　有限责任公司应当置备股东名册，记载下列事项： （一）股东的姓名或者名称及住所； （二）股东的出资额； （三）出资证明书编号。 记载于股东名册的股东，可以依股东名册主张行使股东权利。	**第五十六条**　有限责任公司应当置备股东名册，记载下列事项： （一）股东的姓名或者名称及住所； （二）股东**认缴和实缴**的出资额、**出资方式和出资日期**； （三）出资证明书编号； **（四）取得和丧失股东资格的日期。**

续表

2018 年《公司法》	2023 年《公司法》
	记载于股东名册的股东，可以依股东名册主张行使股东权利。

适用要点

本条是关于公司股东名册的规定。

置备股东名册是公司的法定义务。股东名册，是指有限责任公司依照法律规定，对本公司股东及其出资情况进行登记的法律文书，不能任意记载，其记载内容有法定要求。股东资格的认定，应当以公司置备的股东名册为准。当出资证明书等的记载与股东名册的记载之间出现不一致时，应当以股东名册的记载为准，即股东名册具有确定效力、推定效力。

第五十七条　【股东知情权】股东有权查阅、复制公司章程、股东名册、股东会会议记录、董事会会议决议、监事会会议决议和财务会计报告。

股东可以要求查阅公司会计账簿、会计凭证。股东要求查阅公司会计账簿、会计凭证的，应当向公司提出书面请求，说明目的。公司有合理根据认为股东查阅会计账簿、会计凭证有不正当目的，可能损害公司合法利益的，可以拒绝提供查阅，并应当自股东提出书面请求之日起十五日内书面答复股东并说明理由。公司拒绝提供查阅的，股东可以向人民法院提起诉讼。

股东查阅前款规定的材料，可以委托会计师事务所、律师事务所等中介机构进行。

股东及其委托的会计师事务所、律师事务所等中介机构查阅、复制有关材料，应当遵守有关保护国家秘密、商业秘密、个人隐私、个人信息等法律、行政法规的规定。

股东要求查阅、复制公司全资子公司相关材料的，适用前四款的规定。

条文对照

2018 年《公司法》	2023 年《公司法》
第三十三条　股东有权查阅、复制公司章程、股东会会议记录、董事会会议决议、监事会会议决议和财务会计报告。 股东可以要求查阅公司会计账簿。股东要求查阅公司会计账簿的，应当向公司提出书面请求，说明目的。公司有合理根据认为股东查阅会计账簿有不正当目的，可能损害公司合法利益的，可以拒绝提供查阅，并应当自股东提出书面请求之日起十五日内书面答复股东并说明理由。公司拒绝提供查阅的，股东可以~~请求~~人民法院~~要求公司提供查阅~~。	**第五十七条**　股东有权查阅、复制公司章程、**股东名册**、股东会会议记录、董事会会议决议、监事会会议决议和财务会计报告。 股东可以要求查阅公司会计账簿、**会计凭证**。股东要求查阅公司会计账簿、**会计凭证**的，应当向公司提出书面请求，说明目的。公司有合理根据认为股东查阅会计账簿、**会计凭证**有不正当目的，可能损害公司合法利益的，可以拒绝提供查阅，并应当自股东提出书面请求之日起十五日内书面答复股东并说明理由。公司拒绝提供查阅的，股东可以**向**人民法院**提起诉讼**。 **股东查阅前款规定的材料，可以委托会计师事务所、律师事务所等中介机构进行。** **股东及其委托的会计师事务所、律师事务所等中介机构查阅、复制有关材料，应当遵守有关保护国家秘密、商业秘密、个人隐私、个人信息等法律、行政法规的规定。** **股东要求查阅、复制公司全资子公司相关材料的，适用前四款的规定。**

适用要点

本条是关于股东知情权的规定。

股东知情权，是指股东享有对公司经营管理等重要情况或信息真实了解和掌握的权利，是股东依法行使股东收益、参与重大决策和选择管理者等权利的基础性权利。从立法价值取向看，本条规定的关键在于保护请求查阅公司相关信息的中小股东合法权益，增加股东有权查阅、复制公司的股东名册。会计账簿的真实性和完整性、公司经营活动的真实情况只有通过会计凭证才能反映，若不支持股东查阅会计凭证，则知情权的行使将会受到较大限制并可能落空。会计账簿是公司日常经济活动的直接记载，是编制公司财务会计报告的基础资料，故立法明确支持股东要求查阅公司会计账簿及相关会计凭证的知情权。会计账簿包括总账、明细账、日记账和其他辅助性账簿。

根据本条第2款的规定，股东可以要求查阅公司会计账簿和会计凭证。股东要求查阅公司会计账簿和会计凭证的，应当向公司提出书面请求，说明目的。公司有合理根据认为股东查阅会计账簿、会计凭证有不正当目的，可能损害公司合法利益的，可以拒绝提供查阅，并应当自股东提出书面请求之日起15日内书面答复股东并说明理由。公司拒绝提供查阅的，股东可以向人民法院提起诉讼。股东作为公司的投资者，虽然不直接进行经营，但绝不意味着其对公司的经营行为不能过问。股东除了通过参加股东会来决定公司的重大事项，还可以通过对公司的经营提出建议或者质询的方法来监督公司的经营活动，促进公司提高经营管理水平。

准许专业第三人辅助股东行使查阅权的规定，实质上是对《公司法》规定的股东知情权的扩大解释。因司法解释将股东知情权的行权方式由股东自己行使扩大到可雇用专业第三人辅助进行，这虽符合股东知情权立法目的和权利行使的一般原理，但司法解释无法创设法律，故本条规定吸收了司法解释的内容，明确可以委托专业机构辅助查阅，以弥补股东财务知识的不足。因此，股东在自力向公司行使查阅权时，可依据本条第 3 款规定向公司主张雇用专业第三人辅助查阅的权利。

本条第 4 款系对股东以及辅助人泄露其通过查阅公司相关信息得知的国家秘密、公司商业秘密、个人隐私、个人信息行为的规制，股东或中介机构专门人员泄露通过其他方式获知的国家秘密、商业秘密、个人隐私、个人信息，应另适用相应的法律、行政法规等规范进行调整。股东行使知情权后泄露公司商业秘密、个人隐私、个人信息等导致公司或相关主体的合法民事权益受到侵害的，辅助股东查阅公司文件材料的会计师、律师等泄露公司商业秘密、个人隐私、个人信息等导致公司或相关主体的合法民事权益受到侵害的，股东、辅助人员应承担其侵权行为产生的侵权责任。

公司章程或者股东之间的协议不能实质剥夺股东知情权。股东行使知情权，公司以章程规定或者股东之间有约定提出抗辩拒绝查阅或者复制的，抗辩不成立，法院应当依法支持股东的知情权。公司章程虽然为股东共同制定，属于自治规范，但因知情权为股东法定基本权利，属于强制的授权性规定，且立法上未授予章程对股东知情权作限制性的制度安排，故章程的实质性剥夺知情权的规定不得对抗股东的请求。公司章程扩大股东知情权范围，股东依据公司章程规定主张知情权的，法院应当支持。

本条第 5 款规定股东有权要求查阅和复制公司全资子公司的相关材料，同样适用本条前 4 款关于股东行使知情权的规定。

出资有瑕疵的股东享有知情权。出资的瑕疵并不导致该股东丧失股东资格，其仍然是股东，仍然享有股东权利，因为瑕疵出资的后果是股东依法承担资本补足责任和对已出资股东的违约责任，以及在未出资部分对公司不能清偿的债务承担连带清偿责任，而并不是丧失股东资格。

典型案例

阿特拉斯设备有限公司与河北阿特拉斯设备制造有限公司股东知情权纠纷案[1]

裁判要旨:合资公司章程、董事会会议记录、财务会计报告等是合资公司应当置备的文件材料,属于合资双方有权请求查阅的范围,合资一方请求查阅的,合资公司应当提供。这些材料是在合资公司内部需要公开的资料,应当允许合资双方不受限制地查阅或者复制。河北阿特拉斯设备制造有限公司(以下简称河北阿特拉斯公司)虽然向阿特拉斯设备有限公司(以下简称阿特拉斯公司)提交了2014年度以前的审计报告和每个月的财务报表,但不应影响阿特拉斯公司查阅权的正常行使。阿特拉斯公司有权在合适的时间自行查阅,否则将构成对阿特拉斯公司行使查阅权的不当限制。阿特拉斯公司请求查阅、复制河北阿特拉斯公司章程、董事会会议记录和决议及财务会计报告的再审请求具有事实和法律依据,法院予以支持。

第二节 组织机构

第五十八条 【有限责任公司股东会的组成及地位】有限责任公司股东会由全体股东组成。股东会是公司的权力机构,依照本法行使职权。

---

〔1〕 参见最高人民法院民事判决书,(2020)最高法民再170号。

条文对照

2018 年《公司法》	2023 年《公司法》
第三十六条　有限责任公司股东会由全体股东组成。股东会是公司的权力机构，依照本法行使职权。	**第五十八条**　有限责任公司股东会由全体股东组成。股东会是公司的权力机构，依照本法行使职权。

适用要点

本条是关于有限责任公司股东会的一般性的规定。

公司机构是公司活动的基础，股东会是公司的权力机构，由全体股东组成，应当依照法律和公司章程的规定行使职权。

第五十九条　【股东会职权】股东会行使下列职权：

（一）选举和更换董事、监事，决定有关董事、监事的报酬事项；

（二）审议批准董事会的报告；

（三）审议批准监事会的报告；

（四）审议批准公司的利润分配方案和弥补亏损方案；

（五）对公司增加或者减少注册资本作出决议；

（六）对发行公司债券作出决议；

（七）对公司合并、分立、解散、清算或者变更公司形式作出决议；

（八）修改公司章程；

（九）公司章程规定的其他职权。

股东会可以授权董事会对发行公司债券作出决议。

对本条第一款所列事项股东以书面形式一致表示同意的，可以不召开股东会会议，直接作出决定，并由全体股东在决定文件上签名或者盖章。

条文对照

2018 年《公司法》	2023 年《公司法》
第三十七条 股东会行使下列职权： （一）~~决定公司的经营方针和投资计划；~~ （二）选举和更换~~非由职工代表担任的~~董事、监事，决定有关董事、监事的报酬事项； （三）审议批准董事会的报告； （四）审议批准监事会~~或者监事~~的报告； （五）~~审议批准公司的年度财务预算方案、决算方案~~； （六）审议批准公司的利润分配方案和弥补亏损方案； （七）对公司增加或者减少注册资本作出决议； （八）对发行公司债券作出决议； （九）对公司合并、分立、解散、清算或者变更公司形式作出决议； ~~（十）~~修改公司章程； ~~（十一）~~公司章程规定的其他职权。 对*前款*所列事项股东以书面形式一致表示同意的，可以不召开股东会会议，直接作出决定，并由全体股东在决定文件上签名~~、~~盖章。	**第五十九条** 股东会行使下列职权： （一）选举和更换董事、监事，决定有关董事、监事的报酬事项； （二）审议批准董事会的报告； （三）审议批准监事会的报告； （四）审议批准公司的利润分配方案和弥补亏损方案； （五）对公司增加或者减少注册资本作出决议； （六）对发行公司债券作出决议； （七）对公司合并、分立、解散、清算或者变更公司形式作出决议； （八）修改公司章程； （九）公司章程规定的其他职权。 **股东会可以授权董事会对发行公司债券作出决议。** *对本条第一款*所列事项股东以书面形式一致表示同意的，可以不召开股东会会议，直接作出决定，并由全体股东在决定文件上签名**或者**盖章。

适用要点

本条是关于股东会职权的规定。

本条规定了股东会享有的各项职权,股东会不再享有有关经营投资、财务预算等公司内部的管理职权,增加了股东会授权董事会发行公司债券的规定,符合董事会作为经营机关的效率和信息优势,毕竟公司债券发行涉及事项众多,具有涉众性,由董事会发行可以满足融资效率的要求。本条第3款规定了可以不召开股东会会议直接作出决定,由全体股东在决定文件上签名或盖章即可的事项,但对于股东会授权董事会发行公司债券,要求必须召开股东会会议进行表决。

第六十条　【一人有限责任公司股东行使职权的要求】只有一个股东的有限责任公司不设股东会。股东作出前条第一款所列事项的决定时,应当采用书面形式,并由股东签名或者盖章后置备于公司。

条文对照

2018年《公司法》	2023年《公司法》
第六十一条　一人有限责任公司不设股东会。股东作出*本法第三十七条*第一款所列决定时,应当采用书面形式,并由股东签名后置备于公司。	**第六十条**　*只有一个股东的*有限责任公司不设股东会。股东作出*前条*第一款所列**事项的**决定时,应当采用书面形式,并由股东签名**或者盖章**后置备于公司。

适用要点

本条是关于一人有限责任公司股东行使职权的要求的规定。

一人有限责任公司只有1个股东，不设股东会，无法以股东会会议的形式行使股东职权，对于本法第59条第1款的重大事项，应当采用书面形式，并由股东签名或者盖章后置备于公司。

第六十一条　【首次股东会会议的召集和主持】首次股东会会议由出资最多的股东召集和主持，依照本法规定行使职权。

条文对照

2018年《公司法》	2023年《公司法》
第三十八条　首次股东会会议由出资最多的股东召集和主持，依照本法规定行使职权。	**第六十一条**　首次股东会会议由出资最多的股东召集和主持，依照本法规定行使职权。

适用要点

本条是关于股东会首次会议的规定。

股东会是公司的最高权力机构，在第一次股东会召开之前，公司还没有选举出董事，董事会尚未成立，董事长也没有确定，在此情况下，根据本条规定，首次股东会会议由出资最多的股东召集和主持，该“出资”既可以是实缴出资最多也可以是向公司认缴的出资额最多的股东。

第六十二条 【股东会的会议制度】股东会会议分为定期会议和临时会议。

定期会议应当按照公司章程的规定按时召开。代表十分之一以上表决权的股东、三分之一以上的董事或者监事会提议召开临时会议的，应当召开临时会议。

条文对照

2018年《公司法》	2023年《公司法》
第三十九条 股东会会议分为定期会议和临时会议。 定期会议应当*依照*公司章程的规定按时召开。代表十分之一以上表决权的股东，三分之一以上的董事，监事会~~或者不设监事会的公司的监事~~提议召开临时会议的，应当召开临时会议。	**第六十二条** 股东会会议分为定期会议和临时会议。 定期会议应当*按照*公司章程的规定按时召开。代表十分之一以上表决权的股东、三分之一以上的董事**或者**监事会提议召开临时会议的，应当召开临时会议。

适用要点

本条是关于股东会的会议制度的规定。

股东会会议分为定期会议和临时会议。定期会议，是指按照公司章程规定，公司在一定时间内定期召开的会议，该时间可以是每个季度，也可以是每半年或每年。临时会议是一种不定期的会议，公司章程未具体规定召开时间，本条第2款中规定了提议召开临时会议的人员要求和比例限制，特定主体提议召开股东临时会议的，应当召开临时会议。

第六十三条　【股东会会议的召集和主持】股东会会议由董事会召集，董事长主持；董事长不能履行职务或者不履行职务的，由副董事长主持；副董事长不能履行职务或者不履行职务的，由过半数的董事共同推举一名董事主持。

董事会不能履行或者不履行召集股东会会议职责的，由监事会召集和主持；监事会不召集和主持的，代表十分之一以上表决权的股东可以自行召集和主持。

条文对照

2018 年《公司法》	2023 年《公司法》
第四十条　~~有限责任公司设立董事会的，~~股东会会议由董事会召集，董事长主持；董事长不能履行职务或者不履行职务的，由副董事长主持；副董事长不能履行职务或者不履行职务的，由半数~~以上~~董事共同推举一名董事主持。 ~~有限责任公司不设董事会的，股东会会议由执行董事召集和主持。~~ 董事会~~或者执行董事~~不能履行或者不履行召集股东会会议职责的，由监事会~~或者不设监事会的公司的监事~~召集和主持；监事会~~或者监事~~不召集和主持的，代表十分之一以上表决权的股东可以自行召集和主持。	第六十三条　股东会会议由董事会召集，董事长主持；董事长不能履行职务或者不履行职务的，由副董事长主持；副董事长不能履行职务或者不履行职务的，由过半数的董事共同推举一名董事主持。 董事会不能履行或者不履行召集股东会会议职责的，由监事会召集和主持；监事会不召集和主持的，代表十分之一以上表决权的股东可以自行召集和主持。

适用要点

本条是关于股东会会议的召集和主持的规定。

本条第1款规定股东会会议由董事会召集,董事长主持;董事长不能履行职务或者不履行职务的,由副董事长主持;副董事长不能履行职务或者不履行职务的,由过半数的董事共同推举1名董事主持。所谓“不能履行职务”,主要是指因生病、出差在外等客观原因导致无法履行职务;而“不履行职务”,是指因主观原因不履行职务的情形。

第2款规定了董事会不召集会议情形下股东会会议的召集和主持顺序,首先由监事会召集和主持;监事会不召集和主持的,代表1/10以上表决权的股东可以自行召集和主持股东会会议。

典型案例

李某等与北京金犛酒店管理有限公司公司决议撤销纠纷案[1]

裁判要旨:人民法院在审理公司决议撤销纠纷案件中应当审查会议召集程序、表决方式是否违反法律、行政法规或者公司章程,以及决议内容是否违反公司章程。如会议决议在内容上或者程序上存在瑕疵,则人民法院应判断该瑕疵是否属于轻微瑕疵范围,并根据瑕疵程度及影响力认定该公司决议是否应被撤销。

第六十四条　【召开股东会会议通知期限和记录】召开股东会会议,应当于会议召开十五日前通知全体股东;但是,公司章程另有规定或者全体股东另有约定的除外。

---

〔1〕　参见北京市高级人民法院民事裁定书,(2020)京民申3396号。

股东会应当对所议事项的决定作成会议记录，出席会议的股东应当在会议记录上签名或者盖章。

条文对照

2018 年《公司法》	2023 年《公司法》
第四十一条 召开股东会会议，应当于会议召开十五日前通知全体股东；但是，公司章程另有规定或者全体股东另有约定的除外。 股东会应当对所议事项的决定作成会议记录，出席会议的股东应当在会议记录上签名。	**第六十四条** 召开股东会会议，应当于会议召开十五日前通知全体股东；但是，公司章程另有规定或者全体股东另有约定的除外。 股东会应当对所议事项的决定作成会议记录，出席会议的股东应当在会议记录上签名**或者盖章**。

适用要点

本条是关于召开股东会会议通知期限和记录的规定。

股东会会议的召集需要经过通知程序，应当提前通知股东，以便股东安排时间、准备材料等，召开股东会会议，应当于会议召开 15 日以前通知全体股东。如果公司章程对召开股东会会议的通知另有规定，或者全体股东对召开股东会会议的通知另有约定，按照公司章程的规定和全体股东的约定执行。

为如实记载股东会的决定，股东会应当对所议事项的决定作成会议记录，出席会议的股东应当在会议记录上签名或盖章，此为法律明确规定的要求。

第六十五条 【股东表决权】股东会会议由股东按照出资比例行使表决权；但是，公司章程另有规定的除外。

条文对照

2018 年《公司法》	2023 年《公司法》
第四十二条　股东会会议由股东按照出资比例行使表决权；但是，公司章程另有规定的除外。	**第六十五条**　股东会会议由股东按照出资比例行使表决权；但是，公司章程另有规定的除外。

适用要点

本条是关于股东行使表决权的规定。

股东作为出资设立公司的投资者，通过股东会会议表达自己的意见，各股东的表决权取决于各自的出资，即股东会会议由股东按照出资比例行使表决权，除非公司章程作出不同的规定。

典型案例

李某、宋某燕等公司决议撤销纠纷案〔1〕

裁判要旨：公司章程在未被撤销之前，具有法律约束力和对外公示效力，应视为公司股东合意的结果。2018 年《公司法》对股东会的议事方式和表决程序规定除该法规定外，由公司章程进行规定，且列举了需要经代表 2/3 以上表决权的股东通过的公司重大决议事项，而公司章程是在设立公司或公司运营过程中考虑诸多因素而制定，对表决方式的约定（“股东一致决”或“资本多数决”）均应为股东真实意思表示，公司章程作为一种契约性、公司自治性合同，应当受到法律保护。公司章程规定股东会决议由全体股东一致表决通过的，并不违反《公司法》的规定。且 2018 年《公司法》

〔1〕　参见山东省高级人民法院民事判决书，（2020）鲁民终 2842 号。

规定的重大事项经代表2/3以上表决权的股东通过亦仅是公司表决权行使比例规定的下限而非上限。

第六十六条 【股东会议事方式和表决程序】股东会的议事方式和表决程序,除本法有规定的外,由公司章程规定。

股东会作出决议,应当经代表过半数表决权的股东通过。

股东会作出修改公司章程、增加或者减少注册资本的决议,以及公司合并、分立、解散或者变更公司形式的决议,应当经代表三分之二以上表决权的股东通过。

条文对照

2018年《公司法》	2023年《公司法》
第四十三条 股东会的议事方式和表决程序,除本法有规定的外,由公司章程规定。 股东会会议作出修改公司章程、增加或者减少注册资本的决议,以及公司合并、分立、解散或者变更公司形式的决议,*必须*经代表三分之二以上表决权的股东通过。	**第六十六条** 股东会的议事方式和表决程序,除本法有规定的外,由公司章程规定。 **股东会作出决议,应当经代表过半数表决权的股东通过。** 股东会作出修改公司章程、增加或者减少注册资本的决议,以及公司合并、分立、解散或者变更公司形式的决议,应当经代表三分之二以上表决权的股东通过。

适用要点

本条是关于股东会议事方式和表决程序的规定。

股东通过股东会行使股东权利,本条第1款规定,股东会的议事方式和表决程序，除本法有规定的外，由公司章程规定。

针对实践中的2个股东各持股50%的现象，本条第2款属于新增加的规定，股东会决议需要过半数表决权的股东通过，而非在草案二审稿时所采用的“二分之一以上”的表述，这会与《民法典》第1259条规定的理解产生冲突，民法所称的“以上”“以下”“以内”“届满”包括本数。但《公司法》系特别法，应优先适用《公司法》的规定，该“以上”不应当包括本数。资本多数决是现代公司治理、表决的一项基本原则，《公司法》不禁止股东各持有1/2的股权，1/2本身并不能代表多数，无法单独形成有效的股东会决议，可能使公司陷入僵局，为明晰起见，采用了过半数也就是要求表决权大于一半才能形成有效决议。

本条第3款对特定事项包括修改公司章程、增加或者减少注册资本以及公司合并、分立、解散或者变更公司形式的决议的表决程序作了规定，公司章程不得对法定事项的表决程序要求作相反规定。

典型案例一

马某与上海龙鼎医学检验技术有限公司
请求变更公司登记纠纷案[1]

裁判要旨：多数决是公司决议存在的意思合意要件，这一原则的实质在于公司内部实行少数服从多数的民主制度。我国《公司法》将有限责任公司股东会的决议分为普通决议和特别事项决议，确定了一般多数决和绝对多数决。系争股东会决议的表决通过比例为1/2，未达到法定的多数决，表明决议的意思表示没有形成，未形成团体意思，相当于系争股东会未作出任何意思表示。根据《公司法解释四》第5条的规定，因系争股东会决议属于会

〔1〕 参见上海市高级人民法院民事裁定书，(2021)沪民申44号。

议的表决结果未达到《公司法》规定的通过比例的情形，故依法应当认定为决议不成立。

典型案例二

郑某泉与余某明等与公司有关的纠纷案[1]

裁判要旨：对公司增加或者减少注册资本作出决议，是股东会的职权，股东会会议作出公司增加或者减少注册资本的决议，必须经代表 2/3 以上表决权的股东通过。现郑某泉通过提起本案诉讼对增资扩股方式上的合理性提出异议，主张股东会会议无权决定增资扩股的方式，从而间接否定股东会决议的效力，缺乏法律依据。同时，郑某泉未能提交证据证明案涉股东会会议召集的程序、表决的方式、决议的内容存在违反法律、行政法规规定的情形或者存在违反公司章程的情形，其主张决议无效亦缺乏事实依据，法院不予支持。

第六十七条　【董事会职权】有限责任公司设董事会，本法第七十五条另有规定的除外。

董事会行使下列职权：

（一）召集股东会会议，并向股东会报告工作；

（二）执行股东会的决议；

（三）决定公司的经营计划和投资方案；

（四）制订公司的利润分配方案和弥补亏损方案；

（五）制订公司增加或者减少注册资本以及发行公司债券的方案；

[1] 参见最高人民法院民事判决书，(2019)最高法民终 469 号。

（六）制订公司合并、分立、解散或者变更公司形式的方案；

（七）决定公司内部管理机构的设置；

（八）决定聘任或者解聘公司经理及其报酬事项，并根据经理的提名决定聘任或者解聘公司副经理、财务负责人及其报酬事项；

（九）制定公司的基本管理制度；

（十）公司章程规定或者股东会授予的其他职权。

公司章程对董事会职权的限制不得对抗善意相对人。

条文对照

2018 年《公司法》	2023 年《公司法》
第四十六条　董事会~~对股东会负责，~~行使下列职权： （一）召集股东会会议，并向股东会报告工作； （二）执行股东会的决议； （三）决定公司的经营计划和投资方案； （四）~~制订公司的年度财务预算方案、决算方案；~~ （五）制订公司的利润分配方案和弥补亏损方案； （六）制订公司增加或者减少注册资本以及发行公司债券的方案； （七）制订公司合并、分立、解散或者变更公司形式的方案； （八）决定公司内部管理机构的设置；	**第六十七条　有限责任公司设董事会，本法第七十五条另有规定的除外。** 董事会行使下列职权： （一）召集股东会会议，并向股东会报告工作； （二）执行股东会的决议； （三）决定公司的经营计划和投资方案； （四）制订公司的利润分配方案和弥补亏损方案； （五）制订公司增加或者减少注册资本以及发行公司债券的方案； （六）制订公司合并、分立、解散或者变更公司形式的方案； （七）决定公司内部管理机构的设置；

续表

2018 年《公司法》	2023 年《公司法》
（九）决定聘任或者解聘公司经理及其报酬事项，并根据经理的提名决定聘任或者解聘公司副经理、财务负责人及其报酬事项； （十）制定公司的基本管理制度； （十一）公司章程规定的其他职权。	（八）决定聘任或者解聘公司经理及其报酬事项，并根据经理的提名决定聘任或者解聘公司副经理、财务负责人及其报酬事项； （九）制定公司的基本管理制度； （十）公司章程规定**或者股东会授予**的其他职权。 **公司章程对董事会职权的限制不得对抗善意相对人。**

适用要点

本条是关于董事会职权的规定。

董事会属于公司执行机构，主要负责公司经营活动的开展和管理，要对最高权力机构股东会负责。本条列举了董事会具有的管理权限，除可行使公司章程规定的职权之外，还可以行使股东会授予的其他职权，通过公司章程形式区分法定职权和公司章程制定职权，突出公司章程在公司治理中的地位和作用。董事会必须在法律或者公司章程的规定范围内行使职权，对合同的相对人来说，其不知道也没有义务知道董事会的权限到底有哪些，公司的内部规定也不应对合同的相对人构成约束力，否则既不利于保护交易的安全，也不利于保护合同相对人的利益，对合同相对人来说是不公平的。因此，本条第 3 款规定公司章程对董事会职权的限制不得对抗善意相对人，这样可以防止损害合同相对人利益的现象的发生，也符合交易规则，利于保护交易安全。

第六十八条　【董事会及其成员组成】有限责任公司董事会成员为三人以上，其成员中可以有公司职工代表。职工人数三百人以上的有限责任公司，除依法设监事会并有公司职工代表的外，其董事会成员中应当有公司职工代表。董事会中的职工代表由公司职工通过职工代表大会、职工大会或者其他形式民主选举产生。

董事会设董事长一人，可以设副董事长。董事长、副董事长的产生办法由公司章程规定。

条文对照

2018 年《公司法》	2023 年《公司法》
第四十四条　有限责任公司设董事会~~，其~~成员为三人~~至十三人；但是，本法第五十条另有规定的除外~~。 ~~两个以上的国有企业或者两个以上的其他国有投资主体投资设立~~的有限责任公司，其董事会成员中应当有公司职工代表；~~其他有限责任公司董事会成员中可以有公司职工代表~~。董事会中的职工代表由公司职工通过职工代表大会、职工大会或者其他形式民主选举产生。 董事会设董事长一人，可以设副董事长。董事长、副董事长的产生办法由公司章程规定。	**第六十八条**　有限责任公司董事会成员为三人**以上**，其成员中**可以**有公司职工代表。职工人数三百人以上的有限责任公司，除依法设监事会并有公司职工代表的外，其董事会成员中应当有公司职工代表。董事会中的职工代表由公司职工通过职工代表大会、职工大会或者其他形式民主选举产生。 董事会设董事长一人，可以设副董事长。董事长、副董事长的产生办法由公司章程规定。

适用要点

本条是关于董事会及其成员组成的规定。

董事会是公司的经营决策执行机构，受公司股东会的委托或者委任从事经营管理活动。设立董事会的董事会成员应当至少3人，2023年《公司法》取消了董事人数的上限要求。职工是公司重要的利益相关者，强化公司民主管理，维护职工合法权益，对于职工人数为300人以上的有限责任公司，其董事会成员中必须有职工代表，其他公司的董事会成员中可以有职工代表，本条未作硬性要求。同时，本条规定了职工代表以及董事长和副董事长的具体产生办法。

第六十九条　【有限责任公司设置审计委员会】有限责任公司可以按照公司章程的规定在董事会中设置由董事组成的审计委员会，行使本法规定的监事会的职权，不设监事会或者监事。公司董事会成员中的职工代表可以成为审计委员会成员。

条文对照

2018年《公司法》	2023年《公司法》
	第六十九条　有限责任公司可以按照公司章程的规定在董事会中设置由董事组成的审计委员会，行使本法规定的监事会的职权，不设监事会或者监事。公司董事会成员中的职工代表可以成为审计委员会成员。

适用要点

本条是关于有限责任公司设置审计委员会的规定。

本条属于新增加的规定，强调审计委员会必须由董事组成。现代公司法更倾向于选择委员会制度，董事会可以设立专门委员会，并在董事会的授权下从事某些属于董事会职能的活动。[1] 专门委员会对董事会负责，依照公司章程和董事会授权履行职责。审计委员会行使监事会的职权，负责审核公司财务信息及其披露、监督、评估内外部审计工作和内部控制，负责内部审计与外部审计的协调，提议聘请或者更换外部审计机构等。若在董事会中设立审计委员会，则无须再设监事会或者监事，董事会成员中的职工代表可以成为审计委员会成员，更好地保障职工参与公司民主管理。

第七十条　【董事的任期】董事任期由公司章程规定，但每届任期不得超过三年。董事任期届满，连选可以连任。

董事任期届满未及时改选，或者董事在任期内辞任导致董事会成员低于法定人数的，在改选出的董事就任前，原董事仍应当依照法律、行政法规和公司章程的规定，履行董事职务。

董事辞任的，应当以书面形式通知公司，公司收到通知之日辞任生效，但存在前款规定情形的，董事应当继续履行职务。

条文对照

2018 年《公司法》	2023 年《公司法》
第四十五条　董事任期由公司章程规定，但每届任期不得超过三年。董事任期届满，连选可以连任。	第七十条　董事任期由公司章程规定，但每届任期不得超过三年。董事任期届满，连选可以连任。

---

〔1〕参见施天涛：《公司法论》（第2版），法律出版社2006年版，第367页。

续表

2018 年《公司法》	2023 年《公司法》
董事任期届满未及时改选，或者董事在任期内辞职导致董事会成员低于法定人数的，在改选出的董事就任前，原董事仍应当依照法律、行政法规和公司章程的规定，履行董事职务。	董事任期届满未及时改选，或者董事在任期内**辞任**导致董事会成员低于法定人数的，在改选出的董事就任前，原董事仍应当依照法律、行政法规和公司章程的规定，履行董事职务。 **董事辞任的，应当以书面形式通知公司，公司收到通知之日辞任生效，但存在前款规定情形的，董事应当继续履行职务。**

适用要点

本条是关于董事的任期的规定。

董事任期每届不超过 3 年，但可以连选连任，法律对此没有作出限制性规定。公司可以根据自身情况，在公司章程中进行规定。董事任期届满及辞任后在改选出的董事就任前仍须履职。董事与公司之间属于委任关系，因此，董事可以向公司提出辞任，但须以书面形式通知，自公司收到通知之日辞任生效，即双方之间的委托关系解除。董事辞任可能会发生董事会成员低于法定人数的情形，该董事应当继续履行职务。

典型案例

张某、清华同方（鞍山）环保设备股份有限公司请求变更公司登记纠纷案[1]

裁判要旨：董事任期届满未及时改选，或者董事在任期内辞任导致董

〔1〕 参见辽宁省鞍山市中级人民法院民事判决书，（2021）辽 03 民终 4075 号。

事会成员低于法定人数的，在改选出的董事就任前，原董事仍应当依照法律、行政法规和公司章程的规定，履行董事职务。公司董事的选任和变更属于公司股东会职权范畴，现被告并未就原告董事任免召开股东会并作出决议，而公司召开股东会本质上属于公司内部治理范围，不具有可诉性。因此，原告请求判令被告进行变更登记没有法律依据，法院不予支持。

第七十一条　【公司解任董事】股东会可以决议解任董事，决议作出之日解任生效。

无正当理由，在任期届满前解任董事的，该董事可以要求公司予以赔偿。

条文对照

2018 年《公司法》	2023 年《公司法》
	第七十一条　股东会可以决议解任董事，决议作出之日解任生效。 无正当理由，在任期届满前解任董事的，该董事可以要求公司予以赔偿。

适用要点

本条是关于公司解任董事的规定。

董事是由股东会选任产生，股东会当然也有权解任董事，该解任自决议作出之日生效。前已述及，董事与公司之间属于委任关系，辞任自通知到达公司之日生效，同理，解任也应当自公司决议作出之日生效。对于无正当理由的解任，董事会产生可得利益损失，或与公司产生劳动合同纠纷,此时,该董事可以向公司主张赔偿。《最高人民法院关于适用〈中华人民共和国公司法〉若干问题的规定(五)》(以下简称《公司法解释五》)第3条第2款规定,董事职务被解除后,因补偿问题与公司发生纠纷提起诉讼的,人民法院应当依据法律、行政法规、公司章程的规定或者合同的约定,综合考虑解除的原因、剩余任期、董事薪酬等因素,确定是否补偿以及补偿的合理数额。

典型案例一

季某乔与天相财富(北京)信息技术有限公司公司决议撤销纠纷案[1]

裁判要旨:董事会议事规则所规定的股东会解任董事长程序,系董事会罢免董事长情形之外的特别规定内容,其本身并不排除董事会对董事长的选举和罢免职权,两者分属不同范畴。因此,季某乔现据此主张董事会会议的决议内容违反公司章程及董事会议事规则,显属不当,法院不予采纳。

典型案例二

上海家化联合股份有限公司与王某劳动合同纠纷案[2]

裁判要旨:建立劳动关系后被董事会聘任的高级管理人员作为公司员工,其相关的劳动权利受《劳动法》保护。确因生产经营的需要,用人单位可以对员工岗位进行合理

〔1〕参见北京市海淀区人民法院民事判决书,(2015)海民(商)初字第39128号。
〔2〕参见上海市第二中级人民法院民事判决书,(2015)沪二中民三(民)终字第747号。

的变更以确保劳动合同得以顺利履行。董事会通过决议解除已与公司建立劳动关系的高级管理人员的职务应视为对其岗位进行变更，并不必然导致劳动关系的解除。董事会决议是否有效应根据《公司法》的规定进行审查，公司基于《劳动法》享有的解雇权与其基于《公司法》享有的对高级管理人员的解聘权虽有牵连，但并不冲突。

第七十二条　【董事会会议的召集和主持】董事会会议由董事长召集和主持；董事长不能履行职务或者不履行职务的，由副董事长召集和主持；副董事长不能履行职务或者不履行职务的，由过半数的董事共同推举一名董事召集和主持。

条文对照

2018 年《公司法》	2023 年《公司法》
第四十七条　董事会会议由董事长召集和主持；董事长不能履行职务或者不履行职务的，由副董事长召集和主持；副董事长不能履行职务或者不履行职务的，由~~半数以上~~董事共同推举一名董事召集和主持。	**第七十二条**　董事会会议由董事长召集和主持；董事长不能履行职务或者不履行职务的，由副董事长召集和主持；副董事长不能履行职务或者不履行职务的，由**过半数的**董事共同推举一名董事召集和主持。

适用要点

本条是关于董事会会议的召集和主持的规定。

董事长召集和主持董事会会议；当董事长不能履行职务或者不履行职务时，董事会会议的召集和主持的职责是先由副董事长履行；如副董事长不履职时，则由过半数的董事共同推举一名董事召集和主持。

典型案例

广西金伍岳能源集团有限公司与广西物资储备有限公司等确认合同无效纠纷案[1]

裁判要旨:董事会会议由董事长召集和主持;董事长不能履行职务或者不履行职务的,由副董事长召集和主持;副董事长不能履行或者不履行职务的,由过半数董事共同推举1名董事召集和主持。董事长因故不能履职时,理应通过法定程序让渡权力或者进行改选,而不能通过个人总体概括授权的方式让渡董事长职权。

第七十三条 【董事会议事、表决和会议记录】董事会的议事方式和表决程序,除本法有规定的外,由公司章程规定。

董事会会议应当有过半数的董事出席方可举行。董事会作出决议,应当经全体董事的过半数通过。

董事会决议的表决,应当一人一票。

董事会应当对所议事项的决定作成会议记录,出席会议的董事应当在会议记录上签名。

条文对照

2018年《公司法》	2023年《公司法》
第四十八条 董事会的议事方式和表决程序,除本法有规定的外,由公司章程规定。	**第七十三条** 董事会的议事方式和表决程序,除本法有规定的外,由公司章程规定。

〔1〕 参见最高人民法院民事判决书,(2019)最高法民再35号。

续表

2018 年《公司法》	2023 年《公司法》
董事会应当对所议事项的决定作成会议记录，出席会议的董事应当在会议记录上签名。 董事会决议的表决，实行一人一票。	**董事会会议应当有过半数的董事出席方可举行。董事会作出决议，应当经全体董事的过半数通过。** 董事会决议的表决，**应当**一人一票。 董事会应当对所议事项的决定作成会议记录，出席会议的董事应当在会议记录上签名。

适用要点

本条是关于董事会议事、表决和会议记录的规定。

董事会会议的议事方式和表决程序是保证董事会会议顺利进行的前提，属于公司重要的自治事项，除法律规定外，可以由章程进行自主约定。董事会决议属于“人头票”，实行一人一票制，不存在出资多少或投票权的大小区别。董事会有效召开和作出决议要符合“双过半”原则，即过半数的董事出席和全体董事的过半数通过。董事会会议应当对所议事项的决定作成会议记录，内容包括所议事项、召开的时间和地点以及出席人员、议题、表决情况等。

典型案例

湖南昱成投资有限公司、兰州黄河新盛投资有限公司等公司解散纠纷案〔1〕

裁判要旨：董事会作出决议，应当经全体董事的过半数通过，董事会

〔1〕 参见最高人民法院民事裁定书，(2021)最高法民申 1623 号。

决议的表决,应当一人一票,新盛公司董事投反对票,使部分议案未能通过决议,属于依法正常履行职务的行为,不能证明新盛公司董事之间存在长期冲突。故原审判决认定新盛公司董事会处于正常运行的状态之中,且无法认定公司董事之间存在长期冲突,亦无不当。

第七十四条　【有限责任公司经理的产生和职权】有限责任公司可以设经理,由董事会决定聘任或者解聘。

经理对董事会负责,根据公司章程的规定或者董事会的授权行使职权。经理列席董事会会议。

条文对照

2018 年《公司法》	2023 年《公司法》
第四十九条　有限责任公司可以设经理,由董事会决定聘任或者解聘。经理对董事会负责,行使~~下列~~职权: ~~(一)主持公司的生产经营管理工作,组织实施董事会决议;~~ ~~(二)组织实施公司年度经营计划和投资方案;~~ ~~(三)拟订公司内部管理机构设置方案;~~ ~~(四)拟订公司的基本管理制度;~~ ~~(五)制定公司的具体规章;~~ ~~(六)提请聘任或者解聘公司副经理、财务负责人;~~	**第七十四条**　有限责任公司可以设经理,由董事会决定聘任或者解聘。 经理对董事会负责,**根据公司章程的规定或者董事会的授权**行使职权。经理列席董事会会议。

续表

2018 年《公司法》	2023 年《公司法》
~~（七）决定聘任或者解聘除应由董事会决定聘任或者解聘以外的负责管理人员；~~ ~~（八）董事会授予的其他职权~~。 公司章程~~对经理职权另有规定的，从其规定~~。 经理列席董事会会议。	

适用要点

本条是关于有限责任公司经理的产生和职权的规定。

有限责任公司经理属于公司经营管理的执行机构，是公司具体业务的执行者，由董事会决定聘任或者解聘，所以经理对董事会负责，向董事会报告工作。为了更好地执行董事会的决议，经理列席董事会会议。经理由董事会选聘，对董事会负责，当然也行使董事会授予的职权。除此之外，公司章程对经理职权另有规定的，按照公司章程的规定执行。

典型案例

朱某光与北京煜鼎增材制造研究院有限公司劳动争议纠纷案[1]

裁判要旨：公司章程载明董事会行使决定聘任或者解聘公司经理的职权。劳动关系的履行涉及用人单位及劳动者双方，具有一定的人合性。在判决劳动者与用人单位的

〔1〕 参见北京市第一中级人民法院民事判决书，（2021）京 01 民终 11624 号。

劳动合同是否可以继续履行时,不仅要考虑客观上是否具备继续履行劳动合同的条件,如劳动者是否在新用人单位入职、劳动合同约定的劳动期限是否届满、用人单位是否存续、劳动者原岗位是否已被他人取代等,还应考虑双方主观意愿,任何一方坚决不同意继续履行劳动合同的,双方的劳动合同实际上已无法继续履行。

第七十五条 【董事会设置例外】规模较小或者股东人数较少的有限责任公司,可以不设董事会,设一名董事,行使本法规定的董事会的职权。该董事可以兼任公司经理。

条文对照

2018 年《公司法》	2023 年《公司法》
第五十条 股东人数较少或者规模较小的有限责任公司,可以设一名执行董事,不设董事会。执行董事可以兼任公司经理。 ~~执行董事的职权由公司章程规定。~~	**第七十五条** 规模较小或者股东人数较少的有限责任公司,可以不设董事会,设一名董事,**行使本法规定的董事会的职权。该**董事可以兼任公司经理。

适用要点

本条是关于董事行使董事会职权的规定。

规模较小或者股东人数较少,如只有 2 个或者 3 个股东,这类公司内部组织机构简单、灵活,法律没有强制要求其必须设立董事人数不少于 3 名的董事会,只要设 1 名董事即可,该董事则行使董事会的职权,该董事可以兼任公司经理。

第七十六条　【监事会的设立与组成】有限责任公司设监事会，本法第六十九条、第八十三条另有规定的除外。

监事会成员为三人以上。监事会成员应当包括股东代表和适当比例的公司职工代表，其中职工代表的比例不得低于三分之一，具体比例由公司章程规定。监事会中的职工代表由公司职工通过职工代表大会、职工大会或者其他形式民主选举产生。

监事会设主席一人，由全体监事过半数选举产生。监事会主席召集和主持监事会会议；监事会主席不能履行职务或者不履行职务的，由过半数的监事共同推举一名监事召集和主持监事会会议。

董事、高级管理人员不得兼任监事。

条文对照

2018年《公司法》	2023年《公司法》
第五十一条　有限责任公司设监事会，其成员~~不得少于三人。股东人数较少或者规模较小的有限责任公司，可以设一至二名监事，不设监事会。~~ 监事会应当包括股东代表和适当比例的公司职工代表，其中职工代表的比例不得低于三分之一，具体比例由公司章程规定。监事会中的职工代表由公司职工通过职工代表大会、职工大会或者其他形式民主选举产生。 监事会设主席一人，由全体监事过半数选举产生。监事会主席召集和主持监事会会议；监事会主席不能履行职	**第七十六条**　有限责任公司设监事会，**本法第六十九条、第八十三条另有规定的除外。** **监事会**成员**为三人以上。**监事会**成员**应当包括股东代表和适当比例的公司职工代表，其中职工代表的比例不得低于三分之一，具体比例由公司章程规定。监事会中的职工代表由公司职工通过职工代表大会、职工大会或者其他形式民主选举产生。 监事会设主席一人，由全体监事过半数选举产生。监事会主席召集和主持监事会会议；监事会主席不能履行职

续表

2018 年《公司法》	2023 年《公司法》
务或者不履行职务的，由半数以上监事共同推举一名监事召集和主持监事会会议。 董事、高级管理人员不得兼任监事。	务或者不履行职务的，由**过**半数**的**监事共同推举一名监事召集和主持监事会会议。 董事、高级管理人员不得兼任监事。

适用要点

本条是关于监事会的设立与组成的规定。

除了设立审计委员会、规模较小或者股东人数较少的公司可以不设立监事会，有限责任公司应设监事会。监事会是公司的监督机构，代表公司股东和职工对公司董事会、执行董事和经理依法履职情况进行监督，维护公司股东的利益，保护职工的合法权益。本条对监事会成员的人数和身份进行了规定，监事会成员应当有股东代表和职工代表，强化职工民主管理，保护职工合法权益。监事会会议的召集和主持与董事会相同，都通过会议形式进行。董事和高级管理人员属于被监督的对象，因此不能兼任监事。

第七十七条　【监事的任期】监事的任期每届为三年。监事任期届满，连选可以连任。

监事任期届满未及时改选，或者监事在任期内辞任导致监事会成员低于法定人数的，在改选出的监事就任前，原监事仍应当依照法律、行政法规和公司章程的规定，履行监事职务。

条文对照

2018年《公司法》	2023年《公司法》
第五十二条 监事的任期每届为三年。监事任期届满,连选可以连任。 监事任期届满未及时改选,或者监事在任期内辞职导致监事会成员低于法定人数的,在改选出的监事就任前,原监事仍应当依照法律、行政法规和公司章程的规定,履行监事职务。	**第七十七条** 监事的任期每届为三年。监事任期届满,连选可以连任。 监事任期届满未及时改选,或者监事在任期内**辞任**导致监事会成员低于法定人数的,在改选出的监事就任前,原监事仍应当依照法律、行政法规和公司章程的规定,履行监事职务。

适用要点

本条是关于监事的任期的规定。

监事和董事一样,也有任期的限制。监事任期届满,连选可以连任。监事在任期届满或者辞任导致监事会成员低于法定人数的在改选出的监事就任前,须继续履行监事职务。

第七十八条 【监事会职权】监事会行使下列职权:

(一)检查公司财务;

(二)对董事、高级管理人员执行职务的行为进行监督,对违反法律、行政法规、公司章程或者股东会决议的董事、高级管理人员提出解任的建议;

(三)当董事、高级管理人员的行为损害公司的利益时,要求董事、高级管理人员予以纠正;

(四)提议召开临时股东会会议,在董事会不履行本法规定的召集和主持股东会会议职责时召集和主持股东会会议;

（五）向股东会会议提出提案；

（六）依照本法第一百八十九条的规定，对董事、高级管理人员提起诉讼；

（七）公司章程规定的其他职权。

条文对照

2018年《公司法》	2023年《公司法》
第五十三条　监事会~~、不设监事会的公司的监事~~行使下列职权： （一）检查公司财务； （二）对董事、高级管理人员执行~~公司~~职务的行为进行监督，对违反法律、行政法规、公司章程或者股东会决议的董事、高级管理人员提出~~罢免~~的建议； （三）当董事、高级管理人员的行为损害公司的利益时，要求董事、高级管理人员予以纠正； （四）提议召开临时股东会会议，在董事会不履行本法规定的召集和主持股东会会议职责时召集和主持股东会会议； （五）向股东会会议提出提案； （六）依照本法第*一百五十一*条的规定，对董事、高级管理人员提起诉讼； （七）公司章程规定的其他职权。	**第七十八条**　监事会行使下列职权： （一）检查公司财务； （二）对董事、高级管理人员执行职务的行为进行监督，对违反法律、行政法规、公司章程或者股东会决议的董事、高级管理人员提出**解任**的建议； （三）当董事、高级管理人员的行为损害公司的利益时，要求董事、高级管理人员予以纠正； （四）提议召开临时股东会会议，在董事会不履行本法规定的召集和主持股东会会议职责时召集和主持股东会会议； （五）向股东会会议提出提案； （六）依照本法第*一百八十九*条的规定，对董事、高级管理人员提起诉讼； （七）公司章程规定的其他职权。

适用要点

本条是关于监事会职权的规定。

监事会是公司监督机构，专门负责监督公司业务执行情况和财务状况，监督董事和经理等高级管理人员，提议召开及召集、主持临时股东会会议，向股东会会议提出提案，依法对董事、高级管理人员提起诉讼，以及行使公司章程规定的其他职权。

需要注意的是，《公司法解释四》第23条第1款规定："监事会或者不设监事会的有限责任公司的监事依据公司法第一百五十一条第一款规定对董事、高级管理人员提起诉讼的，应当列公司为原告，依法由监事会主席或者不设监事会的有限责任公司的监事代表公司进行诉讼。"监事会是公司的三大机构之一，代表公司提起的诉讼应当是公司直接诉讼，应列公司为原告，依法由监事会主席或者不设监事会的有限责任公司的监事代表公司进行诉讼。

第七十九条　【监事的质询建议权与调查权】监事可以列席董事会会议，并对董事会决议事项提出质询或者建议。

监事会发现公司经营情况异常，可以进行调查；必要时，可以聘请会计师事务所等协助其工作，费用由公司承担。

条文对照

2018年《公司法》	2023年《公司法》
第五十四条　监事可以列席董事会会议，并对董事会决议事项提出质询或者建议。 监事会~~、不设监事会的公司的监事~~发现公司经营情况异常，可以进行调查；必要时，可以聘请会计师事务所等协助其工作，费用由公司承担。	**第七十九条**　监事可以列席董事会会议，并对董事会决议事项提出质询或者建议。 监事会发现公司经营情况异常，可以进行调查；必要时，可以聘请会计师事务所等协助其工作，费用由公司承担。

适用要点

本条是关于监事的质询建议权与调查权的规定。

监事可以列席董事会会议，并提出质询或者建议。为了履行监督职责，监事会享有特定的调查权，当发现公司经营情况异常时可以进行独立的调查，了解有关情况，不需要事先经过同意；必要时，可以聘请会计师事务所等协助其工作，并要求公司承担费用。

第八十条　【董事、高级管理人员协助监事工作】监事会可以要求董事、高级管理人员提交执行职务的报告。

董事、高级管理人员应当如实向监事会提供有关情况和资料，不得妨碍监事会或者监事行使职权。

条文对照

2018 年《公司法》	2023 年《公司法》
第一百五十条第二款　董事、高级管理人员应当如实向监事会~~或者不设监事会的有限责任公司的监事~~提供有关情况和资料，不得妨碍监事会或者监事行使职权。	**第八十条　监事会可以要求董事、高级管理人员提交执行职务的报告。** 董事、高级管理人员应当如实向监事会提供有关情况和资料，不得妨碍监事会或者监事行使职权。

适用要点

本条是关于董事、高级管理人员协助监事工作的规定。

董事、高级管理人员作为公司的受托人，应当忠实地履行自己的职责，向委托人报告相应的工作情况。当监事会需要了解有关情况时，有权要求相关的董事、高级管理人员汇报自己的工作履职情况、提交相关报告。

监事会作为公司的监督机关，在履行法定职权、了解相关情况时，董事、高级管理人员应当如实向监事会或者监事提供有关情况和资料，不得妨碍监事会或者监事依规定履行职责的行为。

第八十一条　【监事会会议】监事会每年度至少召开一次会议，监事可以提议召开临时监事会会议。

监事会的议事方式和表决程序，除本法有规定的外，由公司章程规定。

监事会决议应当经全体监事的过半数通过。

监事会决议的表决，应当一人一票。

监事会应当对所议事项的决定作成会议记录，出席会议的监事应当在会议记录上签名。

条文对照

2018年《公司法》	2023年《公司法》
第五十五条　监事会每年度至少召开一次会议，监事可以提议召开临时监事会会议。 监事会的议事方式和表决程序，除本法有规定的外，由公司章程规定。 监事会决议应当经~~半数以上~~监事通过。 监事会应当对所议事项的决定作成会议记录，出席会议的监事应当在会议记录上签名。	**第八十一条**　监事会每年度至少召开一次会议，监事可以提议召开临时监事会会议。 监事会的议事方式和表决程序，除本法有规定的外，由公司章程规定。 监事会决议应当经**全体**监事的**过半数**通过。 **监事会决议的表决，应当一人一票。** 监事会应当对所议事项的决定作成会议记录，出席会议的监事应当在会议记录上签名。

适用要点

本条是关于监事会会议的规定。

监事会会议分定期会议和临时会议。监事会会议的议事方式和表决程序可以由公司章程规定。监事会决议应当“经全体监事的过半数通过”,相比原来“经半数以上监事通过”的表述更精确、完整。监事会会议也像董事会会议一样,采取“人头决”,实行一人一票制。对所议事项的决定作成会议记录,内容包括会议所议事项、召开的时间和地点、出席人员、议题、表决情况等,出席会议的监事应当在会议记录上签名。

第八十二条　【监事会行使职权费用承担】监事会行使职权所必需的费用,由公司承担。

条文对照

2018 年《公司法》	2023 年《公司法》
第五十六条　监事会~~、不设监事会的公司的~~监事行使职权所必需的费用,由公司承担。	**第八十二条**　监事会行使职权所必需的费用,由公司承担。

适用要点

本条是关于监事会行使职权费用承担的规定。

监事会为了履行监督职责,在实施监督过程中会发生费用开支,而与行使职权相关的必要费用应当由公司承担。

第八十三条　【可不设监事会和监事的情形】规模较小或者股东人数较少的有限责任公司，可以不设监事会，设一名监事，行使本法规定的监事会的职权；经全体股东一致同意，也可以不设监事。

条文对照

2018 年《公司法》	2023 年《公司法》
第五十一条第一款　~~有限责任公司设监事会，其成员不得少于三人。~~股东人数较少或者规模较小的有限责任公司，可以设一~~至二~~名监事，不设监事会。	**第八十三条**　规模较小或者股东人数较少的有限责任公司，**可以**不设监事会，**设一名监事，行使本法规定的监事会的职权；经全体股东一致同意，也可以不设监事。**

适用要点

本条是关于可不设监事会或监事的情形的规定。

设立监事会是建立健全公司内部约束机制的一项重要措施。一般而言，有限责任公司应当设监事会；不设立监事会的，需要满足法定情形，如规模较小或者股东人数较少的有限责任公司可以不设监事会，设 1 名监事即可，由该监事来行使监事会的职权。对于规模较小的公司而言，监事是由股东会选任，不存在职工代表的监事。因此，只要经全体股东一致同意就可以不设监事。

第四章　有限责任公司的股权转让

第八十四条　【股权转让的一般规则】有限责任公司的股东之间可以相互转让其全部或者部分股权。

股东向股东以外的人转让股权的,应当将股权转让的数量、价格、支付方式和期限等事项书面通知其他股东,其他股东在同等条件下有优先购买权。股东自接到书面通知之日起三十日内未答复的,视为放弃优先购买权。两个以上股东行使优先购买权的,协商确定各自的购买比例;协商不成的,按照转让时各自的出资比例行使优先购买权。

公司章程对股权转让另有规定的,从其规定。

条文对照

2018 年《公司法》	2023 年《公司法》
第七十一条　有限责任公司的股东之间可以相互转让其全部或者部分股权。 股东向股东以外的人转让股权,应当经其他股东过半数同意。股东*应就其*股权转让事项书面通知其他股东征求同意,其他股东自接到书面通知之日	**第八十四条**　有限责任公司的股东之间可以相互转让其全部或者部分股权。 股东向股东以外的人转让股权**的**,应当**将***股权转让***的数量、价格、支付方式和期限等**事项书面通知其他股东,其他股东**在同等条件下有优先购买权。**

续表

2018 年《公司法》	2023 年《公司法》
起满三十日未答复的，视为~~同意转让~~。~~其他股东半数以上不同意转让的，不同意的股东应当购买该转让的股权；不购买的，视为同意转让~~。 ~~经股东同意转让的股权，在同等条件下，其他股东有优先购买权~~。两个以上股东主张行使优先购买权的，协商确定各自的购买比例；协商不成的，按照转让时各自的出资比例行使优先购买权。 公司章程对股权转让另有规定的，从其规定。	股东自接到书面通知之日起三十日**内**未答复的，视为**放弃优先购买权**。两个以上股东行使优先购买权的，协商确定各自的购买比例；协商不成的，按照转让时各自的出资比例行使优先购买权。 公司章程对股权转让另有规定的，从其规定。

适用要点

本条是关于股权转让的一般规则的规定。

有限责任公司的股东既可以向其他股东转让股权，也可以向该公司股东以外的人转让股权。股东向股东以外的人转让股权的，不需要经过其他股东过半数同意，但需要书面通知其他股东，其他股东在同等条件下有优先购买权，其他股东不购买或不答复的，视为放弃优先购买权，即同意转让。针对实践中出现的多个股东都要行使优先购买权的情况，协商不成时，按照各自出资比例行使优先购买权。股权转让属于股东对自身权利的处分，应当尊重股东的意思自治，因此，公司章程可以对股权转让作出不同于本条第 1 款和第 2 款规定的其他规定。

虽然本条对于同等条件、行使期间约定不明或者侵犯优先购买权的股权转让合同的效力未予明确，但是，《公司法解释四》第 17 条至第 22 条对股权转让作了详细的规定。如第 18 条规定："人民法院在判断是否符合公司法第七十一条第三款及本规定所称的‘同等条件’时，应当考虑转让股权的数量、价格、支付方式及期限等因素。”第22条规定：“通过拍卖向股东以外的人转让有限责任公司股权的，适用公司法第七十一条第二款、第三款或者第七十二条规定的‘书面通知’‘通知’‘同等条件’时，根据相关法律、司法解释确定。在依法设立的产权交易场所转让有限责任公司国有股权的，适用公司法第七十一条第二款、第三款或者第七十二条规定的‘书面通知’‘通知’‘同等条件’时，可以参照产权交易场所的交易规则。”第19条规定：“有限责任公司的股东主张优先购买转让股权的，应当在收到通知后，在公司章程规定的行使期间内提出购买请求。公司章程没有规定行使期间或者规定不明确的，以通知确定的期间为准，通知确定的期间短于三十日或者未明确行使期间的，行使期间为三十日。”

典型案例

杨某宁等与东方邦信创业投资有限公司合同纠纷案[1]

裁判要旨：经股东同意转让的股权，在同等条件下，其他股东有优先购买权。股东行使优先购买权存在一定的前提条件，此处“同等条件”的确定只能以转让股东与第三人之间的交易条件为参照，即只有在转让股东和第三人之间的转让条件已确定，转让股东将转让条件等内容通知其他股东后，其他股东才具备行使优先购买权的依据。如果转让股东与第三人之间尚未商定交易条件，则没有参考依据，其他股东亦无法决定是否行使优先购买权。

〔1〕 参见北京市高级人民法院民事判决书，(2021)京民终82号。

第八十五条　【有限责任公司的股权因人民法院强制执行而转让】人民法院依照法律规定的强制执行程序转让股东的股权时，应当通知公司及全体股东，其他股东在同等条件下有优先购买权。其他股东自人民法院通知之日起满二十日不行使优先购买权的，视为放弃优先购买权。

条文对照

2018 年《公司法》	2023 年《公司法》
第七十二条　人民法院依照法律规定的强制执行程序转让股东的股权时，应当通知公司及全体股东，其他股东在同等条件下有优先购买权。其他股东自人民法院通知之日起满二十日不行使优先购买权的，视为放弃优先购买权。	**第八十五条**　人民法院依照法律规定的强制执行程序转让股东的股权时，应当通知公司及全体股东，其他股东在同等条件下有优先购买权。其他股东自人民法院通知之日起满二十日不行使优先购买权的，视为放弃优先购买权。

适用要点

本条是关于有限责任公司的股权因人民法院强制执行而转让的规定。

在强制执行程序中，有限责任公司股权的转让应当遵守法定程序，通知公司及全体股东，保障其他股东在同等条件下的优先购买权，有助于债权的执行以及尽可能维护公司的人合性。

典型案例

王某申请执行朱某某民间借贷纠纷案[1]

裁判要旨：小微企业自身特点决定了由企业外部人员参与竞买股权的可能性不大，而对企业发展有所了解并参与其中的其他股东最有可能成为涉案股权潜在的买受人。退一步来说，即使通过司法拍卖的方式处置，执行法院亦应依据《公司法》的规定，在征得全体股东过半数同意后以拍卖、变卖或其他方式转让涉案股权，企业股东在同等条件下仍有优先购买权。因此，该案不论采取何种方式处置涉案股权，都应当以标的企业其他股东是否具有购买意向作为股权变价的突破口，努力促成股权在标的企业内部转让。

第八十六条　【股权转让变更登记】股东转让股权的，应当书面通知公司，请求变更股东名册；需要办理变更登记的，并请求公司向公司登记机关办理变更登记。公司拒绝或者在合理期限内不予答复的，转让人、受让人可以依法向人民法院提起诉讼。

股权转让的，受让人自记载于股东名册时起可以向公司主张行使股东权利。

[1] 参见上海市浦东新区人民法院执行裁定书，(2021)沪0115执5129号，上海法院2021年度破解“执行难”十大典型案例。

条文对照

2018年《公司法》	2023年《公司法》
	第八十六条　股东转让股权的，应当书面通知公司，请求变更股东名册；需要办理变更登记的，并请求公司向公司登记机关办理变更登记。公司拒绝或者在合理期限内不予答复的，转让人、受让人可以依法向人民法院提起诉讼。 股权转让的，受让人自记载于股东名册时起可以向公司主张行使股东权利。

适用要点

本条是关于股权转让变更登记的规定。

有限责任公司应当置备股东名册，记载于股东名册的股东可以依股东名册主张行使股东权利。公司应当将股东的姓名或者名称及其出资额向公司登记机关办理登记；登记事项发生变更的，应当办理变更登记。未经登记或者变更登记的，不得对抗第三人。只有在完成股东名册的登记或者名册变更后，才能成为对公司行使股东权利的人。公司应当履行股权登记的义务，当公司不履行上述法定义务时，构成不作为侵权，当事人可以请求公司履行上述义务。《公司法解释三》第23条规定："当事人依法履行出资义务或者依法继受取得股权后，公司未根据公司法第三十一条、第三十二条的规定签发出资证明书、记载于股东名册并向公司登记机关办理登记，当事人请求公司履行上述义务的，人民法院应予支持。"

典型案例

欧某平与某炼油厂有限责任公司、某石化工程设计有限公司请求变更公司登记纠纷案[1]

裁判要旨：当事人依法履行出资义务或者依法继受取得股权后，公司未根据2018年《公司法》第31条、第32条的规定签发出资证明书，将当事人姓名或名称记载于股东名册并向公司登记机关办理登记，当事人请求公司履行上述义务的，人民法院应予支持。某炼油厂以某石化工程设计公司为被告，以欧某平为第三人提起案涉请求公司变更登记之诉，法院对其诉讼请求依法予以支持。

第八十七条　【转让股权后应当履行的手续】依照本法转让股权后，公司应当及时注销原股东的出资证明书，向新股东签发出资证明书，并相应修改公司章程和股东名册中有关股东及其出资额的记载。对公司章程的该项修改不需再由股东会表决。

条文对照

2018年《公司法》	2023年《公司法》
第七十三条　依照本法~~第七十一条、第七十二条~~转让股权后，公司应当注销原股东的出资证明书，向新股东签发出资证明书，并相应修改公司章程和股东名册中有关股东及其出资额的记载。对公司章程的该项修改不需再由股东会表决。	**第八十七条**　依照本法转让股权后，公司应当**及时**注销原股东的出资证明书，向新股东签发出资证明书，并相应修改公司章程和股东名册中有关股东及其出资额的记载。对公司章程的该项修改不需再由股东会表决。

[1] 参见江苏省南京市中级人民法院民事判决书，(2021)苏01民终386号。

适用要点

本条是关于转让股权后应当履行的手续的规定。

有限责任公司的股东转让股权后，公司应当履行两项程序性义务，即及时注销原股东的出资证明书并向新股东签发出资证明书，同时要修改公司章程和股东名册并记载变更后各股东及其出资额。股权转让本身已经表明股东之间就股权转让达成了合意，故对公司章程的该项修改不需再由股东会表决。

第八十八条 【股东出资补足义务】股东转让已认缴出资但未届出资期限的股权的，由受让人承担缴纳该出资的义务；受让人未按期足额缴纳出资的，转让人对受让人未按期缴纳的出资承担补充责任。

未按照公司章程规定的出资日期缴纳出资或者作为出资的非货币财产的实际价额显著低于所认缴的出资额的股东转让股权的，转让人与受让人在出资不足的范围内承担连带责任；受让人不知道且不应当知道存在上述情形的，由转让人承担责任。

条文对照

2018年《公司法》	2023年《公司法》
	第八十八条 股东转让已认缴出资但未届出资期限的股权的，由受让人承担缴纳该出资的义务；受让人未按期足额缴纳出资的，转让人对受让人未按期缴纳的出资承担补充责任。 未按照公司章程规定的出资日期

续表

2018 年《公司法》	2023 年《公司法》
	缴纳出资或者作为出资的非货币财产的实际价额显著低于所认缴的出资额的股东转让股权的，转让人与受让人在出资不足的范围内承担连带责任；受让人不知道且不应当知道存在上述情形的，由转让人承担责任。

适用要点

本条是关于股东出资补足义务的规定。

认缴制下的出让股东享有期限利益，其在出资期限届满前可以自由转让股权，未届出资期限转让股权不构成《公司法解释三》第 13 条第 2 款、第 18 条规定的未履行或者未全面履行出资义务即转让股权的情形。出资责任因受让股东继受而免除，应当由受让人承担缴纳该出资的义务。需要注意的是，受让人未按期足额缴纳出资的，转让人需要对此承担补充责任。《最高人民法院关于民事执行中变更、追加当事人若干问题的规定》第 19 条规定，作为被执行人的公司，财产不足以清偿生效法律文书确定的债务，其股东未依法履行出资义务即转让股权，申请执行人申请变更、追加该原股东或依公司法规定对该出资承担连带责任的发起人为被执行人，在未依法出资的范围内承担责任的，人民法院应予支持。

资本充实原则适用于对公司出资人或发起人出资责任的追究，它既要求出资人或发起人对自己违反出资义务的行为承担出资责任，又要求各出资人或发起人相互之间对公司资本的充实承担出资担保责任。出资人未履行出资义务将使公司的资本受到侵蚀，进而会损害公司、其他股东或者公司债权人的利益。在公司成立时，未按照公司章程规定的出资日期足额缴纳出资，或者实缴出资的非货币财产价额显著低于所认缴的出资额，转让人应对不足的差额部分承担填补责任，受让人对此明知的，即知道或者应当知道的,也需要一同承担连带责任,除非受让人系善意,不知道且不应当知道存在上述情形,则由转让人承担责任。《公司法解释三》第9条规定:"出资人以非货币财产出资,未依法评估作价,公司、其他股东或者公司债权人请求认定出资人未履行出资义务的,人民法院应当委托具有合法资格的评估机构对该财产评估作价。评估确定的价额显著低于公司章程所定价额的,人民法院应当认定出资人未依法全面履行出资义务。"

典型案例一

朱某、朱某平土地承包经营权纠纷案[1]

裁判要旨:公司作为独立法人,对外应以公司财产独立承担责任,但股东存在出资瑕疵行为时应对公司债务承担责任,故公司法规定,股东应当按期足额缴纳各自所认缴的出资额,以货币出资的,应当将货币出资按期足额存入有限责任公司在银行开设的账户。股东缴纳出资后,必须经过依法设立的验资机构验资并出具证明,有限责任公司的股东未履行或者未全面履行出资义务即转让股权,受让人对此知道或者应当知道的,公司债权人请求前述受让人对此承担连带责任的,人民法院应予支持。

典型案例二

许某兰、周某义申请执行人执行异议之诉纠纷案[2]

裁判要旨:股东未实缴出资,并在出资期限届满前将股权转让给他人,若股权转让时公司已无偿债能力,应当认定该股东存在逃废出资的故

[1] 参见河北省张家口市中级人民法院民事判决书,(2019)冀07民终887号。
[2] 参见四川省高级人民法院民事判决书,(2019)川民终277号。

意，则该股东应当被追加为被执行人；反之，该股东不应当被追加为被执行人。周某义于2018年4月18日，即金州公司章程约定的股东出资期限届满（2018年5月22日）之前将其所持金州公司90%的股权转让给邹某，但此时金州公司已经不能清偿案涉生效判决确定的债务，且天顺公司已经对周某义提出了追加其为被执行人就生效法律文书确定的债务承担清偿责任的案涉诉讼。周某义在出资期限即将届满之前的诉讼过程中再次转让股权，具有转让股权以逃废出资义务的恶意，有违诚信，侵害了金州公司对外债权人天顺公司的合法权益，不能就此免除周某义对金州公司补足出资，并对金州公司不能清偿的生效法律文书确定的债务承担补充赔偿责任的义务。许某兰在金州公司认缴出资期限届满前转让股权不属于瑕疵股权转让，亦无证据证明其转让股权具有逃废出资义务的恶意，其对金州公司不再负有补足出资义务，亦不应再对股权转让之后金州公司负有的对外债务不能清偿部分承担补充清偿责任，许某兰关于其不应被追加为被执行人的上诉理由成立，法院予以支持。

第八十九条　【有限责任公司股东异议股份回购请求】有下列情形之一的，对股东会该项决议投反对票的股东可以请求公司按照合理的价格收购其股权：

（一）公司连续五年不向股东分配利润，而公司该五年连续盈利，并且符合本法规定的分配利润条件；

（二）公司合并、分立、转让主要财产；

（三）公司章程规定的营业期限届满或者章程规定的其他解散事由出现，股东会通过决议修改章程使公司存续。

自股东会决议作出之日起六十日内，股东与公司不能达成股权收购协议的，股东可以自股东会决议作出之日起九十日内向人民法院提起诉讼。

公司的控股股东滥用股东权利，严重损害公司或者其他股东利益的，其他股东有权请求公司按照合理的价格收购其股权。

公司因本条第一款、第三款规定的情形收购的本公司股权，应当在六个月内依法转让或者注销。

条文对照

2018 年《公司法》	2023 年《公司法》
第七十四条　有下列情形之一的，对股东会该项决议投反对票的股东可以请求公司按照合理的价格收购其股权： （一）公司连续五年不向股东分配利润，而公司该五年连续盈利，并且符合本法规定的分配利润条件的； （二）公司合并、分立、转让主要财产的； （三）公司章程规定的营业期限届满或者章程规定的其他解散事由出现，股东会~~会议~~通过决议修改章程使公司存续的。 自股东会~~会议~~决议~~通过~~之日起六十日内，股东与公司不能达成股权收购协议的，股东可以自股东会~~会议~~决议~~通过~~之日起九十日内向人民法院提起诉讼。	**第八十九条**　有下列情形之一的，对股东会该项决议投反对票的股东可以请求公司按照合理的价格收购其股权： （一）公司连续五年不向股东分配利润，而公司该五年连续盈利，并且符合本法规定的分配利润条件； （二）公司合并、分立、转让主要财产； （三）公司章程规定的营业期限届满或者章程规定的其他解散事由出现，股东会通过决议修改章程使公司存续。 自股东会决议**作出**之日起六十日内，股东与公司不能达成股权收购协议的，股东可以自股东会决议**作出**之日起九十日内向人民法院提起诉讼。 **公司的控股股东滥用股东权利，严重损害公司或者其他股东利益的，其他股东有权请求公司按照合理的价格收购其股权。** **公司因本条第一款、第三款规定的情形收购的本公司股权，应当在六个月内依法转让或者注销。**

适用要点

本条是关于有限责任公司股东异议股份回购请求的规定。

有限责任公司注重人合性,设立后股东无正当理由不得随意退出。但是股东在特殊情况下可以请求公司回购其股权进而退出公司,本条规定了股东可以请求公司按照合理的价格收购其股权的情形。当公司出现控股股东滥用股东权利,严重损害公司或者其他股东利益,大股东压迫小股东时,其他股东也有权请求公司按照合理的价格收购其股权,有利于完善对中小股东权利的保护。

股东退出公司要遵循法定的条件和程序,由于我国公司法不认可公司持有自己股份,公司收购本公司股权后,应当在6个月内依法转让或者注销。

典型案例

深圳市广华创新投资企业诉大连财神岛集团有限公司请求公司收购股份纠纷案〔1〕

裁判要旨:依照2018年《公司法》第35条和第37条第1款第7项之规定,有限责任公司注册资本确定后,未经法定程序,不得随意减少或抽回。2018年《公司法》第74条第1款规定:"有下列情形之一的,对股东会该项决议投反对票的股东可以请求公司按照合理的价格收购其股权:(一)公司连续五年不向股东分配利润,而公司该五年连续盈利,并且符合本法规定的分配利润条件的;(二)公司合并、分立、转让主要财产的;(三)公司章程规定的营业期限届满或者章程规定的其他解散事由出现,股东会会议通过决议修改章程使公司存续的。"大连财神岛集团有限公司(以下简称财神岛

〔1〕 参见最高人民法院民事判决书,(2020)最高法民再350号。

公司)2011年1月20日的章程亦有相同内容的约定。原审法院查明,深圳市广华创新投资企业(以下简称广华投资企业)于2010年12月10日与李某、于某兰共同签订《增资协议》,约定广华投资企业投入现金3000万元成为财神岛公司持股20%的股东;2012年3月30日,财神岛公司与广华投资企业签订的协议书约定,如财神岛公司不能上市,以"投资额3000万元为基数,以2011年1月1日为始点,以年利率10%为标准",由财神岛公司全额收购广华投资企业所投资的财神岛公司股权。尽管2012年3月30日的协议书是双方当事人的真实意思表示,但协议中关于财神岛公司回购股份的约定不属于2018年《公司法》第74条和财神岛公司章程所列举的情形,不符合公司法关于资本维持的基本原则,广华投资企业请求财神岛公司收购其股权的条件并不具备。原审判决未支持广华投资企业要求财神岛公司按约定价格收购其20%股份的诉讼请求并无不当。

第九十条　【有限责任公司自然人股东死亡后其股东资格的继承】自然人股东死亡后,其合法继承人可以继承股东资格;但是,公司章程另有规定的除外。

条文对照

2018年《公司法》	2023年《公司法》
第七十五条　自然人股东死亡后,其合法继承人可以继承股东资格;但是,公司章程另有规定的除外。	**第九十条**　自然人股东死亡后,其合法继承人可以继承股东资格;但是,公司章程另有规定的除外。

适用要点

本条是关于自然人股东死亡后其股东资格如何继承的规定。

《民法典》第125条规定,民事主体依法享有股权和其他投资性权利。股权属于综合性权利,既有财产性质,也有股东人身性质,股东资格是基于股东的财产权而产生的,股东的出资额是股东的个人合法财产,依照《民法典》的规定,股东资格可由他人依法继承。因此,自然人股东死亡后,其合法继承人当然可以继承股东资格。公司章程可以对股东资格继承另行作出规定和安排。

典型案例

张某青与爱科腾博(大连)科技有限公司公司决议撤销纠纷案[1]

裁判要旨:2018年《公司法》第75条规定,自然人股东死亡后,其合法继承人可以继承股东资格。被告爱科腾博公司的章程第14条也规定自然人股东死亡后,其合法继承人可以继承股东资格,故金某镐死亡后其合法继承人依法可以继承股东资格。继承股东资格也就意味着各继承人不仅继承了股权,而且继承了股东的身份。至于是否在公司登记机关变更股东登记从而产生对外的公信、公示效力,并不影响其内部股东权利的正常行使。故法院对原告主张只有在完成确认和变更股东资格后才能行使一个股东表决权的意见不予支持。

〔1〕 参见辽宁省庄河市人民法院民事判决书,(2020)辽0283民初3977号。

第五章　股份有限公司的设立和组织机构

第一节　设　　立

第九十一条　【股份有限公司的设立方式】设立股份有限公司，可以采取发起设立或者募集设立的方式。

发起设立，是指由发起人认购设立公司时应发行的全部股份而设立公司。

募集设立，是指由发起人认购设立公司时应发行股份的一部分，其余股份向特定对象募集或者向社会公开募集而设立公司。

条文对照

2018年《公司法》	2023年《公司法》
第七十七条　股份有限公司的设立，可以采取发起设立或者募集设立的方式。 发起设立，是指由发起人认购公司应发行的全部股份而设立公司。 募集设立，是指由发起人认购公司应发行股份的一部分，其余股份向社会公开募集或者向特定对象募集而设立公司。	**第九十一条**　设立股份有限公司，可以采取发起设立或者募集设立的方式。 发起设立，是指由发起人认购**设立**公司**时**应发行的全部股份而设立公司。 募集设立，是指由发起人认购**设立**公司**时**应发行股份的一部分，其余股份向特定对象募集或者向社会公开募集而设立公司。

适用要点

本条是关于股份有限公司的设立方式的规定。

根据股份有限公司在设立时是否需要向社会公众或特定对象发行股份,可以将股份有限公司的设立分为发起设立和募集设立两种,这恰好反映了股份有限公司的资合性特点。

第九十二条 【发起人的人数及其资格】设立股份有限公司,应当有一人以上二百人以下为发起人,其中应当有半数以上的发起人在中华人民共和国境内有住所。

条文对照

2018 年《公司法》	2023 年《公司法》
第七十八条 设立股份有限公司,应当有三人以上二百人以下为发起人,其中须有半数以上的发起人在中国境内有住所。	**第九十二条** 设立股份有限公司,应当有**一**人以上二百人以下为发起人,其中**应当**有半数以上的发起人在中**华人民共和**国境内有住所。

适用要点

本条是关于发起人的人数及其资格的规定。

我国股份有限公司的发起人数量至少 1 人,最多不超过 200 人,并未限制发起人必须是自然人还是法人、中国人还是外国人,所以,无论自然人还是法人、中国人还是外国人,均有资格作为股份有限公司的发起人。但发起人应当有半数以上在中华人民共和国境内有住所,以便有一定数量的人能够具体办理设立股份有限公司的各种手续,也便于国家对发起人进行监督管理,防止发起人利用设立股份有限公司来损害广大社会公众的利益。[1]

第九十三条　【发起人承担公司筹办事务和签订发起人协议】 股份有限公司发起人承担公司筹办事务。

发起人应当签订发起人协议，明确各自在公司设立过程中的权利和义务。

条文对照

2018年《公司法》	2023年《公司法》
第七十九条　股份有限公司发起人承担公司筹办事务。 发起人应当签订发起人协议，明确各自在公司设立过程中的权利和义务。	**第九十三条**　股份有限公司发起人承担公司筹办事务。 发起人应当签订发起人协议，明确各自在公司设立过程中的权利和义务。

适用要点

本条是关于发起人承担公司筹办事务和应当签订发起人协议的规定。

设立公司的主要职责由发起人承担，其基于发起人身份，依照法律的规定和合同的约定而应该享有一定的权利、负有一定的义务和承担相应责任。在公司设立过程中，由发起人签订关于公司设立事项的协议，明确规定各个发起人在公司设立过程中的权利和义务。

---

〔1〕 参见安建主编：《中华人民共和国公司法释义》（第2版），法律出版社2013年版，第113页。

第九十四条 【股份有限公司章程制订】设立股份有限公司，应当由发起人共同制订公司章程。

条文对照

2018 年《公司法》	2023 年《公司法》
第七十六条 设立股份有限公司，应当具备下列条件： （一）发起人符合法定人数； （二）有符合公司章程规定的全体发起人认购的股本总额或者募集的实收股本总额； （三）股份发行、筹办事项符合法律规定； （四）发起人制订公司章程，采用募集方式设立的经创立大会通过； （五）有公司名称，建立符合股份有限公司要求的组织机构； （六）有公司住所。	**第九十四条** 设立股份有限公司，应当由发起人共同制订公司章程。

适用要点

本条是关于股份有限公司章程制订的规定。

设立股份有限公司需要具备相应的条件，其中包括发起人制订公司章程。章程的制订包括起草、讨论、协商、签署等多个环节，其中“起草”“讨论”“协商”等环节的参与者对公司章程的通过没有决定作用，只有公司章程的签署人才能对公司章程的制订和通过具有实质性影响。[1] 为设立公司而“签署公司章程”是发起人的重要职责。

第九十五条 【股份有限公司章程法定记载事项】股份有限公司章程应当载明下列事项：

（一）公司名称和住所；

（二）公司经营范围；

（三）公司设立方式；

（四）公司注册资本、已发行的股份数和设立时发行的股份数，面额股的每股金额；

（五）发行类别股的，每一类别股的股份数及其权利和义务；

（六）发起人的姓名或者名称、认购的股份数、出资方式；

（七）董事会的组成、职权和议事规则；

（八）公司法定代表人的产生、变更办法；

（九）监事会的组成、职权和议事规则；

（十）公司利润分配办法；

（十一）公司的解散事由与清算办法；

（十二）公司的通知和公告办法；

（十三）股东会认为需要规定的其他事项。

[1] 参见最高人民法院民法典贯彻实施工作领导小组编著：《中国民法典适用大全·商事卷·公司法（一）》，人民法院出版社2022年版，第436页。

条文对照

2018 年《公司法》	2023 年《公司法》
第八十一条 股份有限公司章程应当载明下列事项： （一）公司名称和住所； （二）公司经营范围； （三）公司设立方式； （四）公司股份总数、每股金额和~~注册资本~~； （五）发起人的姓名或者名称、认购的股份数、出资方式~~和出资时间~~； （六）董事会的组成、职权和议事规则； （七）公司法定代表人； （八）监事会的组成、职权和议事规则； （九）公司利润分配办法； （十）公司的解散事由与清算办法； （十一）公司的通知和公告办法； （十二）股东大会~~会议~~认为需要规定的其他事项。	**第九十五条** 股份有限公司章程应当载明下列事项： （一）公司名称和住所； （二）公司经营范围； （三）公司设立方式； （四）**公司注册资本、已发行的股份数和设立时发行的股份数，面额股的每股金额；** （五）**发行类别股的，每一类别股的股份数及其权利和义务；** （六）发起人的姓名或者名称、认购的股份数、出资方式； （七）董事会的组成、职权和议事规则； （八）公司法定代表人**的产生、变更办法**； （九）监事会的组成、职权和议事规则； （十）公司利润分配办法； （十一）公司的解散事由与清算办法； （十二）公司的通知和公告办法； （十三）股东会认为需要规定的其他事项。

适用要点

本条是关于股份有限公司章程法定记载事项的规定。

股份有限公司的章程是公司的“基本纲领”，规定了公司组织和行动的基本规则。与2018年《公司法》第81条规定相比，2023年《公司法》中股份有限公司章程应当载明的事项主要新增加了以下两项：公司发行面额股的，每股的金额；发行类别股的，类别股股东的股份数及其权利和义务。面额股，是指股票票面标明一定金额的股份，具体的金额由公司规定。类别股是相对普通股而言，又称特别股，具体可细分为3类：优先股、劣后股与混合股，[1]在类别股中可以记载股东具体的权利和义务。本条还规定了法定代表人的产生和变更办法，有利于完善公司治理。

第九十六条　【股份有限公司注册资本】股份有限公司的注册资本为在公司登记机关登记的已发行股份的股本总额。在发起人认购的股份缴足前，不得向他人募集股份。

法律、行政法规以及国务院决定对股份有限公司注册资本最低限额另有规定的，从其规定。

条文对照

2018年《公司法》	2023年《公司法》
第八十条　股份有限公司~~采取发起设立方式设立的~~，注册资本为在公司登记机关登记的~~全体发起人认购的~~股	**第九十六条**　股份有限公司的注册资本为在公司登记机关登记的**已发行股份**的股本总额。在发起人认购的

[1] 参见刘连煜：《现代公司法》（增订13版），台北，新学林出版股份有限公司2018年版，第317页。

续表

2018 年《公司法》	2023 年《公司法》
本总额。在发起人认购的股份缴足前，不得向他人募集股份。 ~~股份有限公司采取募集方式设立的，注册资本为在公司登记机关登记的实收股本总额。~~ 法律、行政法规以及国务院决定对股份有限公司~~注册资本实缴、~~注册资本最低限额另有规定的，从其规定。	股份缴足前，不得向他人募集股份。 法律、行政法规以及国务院决定对股份有限公司注册资本最低限额另有规定的，从其规定。

适用要点

本条是关于股份有限公司注册资本的规定。

股份有限公司注册资本应当是公司登记机关登记的已发行股份的股本总额，尚未发行部分不得作为注册资本进行登记，以准确体现公司资本能力。对于已由发起人认购但实际并未缴足的部分，不得向他人募集股份，以防进行投机活动，损害广大投资者的利益，影响经济社会安定。

我国还有很多法律、行政法规以及国务院决定对从事特定行业的股份有限公司的注册资本的最低限额提出明确要求，如《商业银行法》《保险法》《证券法》等对银行业金融机构、期货公司、保险专业代理机构、保险经纪人、基金管理公司等作了特别规定。

第九十七条　【以发起设立、募集设立方式设立股份有限公司】以发起设立方式设立股份有限公司的，发起人应当认足公司章程规定的公司设立时应发行的股份。

以募集设立方式设立股份有限公司的，发起人认购的股份不得少于公司章程规定的公司设立时应发行股份总数的百分之三十五；但是，法律、行政法规另有规定的，从其规定。

条文对照

2018 年《公司法》	2023 年《公司法》
第八十四条　以募集设立方式设立股份有限公司的，发起人认购的股份不得少于公司股份总数的百分之三十五；但是，法律、行政法规另有规定的，从其规定。	**第九十七条　以发起设立方式设立股份有限公司的，发起人应当认足公司章程规定的公司设立时应发行的股份。** 以募集设立方式设立股份有限公司的，发起人认购的股份不得少于公司**章程规定的公司设立时应发行**股份总数的百分之三十五；但是，法律、行政法规另有规定的，从其规定。

适用要点

本条是关于以发起设立方式、募集设立方式设立股份有限公司的规定。

股份有限公司的设立方式分为发起设立和募集设立，以发起设立方式设立的股份有限公司，全体发起人应当足额认购公司应发行的全部股份。对每个发起人而言，就是将公司章程规定由其认购的股份，承诺予以全部认足购买。否则，就会因发起人承诺购买股份的总和小于公司应发行的全部股份，导致发起设立股份有限公司失败。[1]

〔1〕 参见朱少平主编：《〈中华人民共和国公司法〉释义及实用指南》，中国民主法制出版社 2012 年版，第 218 页。

为了保证公司顺利设立，防止利用设立公司进行欺诈活动，保护投资者合法权益，规定以募集设立方式设立股份有限公司的发起人认购股份的法定最低限额，即所有发起人认购的股份不得少于公司章程规定的公司设立时应发行股份总数的35%。如果其他法律、行政法规对最低限额有特别规定，则应当按照其他法律、行政法规的规定执行。

第九十八条　【发起人全额缴纳股款及出资方式】发起人应当在公司成立前按照其认购的股份全额缴纳股款。

发起人的出资，适用本法第四十八条、第四十九条第二款关于有限责任公司股东出资的规定。

条文对照

2018年《公司法》	2023年《公司法》
第八十三条第一款　以发起设立方式设立股份有限公司的，发起人应当书面认足公司章程规定其认购的股份~~，并按照公司章程规定缴纳出资。以非货币财产出资的，应当依法办理其财产权的转移手续~~。	第九十八条　发起人应当**在公司成立前按照**其认购的股份**全额缴纳股款**。 **发起人的出资，适用本法第四十八条、第四十九条第二款关于有限责任公司股东出资的规定。**

适用要点

本条是关于股份有限公司发起人全额缴纳股款及出资方式的规定。

公司章程中规定了公司注册资本总额以及发行的股份数。每个发起人认足股份后，应当在公司成立前"全额"缴纳各自所认购股份的股款，不再允许分期认缴，变为实缴制，减少注册资本虚化。有限责任公司股东的出资方式规定同样适用于股份有限公司，股份有限公司发起人也必须遵守本法第48条、第49条第2款的规定。

第九十九条　【发起人的违约责任】发起人不按照其认购的股份缴纳股款，或者作为出资的非货币财产的实际价额显著低于所认购的股份的，其他发起人与该发起人在出资不足的范围内承担连带责任。

条文对照

2018年《公司法》	2023年《公司法》
第八十三条第二款　发起人不*依照前款规定*缴纳*出资*的，~~应当按照发起人协议~~承担*违约*责任。	**第九十九条**　发起人不*按照*其认购的股份缴纳股款，或者作为出资的非货币财产的实际价额显著低于所认购的股份的，其他发起人与该发起人在出资不足的范围内承担连带责任。

适用要点

本条是关于发起人承担违约责任的规定。

发起人在设立公司时，签订发起人协议，明确各自在公司设立过程中的权利和义务，规定不缴纳出资时应当承担的责任。当发起人不按照规定认购的股份缴纳股款，或者对非货币出资的财产未进行评估作价或核实财产，其价值明显低于实际价额时，其他发起人要在该发起人出资不足范围内承担连带责任。

典型案例

王某明与北京新像影业股份有限公司股东出资纠纷案[1]

裁判要旨：2018年《公司法》第83条第1款规定："以发起设立方式设立股份有限公司的，发起人应当书面认足公司章程规定其认购的股份，并按照公司章程规定缴纳出资。以非货币财产出资的，应当依法办理其财产权的转移手续。"据此，股份有限公司的发起人应当按照公司章程的规定缴纳出资。

第一百条 【公开募集股份的公告招股说明书及认股书】发起人向社会公开募集股份，应当公告招股说明书，并制作认股书。认股书应当载明本法第一百五十四条第二款、第三款所列事项，由认股人填写认购的股份数、金额、住所，并签名或者盖章。认股人应当按照所认购股份足额缴纳股款。

条文对照

2018年《公司法》	2023年《公司法》
第八十五条 发起人向社会公开募集股份，*必须*公告招股说明书，并制作认股书。认股书应当载明本法第~~八十六~~条所列事项，由认股人填写认购股数、金额、住所，并签名~~、~~盖章。认股人按照所认购股数缴纳股款。	**第一百条** 发起人向社会公开募集股份，**应当**公告招股说明书，并制作认股书。认股书应当载明本法第**一百五十四条第二款、第三款**所列事项，由认股人填写认购**的股份**数、金额、住所，并签名**或者**盖章。认股人**应当**按照所认购股**份足额**缴纳股款。

〔1〕参见北京市第二中级人民法院民事判决书，(2019)京02民终14923号。

适用要点

本条是关于向社会公开募集股份的发起人必须公告招股说明书并制作认股书的规定。

招股说明书，是指专门表达募集股份的意思并载明有关信息的书面文件。发起人向社会公开募集股份，必须公告招股说明书，让社会公众知道发起人募集股份的意图并了解相关信息，吸引社会公众认购股份。招股说明书属于募集文件的一部分，应向社会公众公开有关情况，如《证券法》第23条第1款规定，证券发行申请经注册后，发行人应当依照法律、行政法规的规定，在证券公开发行前公告公开发行募集文件，并将该文件置备于指定场所供公众查阅。这是公开信息最重要的方式，有利于社会公众了解公司、股份募集及其发行的信息，有利于投资者作出投资决策。

发起人应当制作认股书，认股书的内容包括：(1)发行的股份总数；(2)面额股的票面金额和发行价格或者无面额股的发行价格；(3)募集资金的用途；(4)认股人的权利和义务；(5)股份种类及其权利和义务；(6)本次募股的起止期限及逾期未募足时认股人可以撤回所认股份的说明。公司设立时发行股份的，认股书还应当载明发起人认购的股份数。发起人制作认股书后，认购股份的人应当在认股书上填写所认购股份、金额、住所，并在认股书上签名或者盖章，按照所认购股份足额缴纳股款。

第一百零一条 【股款缴足后的验资及证明】向社会公开募集股份的股款缴足后，应当经依法设立的验资机构验资并出具证明。

条文对照

2018 年《公司法》	2023 年《公司法》
第八十九条第一款　发行股份的股款缴足后，必须经依法设立的验资机构验资并出具证明。发起人应当自股款缴足之日起三十日内主持召开公司创立大会。创立大会由发起人、认股人组成。	第一百零一条　向社会公开募集股份的股款缴足后，应当经依法设立的验资机构验资并出具证明。

适用要点

本条是关于股款缴足后的验资及证明的规定。

公司募集发行股份的股款缴足后应当依法验资。一般而言，招股说明书会载明本次募股的截止时间，发起人向社会公开募集的股份已全部发售完毕的，在所有的股款都已缴纳到代收股款的银行后，对存入银行的发起人和其他认股人缴纳的股款，必须经法定的验资机构验资并出具验资情况的证明，以保证公司资本的足额、真实、合法，防止虚假出资。

第一百零二条　【股东名册】股份有限公司应当制作股东名册并置备于公司。股东名册应当记载下列事项：

（一）股东的姓名或者名称及住所；

（二）各股东所认购的股份种类及股份数；

（三）发行纸面形式的股票的，股票的编号；

（四）各股东取得股份的日期。

条文对照

2018年《公司法》	2023年《公司法》
第一百三十条　~~公司发行记名股票的，应当置备股东名册，~~记载下列事项： （一）股东的姓名或者名称及住所； （二）各股东所持股份数； （三）~~各股东所持~~股票的编号~~；~~ （四）各股东取得股份的日期。 ~~发行无记名股票的，公司应当记载其股票数量、编号及发行日期。~~	**第一百零二条　股份有限公司应当制作股东名册并置备于公司。**股东名册**应当**记载下列事项： （一）股东的姓名或者名称及住所； （二）各股东所**认购的股份种类及**股份数； （三）**发行纸面形式的股票的，**股票的编号； （四）各股东取得股份的日期。

适用要点

本条是关于股东名册的规定。

股东名册属于公司必备事项，公司发行记名股票，需要在股东名册上载明下列事项：（1）股东的姓名或者名称及住所；（2）各股东所认购的股份种类及股份数；（3）发行纸面形式的股票的，股票的编号；（4）各股东取得股份的日期。以便公司股票发行、转让时办理立户、建户手续，也便于公司了解和掌握公司股东人数、股份种类、股票流向变化等情况。

第一百零三条　【公司成立大会的举行、决议程序】募集设立股份有限公司的发起人应当自公司设立时应发行股份的股款缴足之日起三十日内召开公司成立大会。发起人应当在成立大会召开十五日前将会议日期通知各认股人或者予以公告。成立大会应当有持有表决权过半数的认股人出席，方可举行。

以发起设立方式设立股份有限公司成立大会的召开和表决程序由公司章程或者发起人协议规定。

条文对照

2018 年《公司法》	2023 年《公司法》
第八十九条第一款 ~~发行股份的股款缴足后,必须经依法设立的验资机构验资并出具证明。~~发起人应当自股款缴足之日起三十日内~~主持~~召开公司~~创立~~大会。~~创立大会由发起人、认股人组成。~~ **第九十条第一款** 发起人应当在~~创立~~大会召开十五日前将会议日期通知各认股人或者予以公告。~~创立~~大会应有*代表股份总数*过半数的~~发起人、~~认股人出席,方可举行。	**第一百零三条** **募集设立股份有限公司的**发起人应当自**公司设立时应发行股份的**股款缴足之日起三十日内召开公司**成立**大会。发起人应当在**成立**大会召开十五日前将会议日期通知各认股人或者予以公告。**成立**大会应当有*持有表决权*过半数的认股人出席,方可举行。 **以发起设立方式设立股份有限公司成立大会的召开和表决程序由公司章程或者发起人协议规定。**

适用要点

本条是关于公司成立大会的举行、决议程序的规定。

发起人向社会公开募集的股份已全部发售完毕,在所有的股款都已缴足后 30 日内召开公司成立大会,要在法定期限内即 15 日前将召开成立大会的会议日期提前通知各股东或者予以公告,发起人应当主持召开由发起人、认股人组成的成立大会,成立大会应有持有表决权过半数的认股人出席,方可举行。

以发起设立方式设立的股份有限公司不同于募集设立的股份有限公司,本条第 2 款规定以发起设立方式设立的股份有限公司成立大会的召开和表决程序由公司章程或者发起人协议规定。

典型案例

章某某与浙江某科技股份有限公司等新增资本认购纠纷案[1]

裁判要旨：原告以股东滥用权利与2013年《公司法》第89条之规定要求发起人承担责任。2013年《公司法》第89条规定："发行股份的股款缴足后，必须经依法设立的验资机构验资并出具证明。发起人应当自股款缴足之日起三十日内主持召开公司创立大会。创立大会由发起人、认股人组成。发行的股份超过招股说明书规定的截止期限尚未募足的，或者发行股份的股款缴足后，发起人在三十日内未召开创立大会的，认股人可以按照所缴股款并加算银行同期存款利息，要求发起人返还。"本案被告计划到2016年年底募足资本，但庭审中被告明确至庭审时仍未募足资本，且也无证据证明发行股份的股款已缴足并经依法设立的验资机构验资并出具证明，故出资人可以要求发起人返还。设立中公司存在发起人，公司成立后存在发起人股东。本案增资是发起人股东决议的结果，发起人股东对募集不足的法律后果担责，符合为自己行为担责的法理，但该责任应当属于补充责任。

第一百零四条　【成立大会的职权及其决议程序】公司成立大会行使下列职权：

（一）审议发起人关于公司筹办情况的报告；

[1] 参见浙江省绍兴市越城区人民法院民事判决书，(2017)浙0602民初999号。

（二）通过公司章程；

（三）选举董事、监事；

（四）对公司的设立费用进行审核；

（五）对发起人非货币财产出资的作价进行审核；

（六）发生不可抗力或者经营条件发生重大变化直接影响公司设立的，可以作出不设立公司的决议。

成立大会对前款所列事项作出决议，应当经出席会议的认股人所持表决权过半数通过。

条文对照

2018年《公司法》	2023年《公司法》
第九十条第二款、第三款　创立大会行使下列职权： （一）审议发起人关于公司筹办情况的报告； （二）通过公司章程； （三）选举董事会成员； （四）选举监事会成员； （五）对公司的设立费用进行审核； （六）对发起人用于抵作股款的财产的作价进行审核； （七）发生不可抗力或者经营条件发生重大变化直接影响公司设立的，可以作出不设立公司的决议。 创立大会对前款所列事项作出决议，必须经出席会议的认股人所持表决权过半数通过。	**第一百零四条**　公司**成立**大会行使下列职权： （一）审议发起人关于公司筹办情况的报告； （二）通过公司章程； （三）选举董事、监事； （四）对公司的设立费用进行审核； （五）对发起人**非货币**财产**出资**的作价进行审核； （六）发生不可抗力或者经营条件发生重大变化直接影响公司设立的，可以作出不设立公司的决议。 **成立**大会对前款所列事项作出决议，应当经出席会议的认股人所持表决权过半数通过。

适用要点

本条是关于成立大会的职权及其决议程序的规定。

根据本条规定，成立大会的职权为：(1)审议发起人关于公司筹办情况的报告；(2)通过公司章程；(3)选举董事、监事；(4)对公司的设立费用进行审核；(5)对发起人非货币财产出资的作价进行审核；(6)发生不可抗力或者经营条件发生重大变化直接影响公司设立的，可以作出不设立公司的决议。成立大会的决议程序：成立大会依法召开后，对前述事项进行表决，应当经出席会议的认股人所持表决权过半数通过，方为有效。

第一百零五条　【到期未募足时的处理以及发起人、认股人擅自抽回其股本的限制】公司设立时应发行的股份未募足，或者发行股份的股款缴足后，发起人在三十日内未召开成立大会的，认股人可以按照所缴股款并加算银行同期存款利息，要求发起人返还。

发起人、认股人缴纳股款或者交付非货币财产出资后，除未按期募足股份、发起人未按期召开成立大会或者成立大会决议不设立公司的情形外，不得抽回其股本。

条文对照

2018 年《公司法》	2023 年《公司法》
第八十九条第二款　发行的股份~~超过招股说明书规定的截止期限~~尚未募足的，或者发行股份的股款缴足后，发起人在三十日内未召开~~创立~~大会的，	**第一百零五条**　**公司设立时应**发行的股份未募足，或者发行股份的股款缴足后，发起人在三十日内未召开**成立**大会的，认股人可以按照所缴股款并加

续表

2018 年《公司法》	2023 年《公司法》
认股人可以按照所缴股款并加算银行同期存款利息，要求发起人返还。 **第九十一条** 发起人、认股人缴纳股款或者交付~~抵作股款的~~出资后，除未按期募足股份、发起人未按期召开~~创立~~大会或者~~创立~~大会决议不设立公司的情形外，不得抽回其股本。	算银行同期存款利息，要求发起人返还。 发起人、认股人缴纳股款或者交付**非货币财产**出资后，除未按期募足股份、发起人未按期召开**成立**大会或者**成立**大会决议不设立公司的情形外，不得抽回其股本。

适用要点

本条是关于到期未募足时应当如何处理以及发起人、认股人不得擅自抽回其股本的规定。

发起人应当在法定期限内召开成立大会，发行的股份逾期未募足或者募足后发起人未在 30 日内召开成立大会时，应当依法返还认股人所缴股款以及以该股款为基数在银行同期存款利息相等数额的款项，以防止发起人迟迟不召开成立大会，保护认股人的利益。

资本充实原则要求发起人、认股人在缴纳股款或者交付非货币财产的出资后，不得抽回其股本，否则会对债权人的利益造成损害，并危及交易安全。本条在规定发起人、认股人不得抽回其股本的同时，又作了例外规定，如果因未按期募足股份、发起人未按期召开成立大会或者成立大会决议不设立公司，致使公司最终未能成立，则发起人、认股人所缴纳的股款和交付非货币财产的出资，应当依法予以返还。

典型案例

朱某与武汉某股份有限公司股东名册记载纠纷案[1]

裁判要旨：发起人应当自股款缴足之日起30日内主持召开公司创立大会。创立大会由发起人、认股人组成。以募集方式设立股份有限公司公开发行股票的，还应当向公司登记机关报送国务院证券监督管理机构的核准文件。股份有限公司的发起人应当在公司不能成立时，对认股人已缴纳的股款，承担返还股款并加算银行同期存款利息的连带责任。股份有限公司应当将公司章程、股东名册等置备于本公司，股东有权查阅。本案中，被告作为股份有限公司，在增资扩股时应严格依照2013年《公司法》的上述规定进行。某股份有限公司收取朱某的购股款后，没有实际增资扩股，其注册资本至今仍为5000万元。朱某要求将自己记载于股东名册的诉讼请求，无法律根据，一审不予支持正确。

第一百零六条　【申请设立登记】董事会应当授权代表，于公司成立大会结束后三十日内向公司登记机关申请设立登记。

条文对照

2018年《公司法》	2023年《公司法》
第九十二条　董事会应于~~创~~立大会结束后三十日内~~，~~向公司登记机关~~报送下列文件，~~申请设立登记~~：~~	**第一百零六条**　董事会应**当授权代表，**于**公司成立**大会结束后三十日内向公司登记机关申请设立登记。

〔1〕参见湖北省武汉市中级人民法院民事判决书，(2016)鄂01民终4号。

续表

2018 年《公司法》	2023 年《公司法》
~~（一）公司登记申请书；~~ ~~（二）创立大会的会议记录；~~ ~~（三）公司章程；~~ ~~（四）验资证明；~~ ~~（五）法定代表人、董事、监事的任职文件及其身份证明；~~ ~~（六）发起人的法人资格证明或者自然人身份证明；~~ ~~（七）公司住所证明。~~ ~~以募集方式设立股份有限公司公开发行股票的，还应当向公司登记机关报送国务院证券监督管理机构的核准文件。~~	

适用要点

本条是关于申请设立登记的规定。

董事会是公司的业务执行机构，在成立大会选举董事会成员组成董事会后，董事会应授权具体的代表负责向公司登记机关申请设立登记，以使公司最终成立。

第一百零七条　【股份有限公司资本制度的参照适用】本法第四十四条、第四十九条第三款、第五十一条、第五十二条、第五十三条的规定，适用于股份有限公司。

条文对照

2018 年《公司法》	2023 年《公司法》
	第一百零七条　本法第四十四条、第四十九条第三款、第五十一条、第五十二条、第五十三条的规定，适用于股份有限公司。

适用要点

本条是关于股份有限公司资本制度的参照适用的规定。

根据本条和本法第 44 条、第 49 条第 3 款、第 51 条、第 52 条、第 53 条的规定，有限责任公司的股东按期足额缴纳出资和不得抽逃出资确保公司资本充足的原则，以及董事负有催缴责任，都适用于股份有限公司。本法第 44 条规定，有限责任公司设立时的股东为设立公司从事的民事活动，其法律后果由公司承受。公司未成立的，其法律后果由公司设立时的股东承受；设立时的股东为 2 人以上的，享有连带债权，承担连带债务。设立时的股东为设立公司以自己的名义从事民事活动产生的民事责任，第三人有权选择请求公司或者公司设立时的股东承担。设立时的股东因履行公司设立职责造成他人损害的，公司或者无过错的股东承担赔偿责任后，可以向有过错的股东追偿。第 49 条第 3 款规定，股东未按期足额缴纳出资给公司造成损失的，应当承担赔偿责任。第 51 条规定，有限责任公司成立后，董事会应当对股东的出资情况进行核查，发现股东未按期足额缴纳公司章程规定的出资的，应当向该股东发出书面催缴书，催缴出资。董事会未及时履行前述规定的义务，给公司造成损失的，负有责任的董事应当承担赔偿责任。第 52 条规定，股东未按照公司章程规定的出资日期缴纳出资，公司依照前条第一款规定发出书面催缴书催缴出资的，可以载明缴纳出资的宽限期；宽限期自公司发出催缴书之日起，不得少于 60

日。宽限期届满,股东仍未履行出资义务的,公司经董事会决议可以向该股东发出失权通知,通知应当以书面形式发出。自通知发出之日起,该股东丧失其未缴纳出资的股权。依照前述规定丧失的股权应当依法转让,或者相应减少注册资本并注销该股权;6个月内未转让或者注销的,由公司其他股东按照其出资比例足额缴纳相应出资。股东对失权有异议的,应当自接到失权通知之日起30日内,向人民法院提起诉讼。第53条规定,公司成立后,股东不得抽逃出资。违反前述规定的,股东应当返还抽逃的出资;给公司造成损失的,负有责任的董事、监事、高级管理人员应当与该股东承担连带赔偿责任。

第一百零八条 【有限责任公司变更为股份有限公司时的要求】有限责任公司变更为股份有限公司时,折合的实收股本总额不得高于公司净资产额。有限责任公司变更为股份有限公司,为增加注册资本公开发行股份时,应当依法办理。

条文对照

2018年《公司法》	2023年《公司法》
第九十五条 有限责任公司变更为股份有限公司时,折合的实收股本总额不得高于公司净资产额。有限责任公司变更为股份有限公司,为增加资本公开发行股份时,应当依法办理。	**第一百零八条** 有限责任公司变更为股份有限公司时,折合的实收股本总额不得高于公司净资产额。有限责任公司变更为股份有限公司,为增加**注册**资本公开发行股份时,应当依法办理。

适用要点

本条是关于有限责任公司变更为股份有限公司时有关问题的规定。

当有限责任公司变更为股份有限公司时，其资产为股份有限公司的资产，有限责任公司的原股东也因此而持有由有限责任公司的资产折合成的股份。由于公司在经营过程中除资产之外，还可能存在负债，在计算股份有限公司实收股本总额时，结果应当是有限责任公司减去负债后的净资产额，股本总额不应当高于净资产额。

有限责任公司变更为股份有限公司，为增加注册资本公开发行股份时，不得擅自公开发行，而应当依照本法和《证券法》等规定进行办理。

第一百零九条　【股份有限公司有关文件的置备】股份有限公司应当将公司章程、股东名册、股东会会议记录、董事会会议记录、监事会会议记录、财务会计报告、债券持有人名册置备于本公司。

条文对照

2018 年《公司法》	2023 年《公司法》
第九十六条　股份有限公司应当将公司章程、股东名册、~~公司债券存根、~~股东大会会议记录、董事会会议记录、监事会会议记录、财务会计报告置备于本公司。	**第一百零九条**　股份有限公司应当将公司章程、股东名册、股东会会议记录、董事会会议记录、监事会会议记录、财务会计报告、**债券持有人名册**置备于本公司。

适用要点

本条是关于股份有限公司有关文件的置备的规定。

股份有限公司的股份发行涉及不特定投资者的利益，信息披露关系资本市场秩序和发展，因此，公司主要经营信息应当公开、透明，以便投资者作出选择和监管部门实施有效监督。置备的会议记录、财务会计报告、债券持有人名册等文件能够方便股东进行查阅,准确了解有关情况,保障股东的知情权、建议权和质询权的行使。

第一百一十条　【股份有限公司股东知情权】股东有权查阅、复制公司章程、股东名册、股东会会议记录、董事会会议决议、监事会会议决议、财务会计报告,对公司的经营提出建议或者质询。

连续一百八十日以上单独或者合计持有公司百分之三以上股份的股东要求查阅公司的会计账簿、会计凭证的,适用本法第五十七条第二款、第三款、第四款的规定。公司章程对持股比例有较低规定的,从其规定。

股东要求查阅、复制公司全资子公司相关材料的,适用前两款的规定。

上市公司股东查阅、复制相关材料的,应当遵守《中华人民共和国证券法》等法律、行政法规的规定。

条文对照

2018 年《公司法》	2023 年《公司法》
第九十七条　股东有权查阅公司章程、股东名册、~~公司债券存根~~、股东~~大~~会会议记录、董事会会议决议、监事会会议决议、财务会计报告,对公司的经营提出建议或者质询。	**第一百一十条**　股东有权查阅、**复制**公司章程、股东名册、股东会会议记录、董事会会议决议、监事会会议决议、财务会计报告,对公司的经营提出建议或者质询。 **连续一百八十日以上单独或者合计持有公司百分之三以上股份的股东要求查阅公司的会计账簿、会计凭证的,适用本法第五十七条第二款、第三款、第四款的规定。公司章程对持股比**

续表

2018 年《公司法》	2023 年《公司法》
	例有较低规定的，从其规定。 股东要求查阅、复制公司全资子公司相关材料的，适用前两款的规定。 上市公司股东查阅、复制相关材料的，应当遵守《中华人民共和国证券法》等法律、行政法规的规定。

适用要点

本条是关于股份有限公司股东知情权的规定。

股东知情权是股东享有对公司经营管理等重要情况或信息真实了解和掌握的权利，是股东依法行使资产收益、参与重大决策和选择管理者等权利的基础性权利，股东有权通过对公司的经营提出建议或者质询的方式来监督公司的经营活动。本条对股份有限公司股东查阅、复制公司有关材料作出了明确规定，除查阅外，股东也有权复制公司章程、股东名册、股东会会议记录、董事会会议决议、监事会会议决议、财务会计报告。本条还明确了公司章程可以对查阅公司会计账簿和会计凭证的股东持股比例作出另行规定。就股份有限公司股东的查阅权和复制权，采用了准用性的立法技术，即适用本法第 57 条第 2 款、第 3 款、第 4 款关于有限责任公司的相关规定，有利于落实产权平等保护要求，实现股份有限公司股东查阅会计账簿、会计凭证的权利与有限责任公司股东相关权利的统一。最后两款规定了允许股东查阅、复制公司全资子公司相关材料，也适用本条前两款的规定；上市公司股东查阅、复制相关材料的，还应当遵守《证券法》等法律、行政法规的规定。

典型案例

曹某麟、王某云等与重庆某水产品销售有限公司股东知情权纠纷案[1]

裁判要旨:股东知情权,是指股东享有的知道和了解公司经营状况和公司高级管理人员业务活动的权利。股东参与公司经营管理的前提是要全面了解公司的经营状况和相关信息,公司应当向股东履行相关信息报告和披露的义务。有限责任公司的股东所享有的知情权包括绝对知情权和相对知情权,这两种知情权的行使具有不同的法定条件。股东要求查阅会计账簿的权利属于相对知情权,该项权利的行使需满足如下条件:第一,应当向公司提出书面请求并说明目的;第二,查阅目的需具有正当性。

第二节　股　东　会

第一百一十一条　【股份有限公司股东会组成及地位】股份有限公司股东会由全体股东组成。股东会是公司的权力机构,依照本法行使职权。

条文对照

2018 年《公司法》	2023 年《公司法》
第九十八条　股份有限公司股东大会由全体股东组成。股东大会是公司的权力机构,依照本法行使职权。	**第一百一十一条**　股份有限公司股东会由全体股东组成。股东会是公司的权力机构,依照本法行使职权。

[1] 参见重庆市江北区人民法院民事判决书,(2016)渝 0105 民初 15477 号。

适用要点

本条是关于股份有限公司股东会及其组成、地位以及职权行使的规定。

股东会是公司权力机构,是由股东组成的会议体,就公司决策事项进行议事,作为构成人员的股东并不直接从事公司的经营管理。从股东会的权限可以看出,股东会是公司的最高权力机构,其行使特定的职权,包括本法及公司章程规定的职权。

第一百一十二条 【股东会职权】本法第五十九条第一款、第二款关于有限责任公司股东会职权的规定,适用于股份有限公司股东会。

本法第六十条关于只有一个股东的有限责任公司不设股东会的规定,适用于只有一个股东的股份有限公司。

条文对照

2018 年《公司法》	2023 年《公司法》
第九十九条 本法第三十七条第一款关于有限责任公司股东会职权的规定,适用于股份有限公司股东大会。	**第一百一十二条** 本法第五十九条第一款、**第二款**关于有限责任公司股东会职权的规定,适用于股份有限公司股东会。 **本法第六十条关于只有一个股东的有限责任公司不设股东会的规定,适用于只有一个股东的股份有限公司。**

适用要点

本条是关于股东会职权的规定。

根据本条和本法第 59 条的规定，有限责任公司股东会职权的规定，适用于股份有限公司股东会，即股份有限公司股东会享有有限责任公司股东会行使的职权。本法第 60 条规定只有 1 个股东的有限责任公司不设股东会，该规定同样适用于只有 1 个股东的股份有限公司，即只有 1 个股东的股份有限公司不设股东会。

第一百一十三条　【股东会的种类以及临时会议】股东会应当每年召开一次年会。有下列情形之一的，应当在两个月内召开临时股东会会议：

（一）董事人数不足本法规定人数或者公司章程所定人数的三分之二时；

（二）公司未弥补的亏损达股本总额三分之一时；

（三）单独或者合计持有公司百分之十以上股份的股东请求时；

（四）董事会认为必要时；

（五）监事会提议召开时；

（六）公司章程规定的其他情形。

条文对照

2018 年《公司法》	2023 年《公司法》
第一百条　股东大会应当每年召开一次年会。有下列情形之一的，应当在两个月内召开临时股东大会：	**第一百一十三条**　股东会应当每年召开一次年会。有下列情形之一的，应当在两个月内召开临时股东会**会议**：

续表

2018 年《公司法》	2023 年《公司法》
（一）董事人数不足本法规定人数或者公司章程所定人数的三分之二时； （二）公司未弥补的亏损达实收股本总额三分之一时； （三）单独或者合计持有公司百分之十以上股份的股东请求时； （四）董事会认为必要时； （五）监事会提议召开时； （六）公司章程规定的其他情形。	（一）董事人数不足本法规定人数或者公司章程所定人数的三分之二时； （二）公司未弥补的亏损达股本总额三分之一时； （三）单独或者合计持有公司百分之十以上股份的股东请求时； （四）董事会认为必要时； （五）监事会提议召开时； （六）公司章程规定的其他情形。

适用要点

本条是关于股东会的种类以及临时股东会的规定。

股份有限公司的股东会分为股东年会和临时股东会。前者应当每年召开 1 次，后者则是遇有特殊情况的，应当在法定期限 2 个月内召开，以保障股东的权利和利益，使公司的经营活动得以顺利进行。

第一百一十四条　【股东会会议的召集和主持】股东会会议由董事会召集，董事长主持；董事长不能履行职务或者不履行职务的，由副董事长主持；副董事长不能履行职务或者不履行职务的，由过半数的董事共同推举一名董事主持。

董事会不能履行或者不履行召集股东会会议职责的，监事会应当及时召集和主持；监事会不召集和主持的，连续九十日以上单独或者合计持有公司百分之十以上股份的股东可以自行召集和主持。

单独或者合计持有公司百分之十以上股份的股东请求召开临时股东会会议的，董事会、监事会应当在收到请求之日起十日内作出是否召开临时股东会会议的决定，并书面答复股东。

条文对照

2018 年《公司法》	2023 年《公司法》
第一百零一条 股东大会会议由董事会召集，董事长主持；董事长不能履行职务或者不履行职务的，由副董事长主持；副董事长不能履行职务或者不履行职务的，由半数~~以上~~董事共同推举一名董事主持。 董事会不能履行或者不履行召集股东大会会议职责的，监事会应当及时召集和主持；监事会不召集和主持的，连续九十日以上单独或者合计持有公司百分之十以上股份的股东可以自行召集和主持。	**第一百一十四条** 股东会会议由董事会召集，董事长主持；董事长不能履行职务或者不履行职务的，由副董事长主持；副董事长不能履行职务或者不履行职务的，由**过**半数**的**董事共同推举一名董事主持。 董事会不能履行或者不履行召集股东会会议职责的，监事会应当及时召集和主持；监事会不召集和主持的，连续九十日以上单独或者合计持有公司百分之十以上股份的股东可以自行召集和主持。 **单独或者合计持有公司百分之十以上股份的股东请求召开临时股东会会议的，董事会、监事会应当在收到请求之日起十日内作出是否召开临时股东会会议的决定，并书面答复股东。**

适用要点

本条是关于股东会会议的召集和主持的规定。

股东会无法自己召集，须由一定的机构或人员来召集，才能召开。董事会作为公司的经营决策和业务执行机构,股东会会议应当由董事会召集,即由董事会依法决定股东会的举行及有关会议召开的具体事项,董事长作为董事会主持人,由其主持股东会会议。如果董事长不能履行或者不履行职务,则由副董事长主持股东会会议。在副董事长不能履行职务或者不履行职务时,由过半数的董事共同推举 1 名董事主持股东会会议。在董事会不能履行或者不履行召集股东会职责时,监事会应当及时召集和主持股东会会议。在监事会不召集和主持时,连续 90 日以上单独或者合计持有公司 10% 以上股份的股东可以自行召集和主持股东会会议。当公司收到股东提议召开临时股东会会议的请求时,董事会或监事会应当在规定期限内,即收到请求之日起 10 日内答复股东是否召开会议,以确保股东能够及时自行召集。

典型案例

某投资股份有限公司、某化工股份有限公司等公司决议撤销纠纷案〔1〕

裁判要旨:董事会在收到单独或者合计持有公司 10% 以上股份的股东提请召开临时股东大会的书面请求后,无论是同意或不同意召开,均应以董事会的名义作出通知或反馈,董事会不同意召开或逾期未反馈的,视为董事会不能履行或不履行召集股东大会会议职责;同样,监事会在收到单独或者合计持有公司 10% 以上股份的股东提请召开临时股东大会的书面请求后,同意召开的,亦应当以监事会名义发出通知,逾期未发出通知的,视为监事会不召集和主持股东大会,则连续 90 日以上单独或合计持有公司 10% 以上股份的股东可以自行召集和主持。本案中,董事王某、蔡某、监事冯某

〔1〕 参见福建省三明市中级人民法院民事判决书,(2021)闽 04 民终 882 号。

是以个人名义作出回函且内容均为对上海某企业提议召开临时股东会的异议或质疑,并未对股东上海某企业提议召开临时股东大会的请求通过召开董事会或监事会的方式就同意或不同意进行决议,董事王某、蔡某、监事冯某的回复,应视为某化工公司董事会不履行召集股东大会会议职责、监事会不召集和主持股东大会会议。因此,上海某企业对原备案董事王某、蔡某、监事冯某等人以个人名义作出的回函中提出的存疑未予回复或解决,并未违反2018年《公司法》及公司章程之规定,不构成召集程序违法。

第一百一十五条 【召开股东会会议的通知、公告以及临时提案】召开股东会会议,应当将会议召开的时间、地点和审议的事项于会议召开二十日前通知各股东;临时股东会会议应当于会议召开十五日前通知各股东。

单独或者合计持有公司百分之一以上股份的股东,可以在股东会会议召开十日前提出临时提案并书面提交董事会。临时提案应当有明确议题和具体决议事项。董事会应当在收到提案后二日内通知其他股东,并将该临时提案提交股东会审议;但临时提案违反法律、行政法规或者公司章程的规定,或者不属于股东会职权范围的除外。公司不得提高提出临时提案股东的持股比例。

公开发行股份的公司,应当以公告方式作出前两款规定的通知。

股东会不得对通知中未列明的事项作出决议。

条文对照

2018 年《公司法》	2023 年《公司法》
第一百零二条 召开股东大会会议,应当将会议召开的时间、地点和审议的事项于会议召开二十日前通知各股东;临时股东大会应当于会议召开十五日前通知各股东;~~发行无记名股票的,应当于会议召开三十日前公告会议召开的时间、地点和审议事项~~。 单独或者合计持有公司~~百分之三~~以上股份的股东,可以在股东大会召开十日前提出临时提案并书面提交董事会;董事会应当在收到提案后二日内通知其他股东,并将该临时提案提交股东大会审议。~~临时提案的内容应当属于股东大会职权范围,~~并有明确议题和具体决议事项。 股东大会不得对~~前两款~~通知中未列明的事项作出决议。 ~~无记名股票持有人出席股东大会会议的,应当于会议召开五日前至股东大会闭会时将股票交存于公司。~~	**第一百一十五条** 召开股东会会议,应当将会议召开的时间、地点和审议的事项于会议召开二十日前通知各股东;临时股东会**会议**应当于会议召开十五日前通知各股东。 单独或者合计持有公司**百分之一**以上股份的股东,可以在股东会**会议**召开十日前提出临时提案并书面提交董事会。**临时提案应当**有明确议题和具体决议事项。董事会应当在收到提案后二日内通知其他股东,并将该临时提案提交股东会审议;**但临时提案违反法律、行政法规或者公司章程的规定,或者不属于股东会职权范围的除外。公司不得提高提出临时提案股东的持股比例。** **公开发行股份的公司,应当以公告方式作出前两款规定的通知。** 股东会不得对通知中未列明的事项作出决议。

适用要点

本条是关于召开股东会会议的通知、公告以及临时提案的规定。

股东会会议的通知和公告必须符合法定要求,无论是通知还是公告,都应当明确股东会会议审议的具体事项,召开股东会会议的通知无须公告,通知的时间为会议召开 20 日前,通知的内容包括会议召开的时间、地点和审议的事项。召开临时股东会会议时，通知的期限要短于召开股东会年会和定期会议的时间，为会议召开15日前。公开发行股份的公司，应以公告方式进行通知，公告的时间也要符合本条前两款规定的要求。

股东提出临时议案必须符合法定要求，提案是股东会会议审议事项。一是提出临时议案的股东必须符合一定的条件，即单独或者合计持有公司1%以上的股份；二是临时议案必须在股东会会议召开10日前提出并书面提交董事会；三是董事会应当在收到提案后2日内通知其他股东，并将该临时提案提交股东会审议；四是公司不得提高提出临时提案股东的持股比例，以便保护中小股东权利。《上市公司股东大会规则(2022年修订)》第13条规定，提案的内容应当属于股东大会职权范围，有明确议题和具体决议事项，并且符合法律、行政法规和公司章程的有关规定。本条借鉴了前述规则，也对临时提案作了除外规定，提案的内容应当属于股东会职权范围，并有明确议题和具体决议事项。董事会应当对临时提案进行审查，如果发现临时提案违反法律、行政法规或者公司章程的规定，或者不属于股东会职权范围，则不需要提交股东会审议，以避免随意的临时提案进入股东会审议，规范股东临时提案权的行使，优化公司治理。需要注意的是，股东会不得对通知中未列明的事项作出决议。

第一百一十六条　【股份有限公司股东表决权的计算方法以及股东会决议】股东出席股东会会议，所持每一股份有一表决权，类别股股东除外。公司持有的本公司股份没有表决权。

股东会作出决议，应当经出席会议的股东所持表决权过半数通过。

股东会作出修改公司章程、增加或者减少注册资本的决议，以及公司合并、分立、解散或者变更公司形式的决议，应当经出席会议的股东所持表决权的三分之二以上通过。

条文对照

2018 年《公司法》	2023 年《公司法》
第一百零三条 股东出席股东大会会议，所持每一股份有一表决权。但是，公司持有的本公司股份没有表决权。 股东大会作出决议，*必须*经出席会议的股东所持表决权过半数通过。但是，股东大会作出修改公司章程、增加或者减少注册资本的决议，以及公司合并、分立、解散或者变更公司形式的决议，*必须*经出席会议的股东所持表决权的三分之二以上通过。	**第一百一十六条** 股东出席股东会会议，所持每一股份有一表决权，**类别股股东除外**。公司持有的本公司股份没有表决权。 股东会作出决议，*应当*经出席会议的股东所持表决权过半数通过。 股东会作出修改公司章程、增加或者减少注册资本的决议，以及公司合并、分立、解散或者变更公司形式的决议，*应当*经出席会议的股东所持表决权的三分之二以上通过。

适用要点

本条是关于股份有限公司股东表决权的计算方法以及股东会决议的规定。

股份有限公司的特点主要表现为资合性，公司财产由股东投入的划分为等额股份的资本构成。股份有限公司的股东在股东会的表决权不是按参加会议的股东人数来计算，而是以股东所持股份数来计算，即同股同权，股东所持每一股份有一表决权，但是类别股股东除外。公司虽可以依法取得自己的股份，但不能依其所持股份享有表决权。股东会决议分为普通决议和特殊决议，对于不同的决议事项，本法规定了不同的表决权比例要求。

典型案例

马某洪与濮阳市某新材料有限公司等股东资格确认纠纷案[1]

裁判要旨：公司增加或者减少注册资本，应当由股东会决议，且必须经代表2/3以上表决权的股东通过，股东会应当对所议事项的决定作成会议记录，出席会议的股东应当在会议记录上签名。公司应当向股东签发出资证明书，置备股东名册，记载于股东名册的股东可以依股东名册主张行使股东权利。公司应当将股东的姓名或者名称在公司登记机关办理登记；登记事项发生变更的，应当办理变更登记；未经登记或者变更登记的，不得对抗第三人。对股权归属发生争议，一方请求人民法院确认其享有股权的，应当证明其在不违反法律法规强制性规定情形下，已经依法向公司出资或者认缴出资，或者已经受让或者以其他形式继受公司股权。本案中，马某洪以出资某公司为由，诉求确认其为某公司股东，法院认为某公司在2014年6月20日增加变更注册资本为1000万元时，马某洪并未提供证据证实其存在认缴新增资本出资行为；在公司经营过程中，马某洪亦没有提供受让公司股东持有的部分股权的相关证据，故法院对于马某洪诉求确认其为某公司股东的主张，不予支持。

第一百一十七条　【股份有限公司累积投票制】股东会选举董事、监事，可以按照公司章程的规定或者股东会的决议，实行累积投票制。

本法所称累积投票制，是指股东会选举董事或者监事时，每一股份拥有与应选董事或者监事人数相同的表决权，股东拥有的表决权可以集中使用。

---

〔1〕参见河南省濮阳市中级人民法院民事判决书，(2021)豫09民终2255号。

条文对照

2018 年《公司法》	2023 年《公司法》
第一百零五条　股东大会选举董事、监事,可以*依照*公司章程的规定或者股东大会的决议,实行累积投票制。 本法所称累积投票制,是指股东大会选举董事或者监事时,每一股份拥有与应选董事或者监事人数相同的表决权,股东拥有的表决权可以集中使用。	**第一百一十七条**　股东会选举董事、监事,可以*按照*公司章程的规定或者股东会的决议,实行累积投票制。 本法所称累积投票制,是指股东会选举董事或者监事时,每一股份拥有与应选董事或者监事人数相同的表决权,股东拥有的表决权可以集中使用。

适用要点

本条是关于股份有限公司累积投票制的规定。

累积投票制,是指股份有限公司股东会选举董事或者监事时,每一股份拥有与应选董事或者监事人数相同的表决权,股东拥有的表决权可以集中使用。它是一种与直接投票制相对应,适用范围为股份有限公司董事、监事的选举的投票制度。股东会在选举董事、监事时,可以按照公司章程的规定或者股东会的决议,实行累积投票制。

典型案例

蔡某圻与浙江某医药股份有限公司公司决议撤销纠纷案[1]

裁判要旨:2013 年《公司法》第 103 条规定,股东出席股东大会会议,所持每一股份有一表决权;股东大会作出决议,必须经出席会议的股东所

〔1〕 参见浙江省嘉兴市秀洲区人民法院民事判决书,(2016)浙 0411 民初 3366 号。

持表决权过半数通过。第105条规定，股东大会选举董事、监事，可以依照公司章程的规定或者股东大会的决议，实行累积投票制；本法所称累积投票制，是指股东大会选举董事或者监事时，每一股份拥有与应选董事或者监事人数相同的表决权，股东拥有的表决权可以集中使用。案涉公司章程第52条规定股东大会选举董事、监事采用累积投票制。本案中，股东大会选举董事、监事时，虽经原告代理人童某提示和要求，会议主持人仍坚持采用直接选举的方式进行表决，此种表决方式违反了法律和公司章程的规定。

第一百一十八条　【股东委托代理人出席股东会会议】股东委托代理人出席股东会会议的，应当明确代理人代理的事项、权限和期限；代理人应当向公司提交股东授权委托书，并在授权范围内行使表决权。

条文对照

2018年《公司法》	2023年《公司法》
第一百零六条　股东~~可以~~委托代理人出席股东~~大~~会会议，代理人应当向公司提交股东授权委托书，并在授权范围内行使表决权。	**第一百一十八条**　股东委托代理人出席股东会会议**的，应当明确代理人代理的事项、权限和期限；**代理人应当向公司提交股东授权委托书，并在授权范围内行使表决权。

适用要点

本条是关于股东委托代理人出席股东会会议并行使表决权的规定。

股东出席股东会并行使表决权，是其作为股东固有的权利。为了保障股东能够充分地行使自己的权利，股东可以委托他人代理自己出席股东会会议，并依法行使其表决权。代理人出席股东会会议应当提交股东授权委托书，授权委托书应当明确代理人代理的事项、权限和期限，防止代理人违背股东的真实意思，损害股东的利益，代理人应当在授权范围内行使表决权。

第一百一十九条 【股东会会议记录要求】股东会应当对所议事项的决定作成会议记录，主持人、出席会议的董事应当在会议记录上签名。会议记录应当与出席股东的签名册及代理出席的委托书一并保存。

条文对照

2018 年《公司法》	2023 年《公司法》
第一百零七条 股东大会应当对所议事项的决定作成会议记录，主持人、出席会议的董事应当在会议记录上签名。会议记录应当与出席股东的签名册及代理出席的委托书一并保存。	**第一百一十九条** 股东会应当对所议事项的决定作成会议记录，主持人、出席会议的董事应当在会议记录上签名。会议记录应当与出席股东的签名册及代理出席的委托书一并保存。

适用要点

本条是关于股东会会议记录要求的规定。

股份有限公司的股东会会议记录，是载明股东会对所议事项作出的决定的书面文件。股东会应当对所议事项的决定作成会议记录，由主持人、出席会议的董事签名。会议记录作成之后，应当与出席股东的签名册及代理其他股东出席的委托书一并保存，置备于公司。

第三节　董事会、经理

第一百二十条　【股份有限公司董事会组成、职权以及董事任期】股份有限公司设董事会，本法第一百二十八条另有规定的除外。

本法第六十七条、第六十八条第一款、第七十条、第七十一条的规定，适用于股份有限公司。

条文对照

2018年《公司法》	2023年《公司法》
第一百零八条　股份有限公司设董事会，其成员为五人至十九人。 董事会成员中可以有公司职工代表。董事会中的职工代表由公司职工通过职工代表大会、职工大会或者其他形式民主选举产生。 本法第四十五条关于有限责任公司董事任期的规定，适用于股份有限公司董事。 本法第四十六条关于有限责任公司董事会职权的规定，适用于股份有限公司董事会。	第一百二十条　股份有限公司设董事会，**本法第一百二十八条另有规定的除外。** 本法**第六十七条、第六十八条第一款、第七十条、第七十一条**的规定，适用于股份有限公司。

适用要点

本条是关于股份有限公司董事会组成、职权以及董事任期的规定。

股份有限公司设立董事会，董事会成员为3人以上。规模较小或者股东人数较少的股份有限公司，可以不设董事会，设1名董事，行使本法规定的董事会的职权。本法第67条、第68条第1款、第70条、第71条关于董事会职权、董事会组成、董事任期以及董事解任等规定，都适用于股份有限公司。

第一百二十一条　【股份有限公司设置审计委员会】股份有限公司可以按照公司章程的规定在董事会中设置由董事组成的审计委员会，行使本法规定的监事会的职权，不设监事会或者监事。

审计委员会成员为三名以上，过半数成员不得在公司担任除董事以外的其他职务，且不得与公司存在任何可能影响其独立客观判断的关系。公司董事会成员中的职工代表可以成为审计委员会成员。

审计委员会作出决议，应当经审计委员会成员的过半数通过。

审计委员会决议的表决，应当一人一票。

审计委员会的议事方式和表决程序，除本法有规定的外，由公司章程规定。

公司可以按照公司章程的规定在董事会中设置其他委员会。

条文对照

2018 年《公司法》	2023 年《公司法》
	第一百二十一条　股份有限公司可以按照公司章程的规定在董事会中设置由董事组成的审计委员会，行使本法规定的监事会的职权，不设监事会或者监事。 审计委员会成员为三名以上，过半数成员不得在公司担任除董事以外的其他职务，且不得与公司存在任何可能影响其独立客观判断的关系。公司董事会成员中的职工代表可以成为审计委员会成员。 审计委员会作出决议，应当经审计委员会成员的过半数通过。 审计委员会决议的表决，应当一人一票。 审计委员会的议事方式和表决程序，除本法有规定的外，由公司章程规定。 公司可以按照公司章程的规定在董事会中设置其他委员会。

适用要点

本条是关于股份有限公司董事会审计委员会的设置和议事的规定。

中国证券监督管理委员会在 2018 年公布的《上市公司治理准则》第 38 条第 1 款规定："上市公司董事会应当设立审计委员会，并可以根据需要设立战略、提名、薪酬与考核等相关专门委员会。专门委员会对董事会负责,依照公司章程和董事会授权履行职责,专门委员会的提案应当提交董事会审议决定。”美国纽约证券交易所在 1977 年就要求每家上市公司设立并维持一个专门由独立董事组成的审计委员会。[1] 其实,早在 2002 年,中国证券监督管理委员会和国家经贸委联合发布过《上市公司治理准则》(已失效),其中第 52 条规定,“上市公司董事会可以按照股东大会的有关决议,设立战略、审计、提名、薪酬与考核等专门委员会。专门委员会成员全部由董事组成,其中审计委员会、提名委员会、薪酬与考核委员会中独立董事应占多数并担任召集人,审计委员会中至少应有一名独立董事是会计专业人士”。2023 年 8 月,中国证券监督管理委员会公布《上市公司独立董事管理办法》,第 5 条规定:“上市公司独立董事占董事会成员的比例不得低于三分之一,且至少包括一名会计专业人士。上市公司应当在董事会中设置审计委员会。审计委员会成员应当为不在上市公司担任高级管理人员的董事,其中独立董事应当过半数,并由独立董事中会计专业人士担任召集人。上市公司可以根据需要在董事会中设置提名、薪酬与考核、战略等专门委员会。提名委员会、薪酬与考核委员会中独立董事应当过半数并担任召集人。”

本条吸收借鉴了上述规定,通过立法的方式规定股份有限公司有权在公司章程中规定在董事会中设置审计委员会,行使本法规定的监事会的职权,不设监事会或者监事。公司董事会成员中的职工代表可以成为审计委员会成员,优化公司治理。从审计委员会的人员组成来看,要由 3 名以上董事组成,独立董事应当过半数。审计委员会的决议表决应当一人一票,经成员的过半数通过,具体议事方式和表决程序,除本法规定外,可由公司章程规定。实质上是通过独立董事,加强董事会的内部监督,利用独立董事专业上的优势提高经营决策的科学性,完善公司治理结构,保护中小股东和公司的利益。本条第 3 款还规定,公司可以按照公司章程

---

〔1〕 参见朱慈蕴:《公司法原论》,清华大学出版社 2011 年版,第 312 页。

的规定在董事会中设置其他委员会。即公司股东会可以在章程中规定董事会下设审计委员会之外的其他委员会，如战略委员会、提名委员会、薪酬与考核委员会等。

典型案例

庄某与某科技股份有限公司等公司决议效力确认纠纷案[1]

裁判要旨：当事人主张涉案股东会决议无效，应当举证证明该决议内容存在2018年《公司法》第22条第1款："公司股东会或者股东大会、董事会的决议内容违反法律、行政法规的无效"的情形。《2016年第三次临时股东大会决议》内容包括成立专项审计委员会及公司董事职务任免，均属于公司自治范畴，法律没有明确的禁止性规定。

第一百二十二条 【董事会的组成及董事会会议的召集和主持】董事会设董事长一人，可以设副董事长。董事长和副董事长由董事会以全体董事的过半数选举产生。

董事长召集和主持董事会会议，检查董事会决议的实施情况。副董事长协助董事长工作，董事长不能履行职务或者不履行职务的，由副董事长履行职务；副董事长不能履行职务或者不履行职务的，由过半数的董事共同推举一名董事履行职务。

[1] 参见广东省深圳市中级人民法院民事判决书，(2020)粤03民终28377号。

条文对照

2018 年《公司法》	2023 年《公司法》
第一百零九条　董事会设董事长一人,可以设副董事长。董事长和副董事长由董事会以全体董事的过半数选举产生。 董事长召集和主持董事会会议,检查董事会决议的实施情况。副董事长协助董事长工作,董事长不能履行职务或者不履行职务的,由副董事长履行职务;副董事长不能履行职务或者不履行职务的,由半数~~以上~~董事共同推举一名董事履行职务。	**第一百二十二条**　董事会设董事长一人,可以设副董事长。董事长和副董事长由董事会以全体董事的过半数选举产生。 董事长召集和主持董事会会议,检查董事会决议的实施情况。副董事长协助董事长工作,董事长不能履行职务或者不履行职务的,由副董事长履行职务;副董事长不能履行职务或者不履行职务的,由**过半数的**董事共同推举一名董事履行职务。

适用要点

本条是关于董事会的组成及董事会会议的召集和主持的规定。

董事会属于公司的经营决策机关,董事会设董事长一人,董事长一人往往难以履行全部职责。董事会可以设副董事长,协助董事长工作。董事长和副董事长由董事会以全体董事的过半数选举产生,即表示同意的人数必须超过全体董事人数的一半。

董事长的职权包括召集和主持董事会会议,检查董事会决议的实施情况,根据本法第 114 条的规定,董事长还履行主持股东会会议的职责。副董事长协助董事长工作,董事长不能履行职务或者不履行职务的,由副董事长履行职务;副董事长不能履行职务或者不履行职务的,由过半数的董事共同推举 1 名董事履行职务。

第一百二十三条 【董事会的召开】董事会每年度至少召开两次会议，每次会议应当于会议召开十日前通知全体董事和监事。

代表十分之一以上表决权的股东、三分之一以上董事或者监事会，可以提议召开临时董事会会议。董事长应当自接到提议后十日内，召集和主持董事会会议。

董事会召开临时会议，可以另定召集董事会的通知方式和通知时限。

条文对照

2018 年《公司法》	2023 年《公司法》
第一百一十条 董事会每年度至少召开两次会议，每次会议应当于会议召开十日前通知全体董事和监事。 代表十分之一以上表决权的股东、三分之一以上董事或者监事会，可以提议召开*董事会临时会议*。董事长应当自接到提议后十日内，召集和主持董事会会议。 董事会召开临时会议，可以另定召集董事会的通知方式和通知时限。	**第一百二十三条** 董事会每年度至少召开两次会议，每次会议应当于会议召开十日前通知全体董事和监事。 代表十分之一以上表决权的股东、三分之一以上董事或者监事会，可以提议召开*临时董事会会议*。董事长应当自接到提议后十日内，召集和主持董事会会议。 董事会召开临时会议，可以另定召集董事会的通知方式和通知时限。

适用要点

本条是关于董事会的召开的规定。

董事会会议可以分为定期董事会会议和临时董事会会议两种。每年度至少应当召开两次的董事会会议，即例行董事会会议。临时董事会会议，是指根据特定主体的提议而临时召开的董事会。特定主体可以提议召集临时董事会会议，如代表1/10以上表决权的股东、1/3以上董事或者监事会，可以提议召开临时董事会会议。董事长应当自接到提议后10日内，召集和主持董事会会议。

定期会议应在会议召开10日以前通知全体董事和监事；临时会议可以不按公司章程规定的一般通知方式通知全体董事和监事，也可以不在会议召开10日以前通知全体董事和监事，而只需以董事会确定的通知方式和通知时限通知全体董事和监事，就可以召开临时会议。

第一百二十四条　【董事会会议的议事规则】董事会会议应当有过半数的董事出席方可举行。董事会作出决议，应当经全体董事的过半数通过。

董事会决议的表决，应当一人一票。

董事会应当对所议事项的决定作成会议记录，出席会议的董事应当在会议记录上签名。

条文对照

2018年《公司法》	2023年《公司法》
第一百一十一条　董事会会议应有过半数的董事出席方可举行。董事会作出决议，*必须*经全体董事的过半数通过。 董事会决议的表决，实行一人一票。	**第一百二十四条**　董事会会议应当有过半数的董事出席方可举行。董事会作出决议，应当经全体董事的过半数通过。 董事会决议的表决，**应当**一人一票。 **董事会应当对所议事项的决定作成会议记录，出席会议的董事应当在会议记录上签名。**

适用要点

本条是关于董事会会议的议事规则的规定。

董事如通过召开董事会会议的形式来行使职权，该会议有出席人数和表决比例要求。只有出席董事会会议的董事超过全体董事的一半，董事会会议才能召开。作出的决议必须经全体董事的超过半数通过，该决议方为有效。董事会会议的表决，实行“人头决”，每一董事只能享有一票表决权。董事会要对决议事项作成会议记录，应当有出席会议的董事的签名并保存置备于公司，以便将来了解董事会会议情况。

典型案例

石某海、大兴安岭某燃气有限公司确认合同效力纠纷案[1]

裁判要旨：董事会应当对所议事项的决定作成会议记录，出席会议的董事应当在会议记录上签名。2018年《公司法》规定，董事会作出决议，必须经全体董事的过半数通过。董事会决议的表决，实行一人一票。根据石某海提交的大兴安岭某燃气公司2019年10月3日董事会会议记录可知，该次董事会未形成有效决议且该会议记录没有出席董事的签名。而员工大会并非有限责任公司的权力机构，无权决定公司的重大问题。石某海以上述两个会议记录作为《协议书》有效的依据，不足以证明其主张。

〔1〕 参见黑龙江省大兴安岭地区中级人民法院民事判决书，(2021)黑27民终375号。

第一百二十五条 【董事的出席和责任承担】董事会会议，应当由董事本人出席；董事因故不能出席，可以书面委托其他董事代为出席，委托书应当载明授权范围。

董事应当对董事会的决议承担责任。董事会的决议违反法律、行政法规或者公司章程、股东会决议，给公司造成严重损失的，参与决议的董事对公司负赔偿责任；经证明在表决时曾表明异议并记载于会议记录的，该董事可以免除责任。

条文对照

2018年《公司法》	2023年《公司法》
第一百一十二条　董事会会议，应由董事本人出席；董事因故不能出席，可以书面委托其他董事代为出席，委托书中应载明授权范围。 ~~董事会应当对会议所议事项的决定作成会议记录，出席会议的董事应当在会议记录上签名。~~ 董事应当对董事会的决议承担责任。董事会的决议违反法律、行政法规或者公司章程、股东大会决议，~~致使~~公司~~遭受~~严重损失的，参与决议的董事对公司负赔偿责任~~。但~~经证明在表决时曾表明异议并记载于会议记录的，该董事可以免除责任。	第一百二十五条　董事会会议，应当由董事本人出席；董事因故不能出席，可以书面委托其他董事代为出席，委托书应当载明授权范围。 董事应当对董事会的决议承担责任。董事会的决议违反法律、行政法规或者公司章程、股东会决议，**给公司造成**严重损失的，参与决议的董事对公司负赔偿责任；经证明在表决时曾表明异议并记载于会议记录的，该董事可以免除责任。

适用要点

本条是关于董事的出席和责任承担的规定。

一般应当由董事本人出席董事会会议,但由于某种原因无法出席会议的,其可以委托其他董事代为出席。需要注意的是,必须委托本公司的其他董事代为出席,而不能委托公司外部其他人代为出席。此外,需要出具书面委托书,委托书应当载明具体的委托事项、内容和范围。

当董事会的决议违反法律、行政法规或者公司章程、股东会决议,给公司造成严重损失时,参与决议的董事对公司负赔偿责任。如果是对该决议持相反意见的董事,则不需要对公司负赔偿责任。有相关证据表明在表决时该董事曾表示异议并记载于会议记录的,该董事可以免除责任。

第一百二十六条　【股份有限公司经理及其职权】股份有限公司设经理,由董事会决定聘任或者解聘。

经理对董事会负责,根据公司章程的规定或者董事会的授权行使职权。经理列席董事会会议。

条文对照

2018 年《公司法》	2023 年《公司法》
第一百一十三条　股份有限公司设经理,由董事会决定聘任或者解聘。 ~~本法第四十九条关于有限责任公司经理职权的规定,适用于股份有限公司经理。~~	**第一百二十六条**　股份有限公司设经理,由董事会决定聘任或者解聘。 **经理对董事会负责,根据公司章程的规定或者董事会的授权行使职权。经理列席董事会会议。**

适用要点

本条是关于股份有限公司经理及其职权的规定。

经理是具体实施经营管理的人员，负责公司日常经营管理活动，由董事会任免，对董事会负责。因此，经理除行使公司章程规定的职权外，还行使董事会授权的职权，有权列席董事会会议。

第一百二十七条 【董事会成员兼任经理】公司董事会可以决定由董事会成员兼任经理。

条文对照

2018年《公司法》	2023年《公司法》
第一百一十四条 公司董事会可以决定由董事会成员兼任经理。	**第一百二十七条** 公司董事会可以决定由董事会成员兼任经理。

适用要点

本条是关于董事会成员兼任经理的规定。

公司可以采取董事兼任经理的做法，以此赋予董事个人在公司经营管理事务上的权力。股份有限公司的董事会成员兼任经理，应当由董事会决议，不是由某一个人决定。

第一百二十八条 【股份有限公司董事会设置例外】规模较小或者股东人数较少的股份有限公司，可以不设董事会，设一名董事，行使本法规定的董事会的职权。该董事可以兼任公司经理。

条文对照

2018 年《公司法》	2023 年《公司法》
	第一百二十八条 规模较小或者股东人数较少的股份有限公司,可以不设董事会,设一名董事,行使本法规定的董事会的职权。该董事可以兼任公司经理。

适用要点

本条是关于股份有限公司可以不设董事会的情形的规定。

股份有限公司的股东可以为 1 人,对规模较小或者股东人数较少的股份有限公司而言,除不设股东会之外,也可以不设董事会,只要设 1 名董事即可,该董事行使董事会的职权,可以同时兼任公司经理。

第一百二十九条 【定期披露董事、监事、高级管理人员的报酬情况】公司应当定期向股东披露董事、监事、高级管理人员从公司获得报酬的情况。

条文对照

2018 年《公司法》	2023 年《公司法》
第一百一十六条 公司应当定期向股东披露董事、监事、高级管理人员从公司获得报酬的情况。	**第一百二十九条** 公司应当定期向股东披露董事、监事、高级管理人员从公司获得报酬的情况。

适用要点

本条是关于定期披露董事、监事、高级管理人员的报酬情况的规定。

董事、监事、高级管理人员是公司的受托管理人。公司董事、监事的报酬事项由股东会决定，经理的报酬事项由董事会决定。董事、监事、高级管理人员的报酬披露，是激励和监督董事、监事和高级管理人员的需要，也是维护公司股东利益的需要。本条未明确公司向股东披露董事、监事、高级管理人员报酬情况的期限及披露方式，相关内容可由公司章程或股东会决议规定。

第四节　监　事　会

第一百三十条　【监事会设立、组成和会议召集、主持以及监事任期】股份有限公司设监事会，本法第一百二十一条第一款、第一百三十三条另有规定的除外。

监事会成员为三人以上。监事会成员应当包括股东代表和适当比例的公司职工代表，其中职工代表的比例不得低于三分之一，具体比例由公司章程规定。监事会中的职工代表由公司职工通过职工代表大会、职工大会或者其他形式民主选举产生。

监事会设主席一人，可以设副主席。监事会主席和副主席由全体监事过半数选举产生。监事会主席召集和主持监事会会议；监事会主席不能履行职务或者不履行职务的，由监事会副主席召集和主持监事会会议；监事会副主席不能履行职务或者不履行职务的，由过半数的监事共同推举一名监事召集和主持监事会会议。

董事、高级管理人员不得兼任监事。

本法第七十七条关于有限责任公司监事任期的规定，适用于股份有限公司监事。

条文对照

2018年《公司法》	2023年《公司法》
第一百一十七条 股份有限公司设监事会，其成员~~不得少于~~三人。 监事会应当包括股东代表和适当比例的公司职工代表，其中职工代表的比例不得低于三分之一，具体比例由公司章程规定。监事会中的职工代表由公司职工通过职工代表大会、职工大会或者其他形式民主选举产生。 监事会设主席一人，可以设副主席。监事会主席和副主席由全体监事过半数选举产生。监事会主席召集和主持监事会会议；监事会主席不能履行职务或者不履行职务的，由监事会副主席召集和主持监事会会议；监事会副主席不能履行职务或者不履行职务的，由半数~~以上~~监事共同推举一名监事召集和主持监事会会议。 董事、高级管理人员不得兼任监事。 本法第~~五十二~~条关于有限责任公司监事任期的规定，适用于股份有限公司监事。	**第一百三十条** 股份有限公司设监事会，**本法第一百二十一条第一款、第一百三十三条另有规定的除外。** *监事*会成员为三人以上。监事会**成员**应当包括股东代表和适当比例的公司职工代表，其中职工代表的比例不得低于三分之一，具体比例由公司章程规定。监事会中的职工代表由公司职工通过职工代表大会、职工大会或者其他形式民主选举产生。 监事会设主席一人，可以设副主席。监事会主席和副主席由全体监事过半数选举产生。监事会主席召集和主持监事会会议；监事会主席不能履行职务或者不履行职务的，由监事会副主席召集和主持监事会会议；监事会副主席不能履行职务或者不履行职务的，由**过半数的**监事共同推举一名监事召集和主持监事会会议。 董事、高级管理人员不得兼任监事。 本法第**七十七**条关于有限责任公司监事任期的规定，适用于股份有限公司监事。

适用要点

本条是关于监事会设立、组成和会议召集、主持以及监事任期的规定。

监事会属于公司的监督机构，行使对经营管理者的监督权。在两种情形下，股份有限公司可以不设监事会：第一种是股份有限公司按照公司章程的规定在董事会中设置审计委员会，不设监事会或者监事；第二种是规模较小或者股东人数较少的股份有限公司，可以不设监事会，设 1 名监事。

监事会由全体监事组成，至少应当为 3 人。监事会成员包括两部分监事：一部分是股东代表，另一部分是职工代表。董事与高级管理人员不得兼任监事。监事会设主席 1 人，可以设副主席。监事会主席和副主席由全体监事过半数选举产生。股份有限公司监事会主席召集和主持监事会会议。监事会主席不能履行职务或者不履行职务的，由监事会副主席召集和主持监事会会议；监事会副主席不能履行职务或者不履行职务的，过半数监事共同推举 1 名监事召集和主持监事会会议。

根据 2023 年《公司法》第 77 条的规定，监事的任期每届为 3 年。监事任期届满，连选可以连任。

第一百三十一条　【监事会职权以及行使职权费用承担】本法第七十八条至第八十条的规定，适用于股份有限公司监事会。

监事会行使职权所必需的费用，由公司承担。

条文对照

2018 年《公司法》	2023 年《公司法》
第一百一十八条　本法第五十三条、第五十四条关于有限责任公司监事会职权的规定，适用于股份有限公司监事会。 监事会行使职权所必需的费用，由公司承担。	第一百三十一条　本法第七十八条至第八十条的规定，适用于股份有限公司监事会。 监事会行使职权所必需的费用，由公司承担。

适用要点

本条是关于监事会职权以及行使职权费用承担的规定。

2023 年《公司法》第 78 条至第 80 条规定了有限责任公司监事会的职权，该职权适用于股份有限公司的监事会。除本法规定的两种情形外，监事会是股份有限公司必须设立的机构，其行使的各项职权都是为了维护公司的利益，因此，监事会行使职权所必需的费用由公司承担。

第一百三十二条　【监事会的议事规则】监事会每六个月至少召开一次会议。监事可以提议召开临时监事会会议。

监事会的议事方式和表决程序，除本法有规定的外，由公司章程规定。

监事会决议应当经全体监事的过半数通过。

监事会决议的表决，应当一人一票。

监事会应当对所议事项的决定作成会议记录，出席会议的监事应当在会议记录上签名。

条文对照

2018 年《公司法》	2023 年《公司法》
第一百一十九条　监事会每六个月至少召开一次会议。监事可以提议召开临时监事会会议。 监事会的议事方式和表决程序，除本法有规定的外，由公司章程规定。 监事会决议应当经半数~~以上~~监事通过。 监事会应当对所议事项的决定作成会议记录，出席会议的监事应当在会议记录上签名。	**第一百三十二条**　监事会每六个月至少召开一次会议。监事可以提议召开临时监事会会议。 监事会的议事方式和表决程序，除本法有规定的外，由公司章程规定。 监事会决议应当经**全体**监事**的过**半数通过。 **监事会决议的表决，应当一人一票。** 监事会应当对所议事项的决定作成会议记录，出席会议的监事应当在会议记录上签名。

适用要点

本条是关于监事会会议的类型、监事会会议记录以及监事会的议事方式和表决程序的规定。

股份有限公司的监事会会议可以分为定期监事会会议和临时监事会会议两种。前者是每6个月至少召开一次的监事会会议，后者是由监事提议召开的临时监事会会议。监事会的议事方式和表决程序除本法另有规定的外，可以由公司章程规定。监事会决议应由全体监事的过半数通过，该半数是指全体监事的半数而非出席会议的监事的半数。监事会应当对所议事项的决定作成会议记录，由出席会议的监事签名，以保证会议记录及决议的真实性和效力，明确各位监事的责任。

第一百三十三条　【股份有限公司可以不设监事会】规模较小或者股东人数较少的股份有限公司，可以不设监事会，设一名监事，行使本法规定的监事会的职权。

条文对照

2018 年《公司法》	2023 年《公司法》
	第一百三十三条　规模较小或者股东人数较少的股份有限公司，可以不设监事会，设一名监事，行使本法规定的监事会的职权。

适用要点

本条是关于股份有限公司可以不设监事会的规定。

股份有限公司的股东可以为 1 人，对于规模较小或者股东人数较少的股份有限公司而言，除可以不设股东会、董事会外，还可以不设监事会，只要设 1 名监事即可，该监事行使监事会的职权。

第五节　上市公司组织机构的特别规定

第一百三十四条　【上市公司的定义】本法所称上市公司，是指其股票在证券交易所上市交易的股份有限公司。

条文对照

2018 年《公司法》	2023 年《公司法》
第一百二十条　本法所称上市公司,是指其股票在证券交易所上市交易的股份有限公司。	**第一百三十四条**　本法所称上市公司,是指其股票在证券交易所上市交易的股份有限公司。

适用要点

本条是关于上市公司的定义的规定。

所谓上市公司,是指其股票在证券交易所上市交易的股份有限公司,也就是向社会公开发行股票的股份有限公司。根据《证券法》第 46 条第 1 款的规定,股份有限公司申请股票上市交易,应当向证券交易所提出申请,由证券交易所依法审核同意,并由双方签订上市协议。

第一百三十五条　【上市公司重大资产买卖与重要担保】上市公司在一年内购买、出售重大资产或者向他人提供担保的金额超过公司资产总额百分之三十的,应当由股东会作出决议,并经出席会议的股东所持表决权的三分之二以上通过。

条文对照

2018 年《公司法》	2023 年《公司法》
第一百二十一条　上市公司在一年内购买、出售重大资产或者担保金额超过公司资产总额百分之三十的,应当由股东大会作出决议,并经出席会议的股东所持表决权的三分之二以上通过。	**第一百三十五条**　上市公司在一年内购买、出售重大资产或者**向他人提供担保的**金额超过公司资产总额百分之三十的,应当由股东会作出决议,并经出席会议的股东所持表决权的三分之二以上通过。

适用要点

本条是关于上市公司重大资产买卖与重要担保应经股东会作出决议的规定。

上市公司在1年的期限内，购买、出售重大资产或者向他人提供担保的金额超过公司资产总额30%的，应当经上市公司的股东会作出决议。由于购买、出售重大资产或者对外提供担保等属于公司重大事项，因此应当由股东会作出决议，应当采用特别决议的方式进行，并经出席会议的股东所持表决权的2/3以上通过。

典型案例

刘某与某银业股份有限公司等普通破产债权确认纠纷案[1]

裁判要旨：公司章程第41条规定，某银业股份有限公司需要通过召开股东会会议表决通过的交易合同，合同金额需“占公司最近一期经审计净资产50%以上，且绝对金额超过5000万元人民币”。需要通过董事会的交易合同，合同金额需“占公司最近一期经审计净资产的10%以上，且绝对金额超过1000万元人民币”。案涉《补充协议》签订时最近一期经审计的财务报表(2017年年报)显示，某银业公司“净资产”金额为3,786,426,796.19元，案涉合同的金额为5000万元，尚未达到“净资产”的10%(约3.786亿元)。据此，案涉《补充协议》不属于需要通过某银业股份有限公司董事会或者股东会决议的事项，该案并不存在法律法规及公司章程所规定的无效的情形，故某银业股份有限公司以案涉《补充协议》的签订没有经过股东会或董事会、用章流程不规范为由否认其合法性的主张，与事实和法律的规定不符，依法应不予采纳。

[1] 参见湖南省郴州市中级人民法院民事判决书，(2021)湘10民初27号。

第一百三十六条　【上市公司设立独立董事及章程记载事项】上市公司设独立董事，具体管理办法由国务院证券监督管理机构规定。

上市公司的公司章程除载明本法第九十五条规定的事项外，还应当依照法律、行政法规的规定载明董事会专门委员会的组成、职权以及董事、监事、高级管理人员薪酬考核机制等事项。

条文对照

2018 年《公司法》	2023 年《公司法》
第一百二十二条　上市公司设独立董事，具体办法由国务院规定。	**第一百三十六条**　上市公司设独立董事，具体管理办法由国务院**证券监督管理机构**规定。 **上市公司的公司章程除载明本法第九十五条规定的事项外，还应当依照法律、行政法规的规定载明董事会专门委员会的组成、职权以及董事、监事、高级管理人员薪酬考核机制等事项。**

适用要点

本条是关于上市公司设立独立董事及章程记载事项的规定。

我国证券监督管理委员会（以下简称证监会）于2001年发布了《关于在上市公司建立独立董事制度的指导意见》（已失效），要求上市公司建立独立董事制度。我国2005年修改《公司法》时，确认了这一做法，增加上市公司设立独立董事的规定。证监会于2018年发布的《上市公司治理准则》对独立董事提出了进一步的要求。为进一步优化上市公司独立董事制度，提升独立董事履职能力，充分发挥独立董事作用，国务院办公厅于2023年4月印发《关于上市公司独立董事制度改革的意见》，启动上市公司独立董事制度改革。

2023年《公司法》规定由国务院证券监督管理机构规定独立董事的具体管理办法。证监会于2023年8月1日正式公布了《上市公司独立董事管理办法》，该办法于2023年9月4日起施行。

本条第2款规定，上市公司的章程除记载本法第95条列明的事项外，还应当依照法律、行政法规的规定载明董事会专门委员会的组成、职权以及董事、监事、高级管理人员薪酬考核机制等事项。

典型案例

张某与证监会行政纠纷案[1]

裁判要旨：张某作为具有财务背景的独立董事，且其为审计委员会成员，其在参与相关会议审查涉案定期报告时，应重点核查与业务相关的信息是否真实、准确、完整。综合在案询问笔录及凯迪生态建设月报等证据能够认定，张某未充分关注到公司实际控制人和涉案电厂停建的事实，且未采取措施避免或减少危害后果的发生，未尽到2005年《证券法》规定中保证上市公司所披露的信息真实、准确、完整的义务。张某所提其不直接从事经营管理，并非财务专业人员，信赖第三方机构意见等主张亦不能构成对其不予处罚的免责事由。证监会认定张某为其他直接责任人员正确，给予其警告及罚款10万元处罚，并无不当。

第一百三十七条 【须经审计委员会通过事项】上市公司在董事会中设置审计委员会的，董事会对下列事项作出决议前应当经审计委员会全体成员过半数通过：

[1] 参见北京市高级人民法院行政判决书，(2021)京行终1923号。

(一)聘用、解聘承办公司审计业务的会计师事务所;
(二)聘任、解聘财务负责人;
(三)披露财务会计报告;
(四)国务院证券监督管理机构规定的其他事项。

条文对照

2018年《公司法》	2023年《公司法》
	第一百三十七条 上市公司在董事会中设置审计委员会的,董事会对下列事项作出决议前应当经审计委员会全体成员过半数通过: (一)聘用、解聘承办公司审计业务的会计师事务所; (二)聘任、解聘财务负责人; (三)披露财务会计报告; (四)国务院证券监督管理机构规定的其他事项。

适用要点

本条是关于须经审计委员会通过事项的规定。

根据《上市公司治理准则》第39条的规定,审计委员会的主要职责包括:(1)监督及评估外部审计工作,提议聘请或者更换外部审计机构;(2)监督及评估内部审计工作,负责内部审计与外部审计的协调;(3)审核公司的财务信息及其披露;(4)监督及评估公司的内部控制;(5)负责法律法规、公司章程和董事会授权的其他事项。因此,董事会对聘用、解聘承办公司审计业务的会计师事务所,聘任、解聘财务负责人,披露财务会计报告，国务院证券监督管理机构规定的其他事项，在作出决议前，应当经审计委员会全体成员过半数通过。

第一百三十八条 【上市公司董事会秘书及其职责】上市公司设董事会秘书，负责公司股东会和董事会会议的筹备、文件保管以及公司股东资料的管理，办理信息披露事务等事宜。

条文对照

2018 年《公司法》	2023 年《公司法》
第一百二十三条 上市公司设董事会秘书，负责公司股东大会和董事会会议的筹备、文件保管以及公司股东资料的管理，办理信息披露事务等事宜。	**第一百三十八条** 上市公司设董事会秘书，负责公司股东会和董事会会议的筹备、文件保管以及公司股东资料的管理，办理信息披露事务等事宜。

适用要点

本条是关于上市公司董事会秘书及其职责的规定。

上市公司设董事会秘书，其是上市公司的高级管理人员，应当满足法律、行政法规以及公司章程对公司高级管理人员的资格和义务等方面的要求。上市公司董事会秘书的职责主要是负责公司股东会和董事会会议的筹备、文件保管以及公司股东资料的管理，办理信息披露事务等事宜。

第一百三十九条　【上市公司董事关联交易书面报告及回避制度】上市公司董事与董事会会议决议事项所涉及的企业或者个人有关联关系的，该董事应当及时向董事会书面报告。有关联关系的董事不得对该项决议行使表决权，也不得代理其他董事行使表决权。该董事会会议由过半数的无关联关系董事出席即可举行，董事会会议所作决议须经无关联关系董事过半数通过。出席董事会会议的无关联关系董事人数不足三人的，应当将该事项提交上市公司股东会审议。

条文对照

2018 年《公司法》	2023 年《公司法》
第一百二十四条　上市公司董事与董事会会议决议事项所涉及的企业有关联关系的，不得对该项决议行使表决权，也不得代理其他董事行使表决权。该董事会会议由过半数的无关联关系董事出席即可举行，董事会会议所作决议须经无关联关系董事过半数通过。出席董事会的无关联关系董事人数不足三人的，应将该事项提交上市公司股东大会审议。	**第一百三十九条**　上市公司董事与董事会会议决议事项所涉及的企业**或者个人**有关联关系的，**该董事应当及时向董事会书面报告**。有关联关系的董事不得对该项决议行使表决权，也不得代理其他董事行使表决权。该董事会会议由过半数的无关联关系董事出席即可举行，董事会会议所作决议须经无关联关系董事过半数通过。出席董事会**会议**的无关联关系董事人数不足三人的，应**当**将该事项提交上市公司股东会审议。

适用要点

本条是关于上市公司董事关联交易书面报告及回避制度的规定。

关联关系，是指上市公司的董事与董事会决议事项所涉及的企业或者个人之间存在直接或者间接的利益关系。上市公司董事对上市公司负有忠实和勤勉的义务，当上市公司董事与董事会会议决议事项所涉及的企业或者个人存在关联关系时，该董事应当及时向董事会书面报告。该董事不得对该项决议行使表决权，也不得代理其他董事行使表决权。董事会会议由过半数的无关联关系董事出席即可举行，董事会会议所作决议须经无关联关系董事过半数通过。如无关联关系的董事出席人数不足3人，董事会应将该事项提交上市公司股东会审议。

第一百四十条　【上市公司信息披露及禁止股票代持】上市公司应当依法披露股东、实际控制人的信息，相关信息应当真实、准确、完整。

禁止违反法律、行政法规的规定代持上市公司股票。

条文对照

2018年《公司法》	2023年《公司法》
	第一百四十条　上市公司应当依法披露股东、实际控制人的信息，相关信息应当真实、准确、完整。 禁止违反法律、行政法规的规定代持上市公司股票。

适用要点

本条是关于上市公司信息披露及禁止股票代持的规定。

上市公司的股东、实际控制人变动对上市公司的股票交易价格会产生较大影响，应当依法进行披露，以便投资者作出投资决策，保护投资者的合法权益。上市公司依法披露的信息，必须真实、准确、完整，不得有虚假记载、误导性陈述或者重大遗漏。

《证券法》第78条第1款、第2款规定，发行人及法律、行政法规和国务院证券监督管理机构规定的其他信息披露义务人，应当及时依法履行信息披露义务。信息披露义务人披露的信息，应当真实、准确、完整，简明清晰，通俗易懂，不得有虚假记载、误导性陈述或者重大遗漏。《上市公司信息披露管理办法》第3条第1款规定："信息披露义务人应当及时依法履行信息披露义务，披露的信息应当真实、准确、完整，简明清晰、通俗易懂，不得有虚假记载、误导性陈述或者重大遗漏。"第27条规定："涉及上市公司的收购、合并、分立、发行股份、回购股份等行为导致上市公司股本总额、股东、实际控制人等发生重大变化的，信息披露义务人应当依法履行报告、公告义务，披露权益变动情况。"《首次公开发行股票注册管理办法》第12条第2项中规定："发行人的股份权属清晰，不存在导致控制权可能变更的重大权属纠纷，首次公开发行股票并在主板上市的，最近三年实际控制人没有发生变更；首次公开发行股票并在科创板、创业板上市的，最近二年实际控制人没有发生变更。"第1项规定，"资产完整，业务及人员、财务、机构独立，与控股股东、实际控制人及其控制的其他企业间不存在对发行人构成重大不利影响的同业竞争，不存在严重影响独立性或者显失公平的关联交易"。上市公司发行人必须真实，不允许发行过程中隐匿真实股东，上市公司的股权结构应该透明、真实，否则公司股票不得上市发行，即上市公司股权不得隐名代持。要求拟上市公司股权必须清晰，约束上市公司不得隐名代持股权，系对上市公司监管的基本要求，否则如果上市公司真实股东不清晰，其他对于上市公司系列信息披露要求、关联交易审查、高管人员任职回避等监管举措必然落空，实际隐瞒真实股东或投资人身份，违反发行人如实披露义务，必然损害广大非特定投资者的合法权益，从而损害资本市场基本交易秩序与基本交易安全，损害金融安全与社会稳定，损害社会公共利益。

典型案例

杨某国与林某坤、常州亚玛顿股份有限公司股权转让纠纷案[1]

裁判要旨：诉争协议即上市公司股权代持协议，对于其效力的认定应当根据上市公司监管相关法律法规以及《合同法》（已失效）等规定综合予以判定。首先，证监会于2006年5月17日颁布的《首次公开发行股票并上市管理办法》（已失效）第13条规定："发行人的股权清晰，控股股东和受控股股东、实际控制人支配的股东持有的发行人股份不存在重大权属纠纷。"2014年《证券法》（已被修改）第12条中规定："设立股份有限公司公开发行股票，应当符合《中华人民共和国公司法》规定的条件和经国务院批准的国务院证券监督管理机构规定的其他条件。"第63条规定："发行人、上市公司依法披露的信息，必须真实、准确、完整，不得有虚假记载、误导性陈述或者重大遗漏。"证监会于2007年1月30日颁布的《上市公司信息披露管理办法》（已失效）第3条规定："发行人、上市公司的董事、监事、高级管理人员应当忠实、勤勉地履行职责，保证披露信息的真实、准确、完整、及时、公平。"根据上述规定可以看出，公司上市发行人必须股权清晰，且股份不存在重大权属纠纷，并且公司上市需履行如实披露的义务，披露的信息必须真实、准确、完整，这是证券行业监管的基本要求，也是证券行业的基本共识。由此可见，上市公司发行人必须真实，并不允许发行过程中隐匿真实股东，否则公司股票不得上市发行，即上市公司股权不得隐名代持。

[1] 参见最高人民法院民事裁定书，(2017)最高法民申2454号。

第一百四十一条　【对上市公司控股子公司取得该上市公司股份的限制】上市公司控股子公司不得取得该上市公司的股份。

上市公司控股子公司因公司合并、质权行使等原因持有上市公司股份的，不得行使所持股份对应的表决权，并应当及时处分相关上市公司股份。

条文对照

2018 年《公司法》	2023 年《公司法》
	第一百四十一条　上市公司控股子公司不得取得该上市公司的股份。 上市公司控股子公司因公司合并、质权行使等原因持有上市公司股份的，不得行使所持股份对应的表决权，并应当及时处分相关上市公司股份。

适用要点

本条是关于对上市公司控股子公司取得该上市公司股份的限制的规定。

本条来自《上海证券交易所股票上市规则》（2019 年修订，已失效），其中第 11.9.5 条规定，上市公司控股子公司不得取得该上市公司发行的股份。我国公司法不承认公司可以取得自己的股份，因公司合并、质权行使等原因持有上市公司股份的，不得行使所持股份对应的表决权，并应当及时处分相关上市公司股份，否则会产生表决权、盈余分配等一系列问题。

第六章　股份有限公司的股份发行和转让

第一节　股份发行

第一百四十二条　【公司发行面额股和无面额股】公司的资本划分为股份。公司的全部股份，根据公司章程的规定择一采用面额股或者无面额股。采用面额股的，每一股的金额相等。

公司可以根据公司章程的规定将已发行的面额股全部转换为无面额股或者将无面额股全部转换为面额股。

采用无面额股的，应当将发行股份所得股款的二分之一以上计入注册资本。

条文对照

2018 年《公司法》	2023 年《公司法》
第一百二十五条第一款　股份有限公司的资本划分为股份，每一股的金额相等。	第一百四十二条　公司的资本划分为股份。**公司的全部股份，根据公司章程的规定择一采用面额股或者无面额股。采用面额股的，**每一股的金额相等。

续表

2018 年《公司法》	2023 年《公司法》
	公司可以根据公司章程的规定将已发行的面额股全部转换为无面额股或者将无面额股全部转换为面额股。 采用无面额股的，应当将发行股份所得股款的二分之一以上计入注册资本。

适用要点

本条是关于公司发行面额股和无面额股的规定。

股东对股份有限公司的出资被称为“股份”。股份有限公司的所有资本都要划分为股份，股份是股份有限公司资本最基本的构成单位。[1]公司的全部股份，根据公司章程的规定择一采用面额股或者无面额股，采用面额股的，每一股的金额相等，即公司资本全部都要划分为等额的股份。所有发行的股份的票面价值总额就等同于股份有限公司设立或者增资所需要的资本总额。无面额股，是指股份不标明金额，只标明每股占公司资本的比例。2023 年《公司法》首次规定了股份有限公司可以发行无面额股，根据公司章程的规定，可以将已发行的面额股全部转换为无面额股或者将无面额股全部转换为面额股。无面额股存在金额的不确定性，因此，采用无面额股的，应当将发行股份所得股款的 1/2 以上计入注册资本。

〔1〕 参见朱慈蕴：《公司法原论》，清华大学出版社 2011 年版，第 212 页。

典型案例

刘某与李某、某农村商业银行股份有限公司股权转让纠纷案[1]

裁判要旨：股份有限公司的资本划分为股份，每一股的金额相等。公司的股份采取股票的形式。股票是公司签发的证明股东所持股份的凭证。公司发行股票的，应当置备股东名册，股东持有的股份可以依法转让。因原告刘某并未与被告某农村商业银行股份有限公司签订股金转让协议，被告基于该协议取得的原农村信用合作联社向原告签发的股金凭证应当返还原告，并按2011年7月25日办理转让手续时的票面价值32100股予以记载，如不能返还，应重新为原告签发面额相当的股金凭证。

第一百四十三条　【股份发行原则】股份的发行，实行公平、公正的原则，同类别的每一股份应当具有同等权利。

同次发行的同类别股份，每股的发行条件和价格应当相同；认购人所认购的股份，每股应当支付相同价额。

条文对照

2018年《公司法》	2023年《公司法》
第一百二十六条　股份的发行，实行公平、公正的原则，同种类的每一股份应当具有同等权利。 同次发行的同类别*股票*，每股的发行条件和价格应当相同；*任何单位或者*个人所认购的股份，每股应当支付相同价额。	**第一百四十三条**　股份的发行，实行公平、公正的原则，同类别的每一股份应当具有同等权利。 同次发行的同类别*股份*，每股的发行条件和价格应当相同；*认购人*所认购的股份，每股应当支付相同价额。

[1] 参见山东省高密市人民法院民事判决书，(2014)高法商初字第951号。

适用要点

本条是关于股份发行原则的规定。

股份有限公司发行股份要遵守本条所规定的股份发行原则。公司发行的同种类股份所代表的权利是平等、相同的，即“同股同权”“同股同利”。在股份的发行过程中，应保证公正性，不允许任何人利用股份发行进行欺诈、内幕交易、操纵市场等损害投资者利益的不公正的交易行为。[1] 同次发行的同类别股份，每股的发行条件和价格应当相同，任何认购人所认购的股份，每股应当支付相同价额。

典型案例

李某与北京某文化旅游股份有限公司公司决议效力确认纠纷案[2]

裁判要旨：2013 年《公司法》并无有限责任公司股东出资对应公司股权比例的强制性规定。“同股同权”原则表现主要有：(1)同股同价；(2)相同股份对应相同的投票权；(3)相同股份应当对应相同的自益权；(4)每一股份上的投票权和收益应当是相对应的。2013 年《公司法》对于有限责任公司股东出资并未明确规定“同股同价”。有限责任公司股东的分红权和优先认购权在以“同股同权”为原则的同时，可以“全体股东约定”为例外，充分尊重了全体股东的意思自治；同理，在 2013 年《公司法》对于有限责任公司未明确规定“同股同价”的前提下，全体股东共同对出资安排的约定并不违反 2013 年《公司法》的效力性强制性规定，亦不违背 2013 年《公司法》

〔1〕 参见安建主编：《中华人民共和国公司法释义》（第 2 版），法律出版社 2013 年版，第 201 页。

〔2〕 参见北京市第三中级人民法院民事判决书，(2017)京 03 民终 7216 号。

的有限责任公司充分尊重全体股东意思自治的立法旨意。

第一百四十四条 【类别股发行规则】公司可以按照公司章程的规定发行下列与普通股权利不同的类别股：

（一）优先或者劣后分配利润或者剩余财产的股份；

（二）每一股的表决权数多于或者少于普通股的股份；

（三）转让须经公司同意等转让受限的股份；

（四）国务院规定的其他类别股。

公开发行股份的公司不得发行前款第二项、第三项规定的类别股；公开发行前已发行的除外。

公司发行本条第一款第二项规定的类别股的，对于监事或者审计委员会成员的选举和更换，类别股与普通股每一股的表决权数相同。

条文对照

2018年《公司法》	2023年《公司法》
第一百三十一条 国务院~~可以对公司发行本法~~规定~~以外~~的其他~~种类的股份，另行作出~~规定。	第一百四十四条 公司可以按照公司章程的规定发行下列与普通股权利不同的类别股： （一）优先或者劣后分配利润或者剩余财产的股份； （二）每一股的表决权数多于或者少于普通股的股份； （三）转让须经公司同意等转让受限的股份； （四）国务院规定的其他类别股。

续表

2018 年《公司法》	2023 年《公司法》
	公开发行股份的公司不得发行前款第二项、第三项规定的类别股；公开发行前已发行的除外。 公司发行本条第一款第二项规定的类别股的，对于监事或者审计委员会成员的选举和更换，类别股与普通股每一股的表决权数相同。

适用要点

本条是关于类别股发行规则的规定。

股份可以分为普通股和类别股（特别股）两种。普通股，是指公司发行的没有特别权利和特别限制的股份。类别股，是指公司发行的设有特别权利和特别限制的股份。类别股股东通常在公司盈余分配、公司剩余财产分配以及表决权行使等方面不同于普通股的股东。类别股一般包括优先股、劣后股等。在公司某些事项上享有特别权利即优先权的特别股，称为优先股。按照优先权所针对事项的不同，又可以分为表决权优先股、公司盈余分配优先股以及公司剩余财产分配优先股等。在公司某些事项上受到特别限制的特别股，一般称为劣后股，其中又包括盈余分配劣后股和剩余财产分配劣后股等。国务院于 2013 年出台了《关于开展优先股试点的指导意见》，确立了关于制定类别股的授权性规定，为优先股的发行、交易等作出了相应制度安排。公司可以据此在普通股之外发行优先股，对优先股的表决权、分红权等作出差异化的安排。2014 年 3 月，证监会发布了《优先股试点管理办法》（已被修改），进一步细化了优先股规范，明确规定了优先股股东的分类表决制度。2019 年 1 月，证监会又发布了《关于在上海证券交易所设立科创板并试点注册制的实施意见》，确立了科创板上市公司特别表决权制度。[1]

面对市场投资的多元化需求，普通的同股同权无法满足现实需求，2023年《公司法》直接规定股份有限公司可以发行特别股，不再授权国务院另行规定。公司可以按照公司章程的规定发行下列与普通股权利不同的类别股：(1)优先或者劣后分配利润或者剩余财产的股份；(2)每一股的表决权数多于或者少于普通股的股份；(3)转让须经公司同意等转让受限的股份；(4)国务院规定的其他类别股。需要注意的是，公开发行股份的公司不得发行每一股的表决权数多于或者少于普通股的股份、转让须经公司同意等转让受限的股份的类别股，但是在股份有限公司公开发行前已发行的除外。在监事或者审计委员会成员的选举和更换中，公司发行每一股的表决权数多于或者少于普通股的股份的表决权数，与普通股每一股的表决权数相同。

典型案例

某酒店股份有限公司与某商贸有限公司证券发行纠纷案[2]

裁判要旨：在我国境内发行优先股，目前应严格按照国务院《关于开展优先股试点的指导意见》(国发〔2013〕46号)、证监会《优先股试点管理办法》之规定实施。某酒店股份有限公司曾在湖南股交所挂牌，并不属于证监会认可的上市公司和非上市公众公司，亦不属于全国中小企业股份转让系统所称的挂牌公司。因此，其并不具有发行优先股的资格。况且，股东人数未超过200人的股份有限公司申请在全国股份转让系统挂牌，

〔1〕 参见王建文：《论我国类别股股东分类表决制度的法律适用》，载《当代法学》2020年第3期。

〔2〕 参见湖南省长沙市中级人民法院民事判决书，(2017)湘01民终9642号。

须经证监会豁免核准，即公司即使符合发行优先股的条件，除国务院或证监会决定豁免核准外，应当经过证监会的核准。湖南股交所并无证监会关于核准发行优先股之授权，因此某酒店股份有限公司关于发行合法的主张不能成立。

第一百四十五条　【发行类别股的公司章程应记载事项】发行类别股的公司，应当在公司章程中载明以下事项：

（一）类别股分配利润或者剩余财产的顺序；

（二）类别股的表决权数；

（三）类别股的转让限制；

（四）保护中小股东权益的措施；

（五）股东会认为需要规定的其他事项。

条文对照

2018 年《公司法》	2023 年《公司法》
	第一百四十五条　发行类别股的公司，应当在公司章程中载明以下事项： （一）类别股分配利润或者剩余财产的顺序； （二）类别股的表决权数； （三）类别股的转让限制； （四）保护中小股东权益的措施； （五）股东会认为需要规定的其他事项。

适用要点

本条是关于发行类别股的公司章程应记载事项的规定。

公司发行类别股,有利于股份有限公司采取更加灵活多样化的方式筹集公司资本,丰富股份种类,为投资者提供多元化的投资渠道,满足不同投资者的多样化投资需求。按照本条的规定,发行类别股的公司应当在公司章程中载明:(1)类别股分配利润或者剩余财产的顺序;(2)类别股的表决权数;(3)类别股的转让限制;(4)保护中小股东权益的措施;(5)股东会认为需要规定的其他事项。

第一百四十六条 【类别股股东会决议事项】发行类别股的公司,有本法第一百一十六条第三款规定的事项等可能影响类别股股东权利的,除应当依照第一百一十六条第三款的规定经股东会决议外,还应当经出席类别股股东会议的股东所持表决权的三分之二以上通过。

公司章程可以对需经类别股股东会议决议的其他事项作出规定。

条文对照

2018 年《公司法》	2023 年《公司法》
	第一百四十六条　发行类别股的公司,有本法第一百一十六条第三款规定的事项等可能影响类别股股东权利的,除应当依照第一百一十六条第三款的规定经股东会决议外,还应当经出席类别股股东会议的股东所持表决权的三分之二以上通过。 公司章程可以对需经类别股股东会议决议的其他事项作出规定。

适用要点

本条是关于类别股股东会决议事项的规定。

类别股的权利内容一般在公司章程中设有特别权利、特定限制，通常类别股股东在公司盈余分配、公司剩余财产分配以及表决权行使等方面不同于普通股的股东。同时，类别股的表决权行使也受到限制，但是对于股东会作出修改公司章程、增加或者减少注册资本的决议，以及公司合并、分立、解散或者变更公司形式的决议等可能影响类别股股东权利的事项，经股东会决议外，还应当经出席类别股股东会议的股东所持表决权2/3以上通过。当然，公司章程还可以对需经类别股股东会议决议的其他事项作出规定。

第一百四十七条　【股票概念及记名股票】公司的股份采取股票的形式。股票是公司签发的证明股东所持股份的凭证。

公司发行的股票，应当为记名股票。

条文对照

2018年《公司法》	2023年《公司法》
第一百二十五条第二款　公司的股份采取股票的形式。股票是公司签发的证明股东所持股份的凭证。 **第一百二十九条**　公司发行的股票，~~可以为~~记名股票~~，也可以为无记名股票~~。 ~~公司向发起人、法人发行的股票，应当为记名股票，并应当记载该发起人、法人的名称或者姓名，不得另立户名或者以代表人姓名记名。~~	**第一百四十七条**　公司的股份采取股票的形式。股票是公司签发的证明股东所持股份的凭证。 公司发行的股票，**应当为**记名股票。

适用要点

本条是关于股票概念及记名股票的规定。

公司的股份采取股票的形式,股票是公司签发的证明股东所持股份的凭证。股票是股份的表现形式,是股东对公司出资的凭证,股票记载并代表股东权益。

记名股票,是指股票上记载有股东姓名或者名称的股票。记名股票权利归属于股东,只能由股票上记载的股东行使股东权利,除了记名股东外,其他人即使合法持有该股票,也不具有股东资格。记名股票有利于投资者了解公司股份构成情况,也有利于对公司进行监管。

第一百四十八条 【股票发行价格】面额股股票的发行价格可以按票面金额,也可以超过票面金额,但不得低于票面金额。

条文对照

2018 年《公司法》	2023 年《公司法》
第一百二十七条 股票发行价格可以按票面金额,也可以超过票面金额,但不得低于票面金额。	**第一百四十八条** **面额股**股票的发行价格可以按票面金额,也可以超过票面金额,但不得低于票面金额。

适用要点

本条是关于股票发行价格的规定。

股票发行的方式一般包括 3 种:(1)平价发行,即股票的发行价格与股票的票面价格相同;(2)溢价发行,即股票的发行价格高于股票的票面价格;(3)折价发行,即股票的发行价格低于股票的票面价格。当前我国

《公司法》引入无面额股，本条对面额股进行规定。面额股的每一股票的票面价值是相同的，所有发行的股票的票面价值总额就等同于股份有限公司设立或者增资所需要的资本总额。股票发行价格可以按票面金额，也可以超过票面金额，但不得低于票面金额。

第一百四十九条　【股票的形式以及纸面股票记载事项】股票采用纸面形式或者国务院证券监督管理机构规定的其他形式。

股票采用纸面形式的，应当载明下列主要事项：

（一）公司名称；

（二）公司成立日期或者股票发行的时间；

（三）股票种类、票面金额及代表的股份数，发行无面额股的，股票代表的股份数。

股票采用纸面形式的，还应当载明股票的编号，由法定代表人签名，公司盖章。

发起人股票采用纸面形式的，应当标明发起人股票字样。

条文对照

2018年《公司法》	2023年《公司法》
第一百二十八条　股票采用纸面形式或者国务院证券监督管理机构规定的其他形式。 股票应当载明下列主要事项： （一）公司名称； （二）公司成立日期； （三）股票种类、票面金额及代表的股份数；	第一百四十九条　股票采用纸面形式或者国务院证券监督管理机构规定的其他形式。 股票**采用纸面形式的，**应当载明下列主要事项： （一）公司名称； （二）公司成立日期**或者股票发行的时间**；

续表

2018 年《公司法》	2023 年《公司法》
~~(四)股票的编号~~。 股票由法定代表人签名,公司盖章。 发起人的股票,应当标明发起人股票字样。	(三)股票种类、票面金额及代表的股份数,**发行无面额股的,股票代表的股份数**。 股票**采用纸面形式的,还应当载明股票的编号**,由法定代表人签名,公司盖章。 发起人股票**采用纸面形式的**,应当标明发起人股票字样。

适用要点

本条是关于股票的形式以及纸面股票记载事项的规定。

股份有限公司发行的股票应当采取纸面形式或者国务院证券监督管理机构规定的其他形式。

股票是一种要式有价证券,纸面形式的股票应记载事项包括:(1)公司名称;(2)公司成立日期或者股票发行的时间;(3)股票种类、票面金额及代表的股份数,发行无面额股的,股票代表的股份数。

纸面形式的股票,还应当载明股票的编号,必须由代表公司的法定代表人签名,并由公司盖章。发起人的股票采用纸面形式的,应当标明发起人股票的字样,以便公众了解。

第一百五十条 【股票交付】股份有限公司成立后,即向股东正式交付股票。公司成立前不得向股东交付股票。

条文对照

2018 年《公司法》	2023 年《公司法》
第一百三十二条　股份有限公司成立后,即向股东正式交付股票。公司成立前不得向股东交付股票。	**第一百五十条**　股份有限公司成立后,即向股东正式交付股票。公司成立前不得向股东交付股票。

适用要点

本条是关于股票交付的规定。

股票是股东行使其权利的唯一依据,在公司成立以后,应当立即向股东交付股票。如果公司迟延交付股票,可能会损害股东的权利。公司成立前不得向股东交付股票,如果允许公司在成立前向股东交付股票,该股票在市场上进行了流通,而公司最终没有成立的话,会严重影响市场交易秩序。

第一百五十一条　【公司发行新股决议事项及确定作价方案】公司发行新股,股东会应当对下列事项作出决议:

(一)新股种类及数额;

(二)新股发行价格;

(三)新股发行的起止日期;

(四)向原有股东发行新股的种类及数额;

(五)发行无面额股的,新股发行所得股款计入注册资本的金额。

公司发行新股,可以根据公司经营情况和财务状况,确定其作价方案。

条文对照

2018 年《公司法》	2023 年《公司法》
第一百三十三条　公司发行新股，股东大会应当对下列事项作出决议： （一）新股种类及数额； （二）新股发行价格； （三）新股发行的起止日期； （四）向原有股东发行新股的种类及数额。 **第一百三十五条**　公司发行新股，可以根据公司经营情况和财务状况，确定其作价方案。	**第一百五十一条**　公司发行新股，股东会应当对下列事项作出决议： （一）新股种类及数额； （二）新股发行价格； （三）新股发行的起止日期； （四）向原有股东发行新股的种类及数额； **（五）发行无面额股的，新股发行所得股款计入注册资本的金额。** 公司发行新股，可以根据公司经营情况和财务状况，确定其作价方案。

适用要点

本条是关于公司发行新股决议事项及确定作价方案的规定。

公司发行新股属于公司自治范畴，应当由股东会对有关事项作出决议，包括：（1）新股种类及数额；（2）新股发行价格；（3）新股发行的起止日期；（4）向原有股东发行新股的种类及数额；（5）发行无面额股的，新股发行所得股款计入注册资本的金额。

公司发行新股，可以根据公司的经营情况和财务状况，如公司的投资计划、公司的盈利状况、公司的发展前景等确定作价方案。通过公开发行的方式发行新股的，还要考虑股票市场的状况，如股票一级市场的供求情况以及二级市场的整体股价水平、股票市场的走势、股票的市盈率、同类股票的价格水平以及同期银行利率水平等因素，来确定其作价方案。

第一百五十二条　【董事会发行股份】公司章程或者股东会可以授权董事会在三年内决定发行不超过已发行股份百分之五十的股份。但以非货币财产作价出资的应当经股东会决议。

董事会依照前款规定决定发行股份导致公司注册资本、已发行股份数发生变化的,对公司章程该项记载事项的修改不需再由股东会表决。

条文对照

2018 年《公司法》	2023 年《公司法》
	第一百五十二条　公司章程或者股东会可以授权董事会在三年内决定发行不超过已发行股份百分之五十的股份。但以非货币财产作价出资的应当经股东会决议。 董事会依照前款规定决定发行股份导致公司注册资本、已发行股份数发生变化的,对公司章程该项记载事项的修改不需再由股东会表决。

适用要点

本条是关于董事会发行股份的规定。

董事会属于公司经营机构,发行股份属于股东会的权力,本条规定公司章程或者股东会可让渡部分权力给董事会,明确了授权期限、比例,在满足特定条件下,董事会获得授权,可以在 3 年内决定发行不超过已发行股份 50% 的股份。需要注意的是,股款以非货币财产作价出资的,应当经股东会决议。授权董事会发行股份,在减轻公司设立筹资难度的同时，无须经过股东会决议，简化增资程序，迎合公司经营需要，提升运营效率。

董事会发行股份会使公司注册资本、已发行股份数发生变化，公司章程修改，无须再经股东会表决。

第一百五十三条　【董事会发行新股】公司章程或者股东会授权董事会决定发行新股的，董事会决议应当经全体董事三分之二以上通过。

条文对照

2018年《公司法》	2023年《公司法》
	第一百五十三条　公司章程或者股东会授权董事会决定发行新股的，董事会决议应当经全体董事三分之二以上通过。

适用要点

本条是关于董事会决议发行新股的规定。

董事会根据公司章程规定或者获得股东会授权，决定发行新股，需要经过董事会决议，方便公司设立，提高了筹资的灵活性。董事会作出的决议不是过半数，而是要经过全体董事2/3以上通过才可以。

第一百五十四条　【公司向社会公开募集股份及招股说明书内容】公司向社会公开募集股份，应当经国务院证券监督管理机构注册，公告招股说明书。

招股说明书应当附有公司章程，并载明下列事项：

（一）发行的股份总数；

（二）面额股的票面金额和发行价格或者无面额股的发行价格；

（三）募集资金的用途；

（四）认股人的权利和义务；

（五）股份种类及其权利和义务；

（六）本次募股的起止日期及逾期未募足时认股人可以撤回所认股份的说明。

公司设立时发行股份的，还应当载明发起人认购的股份数。

条文对照

2018 年《公司法》	2023 年《公司法》
第八十五条　~~发起人~~向社会公开募集股份，*必须*公告招股说明书~~，并制作认股书。认股书应当载明本法第八十六条所列事项，由认股人填写认购股数、金额、住所，并签名、盖章。认股人按照所认购股数缴纳股款~~。 **第一百三十四条第一款**　公司经国务院证券监督管理机构~~核准~~公开发~~行新股时~~，必须公告新股招股说明书和~~财务会计报告~~，并制作认股书。 **第八十六条**　招股说明书应当附	**第一百五十四条**　**公司**向社会公开募集股份，*应当*经国务院证券监督管理机构**注册**，公告招股说明书。 招股说明书应当附有公司章程，并载明下列事项： （一）发行的股份总数； （二）**面额**股的票面金额和发行价格**或者无面额**股的发行价格； （三）募集资金的用途； （四）认股人的权利*和*义务； （五）**股份种类及其权利和义务；**

续表

2018 年《公司法》	2023 年《公司法》
有~~发起人制订的~~公司章程，并载明下列事项： （一）*发起人认购的股份数*； （二）每股的票面金额和发行价格； （三）~~无记名股票的~~发行总数； （四）募集资金的用途； （五）认股人的权利~~、~~义务； （六）本次募股的起止~~期限~~及逾期未募足时认股人可以撤回所认股份的说明。	（六）本次募股的起止**日期**及逾期未募足时认股人可以撤回所认股份的说明。 **公司设立时发行股份的，还应当载明发起人认购的股份数。**

适用要点

本条是关于公司向社会公开募集股份及招股说明书内容的规定。

公司向社会公开发行新股应当遵守相应的程序规定。向社会公开募集股份，涉及公众投资者权益的保护，因此要经国务院证券监督管理机构注册，而非核准，实现与证券法规定的衔接。

招股说明书，是指专门表达募集股份的意思并载明有关信息的书面文件，公司应当对其进行公告。根据本条规定，招股说明书的内容应当包括：(1)发行的股份总数；(2)面额股的票面金额和发行价格或者无面额股的发行价格；(3)募集资金的用途；(4)认股人的权利和义务；(5)股份种类及其权利和义务；(6)本次募股的起止日期及逾期未募足时认股人可以撤回所认股份的说明。招股说明书应当附有公司章程全文，不得有所遗漏，这样才能使社会公众对公司的情况进行全面了解，从而在充分了解有关信息的基础上，作出是否认购股份的决定。公司在设立时发行股份的，应当载明发起人认购的股份数。

第一百五十五条　【公开发行股份的方式】公司向社会公开募集股份，应当由依法设立的证券公司承销，签订承销协议。

条文对照

2018 年《公司法》	2023 年《公司法》
第八十七条　发起人向社会公开募集股份，应当由依法设立的证券公司承销，签订承销协议。	**第一百五十五条**　**公司**向社会公开募集股份，应当由依法设立的证券公司承销，签订承销协议。

适用要点

本条是关于公开发行股份的方式的规定。

公司向社会公开募集股份，应当采取由证券公司承销的方式。所谓承销，是指证券公司在规定的期限内将发行人发行的股票销售出去，承销的证券公司按照约定收取一定的佣金或者约定的报酬的行为。承销有两种方式：一种是代销，另一种是包销。本条所称依法设立的证券公司，是指经国务院证券监督管理机构审查批准，可以经营证券承销与保荐业务的证券公司。

第一百五十六条　【公开募集股份时收取股款的方式】公司向社会公开募集股份，应当同银行签订代收股款协议。

代收股款的银行应当按照协议代收和保存股款，向缴纳股款的认股人出具收款单据，并负有向有关部门出具收款证明的义务。

公司发行股份募足股款后，应予公告。

条文对照

2018 年《公司法》	2023 年《公司法》
第八十八条 ~~发起人~~向社会公开募集股份，应当同银行签订代收股款协议。 代收股款的银行应当按照协议代收和保存股款，向缴纳股款的认股人出具收款单据，并负有向有关部门出具收款证明的义务。 **第一百三十六条** 公司发行~~新~~股募足股款后~~，必须向公司登记机关办理变更登记，并~~公告。	**第一百五十六条** **公司**向社会公开募集股份，应当同银行签订代收股款协议。 代收股款的银行应当按照协议代收和保存股款，向缴纳股款的认股人出具收款单据，并负有向有关部门出具收款证明的义务。 公司发行**股份**募足股款后，**应予**公告。

适用要点

本条是关于公开募集股份时收取股款的方式的规定。

公司向社会公开募集股份，虽然是通过证券公司承销，但证券公司并不直接收取发售股份所得的股款，公司应当同银行签订代收股款协议，通过银行代收。代收股款协议属于代收股款银行与公司之间的合同，双方应当按照约定履行各自的义务。代收股款的银行负有按照协议代收和保存股款、向缴纳股款的认股人出具收款单据并向有关部门出具收款证明的义务。

由于股份有限公司的股东人数较多，特别是公开发行股票的公司和上市公司存在众多的公众投资者。为便于公司债权人及社会公众了解公司情况，维护交易秩序和交易安全，股份有限公司发行股份募足股款后，应将有关情况进行公告。

第二节 股份转让

第一百五十七条 【股份有限公司股份转让】股份有限公司的股东持有的股份可以向其他股东转让，也可以向股东以外的人转让；公司章程对股份转让有限制的，其转让按照公司章程的规定进行。

条文对照

2018年《公司法》	2023年《公司法》
第一百三十七条 股东持有的股份可以依法转让。	**第一百五十七条 股份有限公司的**股东持有的股份可以**向其他股东**转让，**也可以向股东以外的人**转让；**公司章程对股份转让有限制的，其转让按照公司章程的规定进行。**

适用要点

本条是关于股份有限公司股份转让的原则性规定。

股份有限公司体现资合性，是资本的集合，股份自由转让是股份有限公司的重要特征之一，体现公司股份的流动和价值。投资者可以通过对股份有限公司股份的自由转让转移投资风险。公司股东将其股份转让给他人，既可以向其他股东转让，也可以向股东以外的人转让。公司章程可以对股份的转让设置相应的限制，对于受限股份的转让应按照公司章程的规定进行。

典型案例

牛某与杨某确认合同无效纠纷案[1]

裁判要旨:股东持有的股份可以依法转让。股东转让其股份,应当按照国务院规定的其他方式进行。张某作为石业公司的股东,依法有权将其持有的该公司100%的股份转让,且张某转让股份给王某,已经在市场监督管理局登记备案,符合法律规定。张某以10万元的价格转让石业公司100%的股权,其本人在《股权转让协议》上签字认可,并办理了股权转让手续,是其个人真实意思表示。因现有证据不能证实张某与王某签订的《股权转让协议》存在有恶意串通损害国家、集体或者第三人利益的情形存在,应认定该协议合法有效。

第一百五十八条 【股份转让场所和方式】股东转让其股份,应当在依法设立的证券交易场所进行或者按照国务院规定的其他方式进行。

条文对照

2018年《公司法》	2023年《公司法》
第一百三十八条　股东转让其股份,应当在依法设立的证券交易场所进行或者按照国务院规定的其他方式进行。	第一百五十八条　股东转让其股份,应当在依法设立的证券交易场所进行或者按照国务院规定的其他方式进行。

[1] 参见云南省文山壮族苗族自治州中级人民法院民事判决书,(2020)云26民终751号。

适用要点

本条是关于股份转让场所和方式的规定。

我国的证券交易场所，主要包括证券交易所、经国务院批准设立的全国中小企业股份转让系统（“新三板”）、经证监会批准设立的证券公司柜台市场以及经省级政府批准设立的区域性股权市场等场所。股份有限公司的股东转让其股权应当在依法设立的证券交易场所进行，这样有利于保护广大投资者的合法权益。股份有限公司的股份转让，除在依法设立的证券交易场所进行外，还可以其他适当的方式进行，本条授权国务院规定股份转让的其他方式。

第一百五十九条　【股票转让方式】股票的转让，由股东以背书方式或者法律、行政法规规定的其他方式进行；转让后由公司将受让人的姓名或者名称及住所记载于股东名册。

股东会会议召开前二十日内或者公司决定分配股利的基准日前五日内，不得变更股东名册。法律、行政法规或者国务院证券监督管理机构对上市公司股东名册变更另有规定的，从其规定。

条文对照

2018 年《公司法》	2023 年《公司法》
第一百三十九条　记名股票，由股东以背书方式或者法律、行政法规规定的其他方式转让；转让后由公司将受让人的姓名或者名称及住所记载于股东名册。	第一百五十九条　股票的转让，由股东以背书方式或者法律、行政法规规定的其他方式进行；转让后由公司将受让人的姓名或者名称及住所记载于股东名册。

续表

2018 年《公司法》	2023 年《公司法》
股东大会召开前二十日内或者公司决定分配股利的基准日前五日内，不得~~进行前款规定的~~股东名册的变更登记。~~但是，~~法律对上市公司股东名册变更~~登记~~另有规定的，从其规定。	股东会**会议**召开前二十日内或者公司决定分配股利的基准日前五日内，不得变更股东名册。法律、**行政法规或者国务院证券监督管理机构**对上市公司股东名册变更另有规定的，从其规定。

适用要点

本条是关于股票转让方式的规定。

按照本条的规定，股份有限公司的股票转让，由股东以背书方式或者法律、行政法规规定的其他方式进行。股份有限公司包括上市公司和非上市公司，上市公司股票则由法律、行政法规规定的方式进行，而非上市公司股票可能采取无纸化的形式，无法用背书方式，也需要按照法律、行政法规规定的其他方式进行转让。股票转让后，公司应当将受让人姓名或者名称及住所记载于股东名册，以便受让股东行使股东权利，也便于公司其他股东及其他有关人员了解公司股份构成及股权情况。

只有股东确定，才能确保股东会会议顺利召开。本条第 2 款规定了股东会会议召开前 20 日内或者公司决定分配股利的基准日前 5 日内，不得变更股东名册。上市公司的股票依法在证券交易所进行集中交易，或者按照国务院规定的其他方式进行。本条专门规定，法律、行政法规或者国务院证券监督管理机构对上市公司股东名册变更登记另有规定的，从其规定。

第一百六十条　【股份转让限制】公司公开发行股份前已发行的股份，自公司股票在证券交易所上市交易之日起一年内不得转让。法律、行政法规或者国务院证券监督管理机构对上市公司的股东、实际控制人转让其所持有的本公司股份另有规定的，从其规定。

公司董事、监事、高级管理人员应当向公司申报所持有的本公司的股份及其变动情况，在就任时确定的任职期间每年转让的股份不得超过其所持有本公司股份总数的百分之二十五；所持本公司股份自公司股票上市交易之日起一年内不得转让。上述人员离职后半年内，不得转让其所持有的本公司股份。公司章程可以对公司董事、监事、高级管理人员转让其所持有的本公司股份作出其他限制性规定。

股份在法律、行政法规规定的限制转让期限内出质的，质权人不得在限制转让期限内行使质权。

条文对照

2018年《公司法》	2023年《公司法》
第一百四十一条　~~发起人持有的本公司股份，自公司成立之日起一年内不得转让。~~公司公开发行股份前已发行的股份，自公司股票在证券交易所上市交易之日起一年内不得转让。 公司董事、监事、高级管理人员应当向公司申报所持有的本公司的股份及其变动情况，在任职期间每年转让的股份不得超过其所持有本公司股份总	第一百六十条　公司公开发行股份前已发行的股份，自公司股票在证券交易所上市交易之日起一年内不得转让。**法律、行政法规或者国务院证券监督管理机构对上市公司的股东、实际控制人转让其所持有的本公司股份另有规定的，从其规定。** 公司董事、监事、高级管理人员应当向公司申报所持有的本公司的股份

续表

2018 年《公司法》	2023 年《公司法》
数的百分之二十五；所持本公司股份自公司股票上市交易之日起一年内不得转让。上述人员离职后半年内，不得转让其所持有的本公司股份。公司章程可以对公司董事、监事、高级管理人员转让其所持有的本公司股份作出其他限制性规定。	及其变动情况，在**就任时确定的**任职期间每年转让的股份不得超过其所持有本公司股份总数的百分之二十五；所持本公司股份自公司股票上市交易之日起一年内不得转让。上述人员离职后半年内，不得转让其所持有的本公司股份。公司章程可以对公司董事、监事、高级管理人员转让其所持有的本公司股份作出其他限制性规定。 **股份在法律、行政法规规定的限制转让期限内出质的，质权人不得在限制转让期限内行使质权。**

适用要点

本条是关于股份有限公司股份转让限制的规定。

股份有限公司发行股份包括公开发行和非公开发行。公司公开发行股份的，对公开发行股份前公司已经发行的股份的转让应当进行限制，以避免扰乱证券市场秩序，影响公司的正常运营。因此，本条规定，公司公开发行股份前已发行的股份，自公司股票在证券交易所上市交易之日起1年之内不得转让。《证券法》第36条规定："依法发行的证券，《中华人民共和国公司法》和其他法律对其转让期限有限制性规定的，在限定的期限内不得转让。上市公司持有百分之五以上股份的股东、实际控制人、董事、监事、高级管理人员，以及其他持有发行人首次公开发行前发行的股份或者上市公司向特定对象发行的股份的股东，转让其持有的本公司股份的，不得违反法律、行政法规和国务院证券监督管理机构关于持有期限、卖出时间、卖出数量、卖出方式、信息披露等规定，并应当遵守证券交易所的业务规则。"法律、行政法规或者国务院证券监督管理机构对上市公司的股东、实际控制人转让其所持有的本公司股份另有规定的,从其规定。

为保护公众投资者的合法权益,防止公司董事、监事、高级管理人员实施内部交易,或者利用职权便利获取不正当利益,对其在就任时确定的任职期间的股份转让减持行为作出限制,要求其申报其所持有的本公司股份及变动情况,在就任时确定的任职期间每年转让的股份不得超过其所持有的本公司股份总数的25%。董事、监事、高级管理人员持有的本公司股份,自公司股票在证券交易所上市交易之日起1年内不得转让,亦不得在从公司离职之日起半年内转让。本条还授权公司章程对公司董事、监事、高级管理人员转让其所持有的本公司股份作出其他限制性规定。股份属于动产,可以进行出质,但对法律、行政法规规定了股票限制转让的,质权人不得在限制转让期限内行使质权。如果允许质权人行使质权,会导致设定的转让期限制落空。

典型案例一

窦某与李某股权转让纠纷案[1]

裁判要旨:2018年《公司法》规定,发起人持有的本公司股份,自公司成立之日起1年内不得转让。公司公开发行股份前已发行的股份,自公司股票在证券交易所上市交易之日起1年内不得转让。窦某系公司发起人(股东),其在知道公司股权质押期间无法办理股权变更登记手续的情况下,仍和全体股东将公司股权质押,并且未对此提出异议,应视为其对办理股权转让协议中股权变更登记的期限进行了延期。

〔1〕参见新疆维吾尔自治区乌鲁木齐市中级人民法院民事判决书,(2020)新01民终477号。

典型案例二

张某平与王某股权转让合同纠纷案[1]

裁判要旨：发起人持有的本公司股份，自公司成立之日起3年内不得转让。股份有限公司的发起人在公司成立后3年内，与他人签订股权转让协议，约定在公司成立3年后为受让方办理股权过户手续，并在协议中约定将股权委托受让方行使的，该股权转让合同并不违反《公司法》的上述规定，股权转让合同应认定为合法有效。

第一百六十一条 【股东可以请求公司回购其股份的情形】有下列情形之一的，对股东会该项决议投反对票的股东可以请求公司按照合理的价格收购其股份，公开发行股份的公司除外：

（一）公司连续五年不向股东分配利润，而公司该五年连续盈利，并且符合本法规定的分配利润条件；

（二）公司转让主要财产；

（三）公司章程规定的营业期限届满或者章程规定的其他解散事由出现，股东会通过决议修改章程使公司存续。

自股东会决议作出之日起六十日内，股东与公司不能达成股份收购协议的，股东可以自股东会决议作出之日起九十日内向人民法院提起诉讼。

公司因本条第一款规定的情形收购的本公司股份，应当在六个月内依法转让或者注销。

〔1〕 参见张某平与王某股权转让合同纠纷案，载《最高人民法院公报》2007年第5期。

条文对照

2018 年《公司法》	2023 年《公司法》
第七十四条　有下列情形之一的，对股东会该项决议投反对票的股东可以请求公司按照合理的价格收购其股权： （一）公司连续五年不向股东分配利润，而公司该五年连续盈利，并且符合本法规定的分配利润条件的； （二）公司~~合并、分立、~~转让主要财产的； （三）公司章程规定的营业期限届满或者章程规定的其他解散事由出现，股东会~~会议~~通过决议修改章程使公司存续的。 自股东会~~会议~~决议~~通过~~之日起六十日内，股东与公司不能达成~~股权~~收购协议的，股东可以自股东会~~会议~~决议~~通过~~之日起九十日内向人民法院提起诉讼。	**第一百六十一条**　有下列情形之一的，对股东会该项决议投反对票的股东可以请求公司按照合理的价格收购其**股份，公开发行股份的公司除外**： （一）公司连续五年不向股东分配利润，而公司该五年连续盈利，并且符合本法规定的分配利润条件； （二）公司转让主要财产； （三）公司章程规定的营业期限届满或者章程规定的其他解散事由出现，股东会通过决议修改章程使公司存续。 自股东会决议**作出**之日起六十日内，股东与公司不能达成**股份**收购协议的，股东可以自股东会决议**作出**之日起九十日内向人民法院提起诉讼。 **公司因本条第一款规定的情形收购的本公司股份，应当在六个月内依法转让或者注销。**

适用要点

本条是关于股东在特殊情况下可以请求公司回购其股份而退出公司的规定。

公开发行股份的公司股东可以通过出售股票的方式退出公司，除此之外，其他异议股东提出回购请求需要满足退出公司的法定条件。异议股东回购请求权扩大至股份有限公司，删除了 2018 年《公司法》中公司合并、分立时投反对票的股东可请求公司收购股权的规定。股东会在该股东投反对票的情况下依然对以下3种情形作出有效决议，该投反对票的股东可以请求公司按照合理的价格收购其股权：(1)公司连续5年不向股东分配利润，而公司该5年连续盈利，并且符合本法规定的分配利润条件；(2)公司转让主要财产；(3)公司章程规定的营业期限届满或者章程规定的其他解散事由出现，股东会通过决议修改章程使公司存续。股东退出公司的法定程序是首先应当请求公司收购其股权，尽量通过协商的方式解决。其次自股东会决议作出之日起60日内，股东与公司不能达成股份收购协议的，股东可以自股东会决议作出之日起90日内向人民法院提起诉讼。由于公司不得收购本公司股份，公司因本条第1款规定的情形回购股份后，应当在回购之日起6个月内转让或者注销股份。

典型案例

袁某晖与长江置业（湖南）发展有限公司请求公司收购股份纠纷案[1]

裁判要旨：根据公司法之规定，对股东会决议转让公司主要财产投反对票的股东有权请求公司以合理价格回购其股权。非因自身过错未能参加股东会的股东，虽未对股东会决议投反对票，但对公司转让主要财产明确提出反对意见的，其请求公司以公平价格收购其股权，法院应予支持。

第一百六十二条 【公司股份回购】公司不得收购本公司股份。但是，有下列情形之一的除外：

[1] 参见最高人民法院民事裁定书，(2014)民申字第2154号。

（一）减少公司注册资本；

（二）与持有本公司股份的其他公司合并；

（三）将股份用于员工持股计划或者股权激励；

（四）股东因对股东会作出的公司合并、分立决议持异议，要求公司收购其股份；

（五）将股份用于转换公司发行的可转换为股票的公司债券；

（六）上市公司为维护公司价值及股东权益所必需。

公司因前款第一项、第二项规定的情形收购本公司股份的，应当经股东会决议；公司因前款第三项、第五项、第六项规定的情形收购本公司股份的，可以按照公司章程或者股东会的授权，经三分之二以上董事出席的董事会会议决议。

公司依照本条第一款规定收购本公司股份后，属于第一项情形的，应当自收购之日起十日内注销；属于第二项、第四项情形的，应当在六个月内转让或者注销；属于第三项、第五项、第六项情形的，公司合计持有的本公司股份数不得超过本公司已发行股份总数的百分之十，并应当在三年内转让或者注销。

上市公司收购本公司股份的，应当依照《中华人民共和国证券法》的规定履行信息披露义务。上市公司因本条第一款第三项、第五项、第六项规定的情形收购本公司股份的，应当通过公开的集中交易方式进行。

公司不得接受本公司的股份作为质权的标的。

条文对照

2018 年《公司法》	2023 年《公司法》
第一百四十二条 公司不得收购本公司股份。但是，有下列情形之一的除外： （一）减少公司注册资本； （二）与持有本公司股份的其他公司合并； （三）将股份用于员工持股计划或者股权激励； （四）股东因对股东大会作出的公司合并、分立决议持异议，要求公司收购其股份； （五）将股份用于转换上市公司发行的可转换为股票的公司债券； （六）上市公司为维护公司价值及股东权益所必需。 公司因前款第（一）项、第（二）项规定的情形收购本公司股份的，应当经股东大会决议；公司因前款第（三）项、第（五）项、第（六）项规定的情形收购本公司股份的，可以*依照*公司章程的规定或者股东大会的授权，经三分之二以上董事出席的董事会会议决议。 公司依照本条第一款规定收购本公司股份后，属于第（一）项情形的，应当自收购之日起十日内注销；属于第（二）项、第（四）项情形的，应当在六个月内转让或者注销；属于第（三）项、第（五）项、第（六）项情形的，公司合计持	**第一百六十二条** 公司不得收购本公司股份。但是，有下列情形之一的除外： （一）减少公司注册资本； （二）与持有本公司股份的其他公司合并； （三）将股份用于员工持股计划或者股权激励； （四）股东因对股东会作出的公司合并、分立决议持异议，要求公司收购其股份； （五）将股份用于转换公司发行的可转换为股票的公司债券； （六）上市公司为维护公司价值及股东权益所必需。 公司因前款第一项、第二项规定的情形收购本公司股份的，应当经股东会决议；公司因前款第三项、第五项、第六项规定的情形收购本公司股份的，可以*按照*公司章程或者股东会的授权，经三分之二以上董事出席的董事会会议决议。 公司依照本条第一款规定收购本公司股份后，属于第一项情形的，应当自收购之日起十日内注销；属于第二项、第四项情形的，应当在六个月内转让或者注销；属于第三项、第五项、第六项情形的，公司合计持有的本公司股份

续表

2018 年《公司法》	2023 年《公司法》
有的本公司股份数不得超过本公司已发行股份总额的百分之十,并应当在三年内转让或者注销。 上市公司收购本公司股份的,应当依照《中华人民共和国证券法》的规定履行信息披露义务。上市公司因本条第一款第(三)项、第(五)项、第(六)项规定的情形收购本公司股份的,应当通过公开的集中交易方式进行。 公司不得接受本公司的股票作为~~质押权~~的标的。	数不得超过本公司已发行股份总数的百分之十,并应当在三年内转让或者注销。 上市公司收购本公司股份的,应当依照《中华人民共和国证券法》的规定履行信息披露义务。上市公司因本条第一款第三项、第五项、第六项规定的情形收购本公司股份的,应当通过公开的集中交易方式进行。 公司不得接受本公司的股**份**作为**质权**的标的。

适用要点

本条是关于公司股份回购的规定。

公司不能通过持有本公司股份而成为本公司的股东,因此,公司不得收购本公司股份。本条对禁止股份回购作出原则规定,同时,允许公司在特定情形下进行股份回购:(1)减少公司注册资本;(2)与持有本公司股份的其他公司合并;(3)将股份用于员工持股计划或者股权激励;(4)股东因对股东会作出的公司合并、分立决议持异议,要求公司收购其股份;(5)将股份用于转换公司发行的可转换为股票的公司债券;(6)上市公司为维护公司价值及股东权益所必需。本条第 1 款第 1 项和第 2 项属于股东会职权事项,应当经股东会决议,属于第 1 项情形的,应当在收购之日起 10 日内注销股份;属于第 2 项情形的,应当在 6 个月内转让或者注销股份。因第 3 项、第 5 项、第 6 项规定的情形收购本公司股份的,可以按照公司章程或者股东会的授权,经 2/3 以上董事出席的董事会会议决议,公司合计持有的本公司股份数不得超过本公司已发行股份总数的 10%,并应当在3年内转让或者注销。本条第1款第4项不需要经股东会或者董事会决议,公司回购股份后,应当在回购之日起6个月内转让或者注销股份。

本条第4款规定上市公司收购本公司股份的,应当依照《证券法》的规定履行信息披露义务,保护公司、债权人及投资者的合法权益。上市公司因员工持股计划或者股权激励、用于转换上市公司发行的可转换为股票的公司债券、维护公司价值及股东权益等原因回购股份的,应当通过证券交易所内公开的集中交易方式进行。

质权的设立是以债权人可以取得质权标的物的所有权为前提。除了法定情形外,公司不得拥有本公司股份,因此本公司的股份不能作为质权标的物进行担保。

典型案例

新余甄投云联成长投资管理中心与广东运货柜信息技术有限公司新增资本认购纠纷、买卖合同纠纷案[1]

裁判要旨:2018年《公司法》第142条对于股权回购的规定同样适用于有限责任公司。涉案回购协议并未损害公司利益、债权人利益,且不存在其他影响合同效力的事由的,人民法院对于回购协议的合法性应予认可。

第一百六十三条　【不得为他人取得本公司或母公司股份提供财务资助】公司不得为他人取得本公司或者其母公司的股份提供赠与、借款、担保以及其他财务资助,公司实施员工持股计划的除外。

〔1〕 参见最高人民法院民事裁定书,(2020)最高法民申1191号。

为公司利益，经股东会决议，或者董事会按照公司章程或者股东会的授权作出决议，公司可以为他人取得本公司或者其母公司的股份提供财务资助，但财务资助的累计总额不得超过已发行股本总额的百分之十。董事会作出决议应当经全体董事的三分之二以上通过。

违反前两款规定，给公司造成损失的，负有责任的董事、监事、高级管理人员应当承担赔偿责任。

条文对照

2018年《公司法》	2023年《公司法》
	第一百六十三条　公司不得为他人取得本公司或者其母公司的股份提供赠与、借款、担保以及其他财务资助，公司实施员工持股计划的除外。 为公司利益，经股东会决议，或者董事会按照公司章程或者股东会的授权作出决议，公司可以为他人取得本公司或者其母公司的股份提供财务资助，但财务资助的累计总额不得超过已发行股本总额的百分之十。董事会作出决议应当经全体董事的三分之二以上通过。 违反前两款规定，给公司造成损失的，负有责任的董事、监事、高级管理人员应当承担赔偿责任。

适用要点

本条是关于公司不得为他人取得本公司或母公司股份提供财务资助的规定。

公司提供财务资助的行为，是指公司为他人取得本公司股份或母公司股份而提供财务资助的行为，包括赠与、借款、担保、债务减免等使公司资产向公司股东或潜在股东流出的行为。对于为他人取得本公司或母公司股份而提供财务资助的行为，在《公司法》中原则上是被禁止的。本条的立法旨意是预防公司控制权人滥用权限，使用公司资产为股东或潜在股东取得本公司股份进行不当的利益输送，防止公司不正当影响公司的股价或者通过循环增资而虚增公司资本的欺诈行为。[1]

本条实际上是将上市公司层面的财务资助监管制度和要求引入《公司法》，进行统一立法，增加违法成本。我国原来的禁止财务资助规则比较分散，规定了可以适用的4种场景，即到境外上市的公司、上市公司与非上市公众公司的收购、上市公司的证券发行与承销和上市公司与部分国有企业的股权激励计划。[2] 最早是国家经济体制改革委员会在1993年印发的《到香港上市公司章程必备条款》和1994年国务院证券委员会、国家经济体制改革委员会的《关于执行〈到境外上市公司章程必备条款〉的通知》(已失效)对财务资助行为进行规范。1999年，证监会在《关于进一步完善股票发行方式的通知》(已失效)第15条规定，配售前，发行公司须向证监会出具承诺函，保证在整个配售过程中，发行公司不向参加配售的法人提供任何财务资助和补偿。2020年证监会发布的《上市公司证券发行管理办法》(已失效)第73条规定，上市公司和保荐机构、承销商向参与认购的投资者提供财务资助或补偿的，中国证监会可以责令改正；情节严重的，处以警告、罚款。2023年修订的《证券发行与承销管理办法》第

〔1〕 参见沈朝晖：《财务资助行为的体系化规制——兼评释2021〈公司法(修订草案)〉第174条》，载《中国政法大学学报》2022年第5期。

〔2〕 参见皮正德：《禁止财务资助规则的公司法建构》，载《法学研究》2023年第1期。

38 条规定，上市公司向特定对象发行证券的，上市公司及其控股股东、实际控制人、主要股东不得向发行对象做出保底保收益或者变相保底保收益承诺，也不得直接或者通过利益相关方向发行对象提供财务资助或者其他补偿。《上海证券交易所股票上市规则》第 6.1.1 条和第 6.1.9 条将公司提供财务资助列为重大交易事项，要求经董事会特别多数决通过。如果满足被资助方最近一期财务报表数据显示资产负债率超过 70% 等特定条件，还需要股东大会决议通过。《深圳证券交易所上市公司自律监管指引第 1 号——主板上市公司规范运作》在第 6 章第 1 节的提供财务资助部分明确了相关要求及相关规定适用情形。

本条结合已有规定，对财务资助进行了进一步细化和统一，在财务资助行为本身存在利益冲突的情况下，规范决策程序并限制资助总金额。本条第 1 款是禁止公司为他人取得本公司或者母公司的股份提供赠与、借款、担保以及其他财务资助的原则性规定，但是规定了例外情形，即公司实施员工持股计划的除外。本条第 2 款是只要为公司利益，经股东会决议，或者董事会按照公司章程或者股东会的授权作出决议，公司就可以为他人取得本公司或者其母公司的股份提供财务资助，只不过该财务资助的累计总额不得超过已发行股本总额的 10% 。董事会作出决议应当经全体董事的 2/3 以上通过。本条第 3 款规定了违法财务资助的民事法律责任，违反前两款规定，给公司造成损失的，负有责任的董事、监事、高级管理人员应当承担赔偿责任。

第一百六十四条　【股票被盗、遗失或者灭失的处理】股票被盗、遗失或者灭失，股东可以依照《中华人民共和国民事诉讼法》规定的公示催告程序，请求人民法院宣告该股票失效。人民法院宣告该股票失效后，股东可以向公司申请补发股票。

条文对照

2018 年《公司法》	2023 年《公司法》
第一百四十三条 记名股票被盗、遗失或者灭失,股东可以依照《中华人民共和国民事诉讼法》规定的公示催告程序,请求人民法院宣告该股票失效。人民法院宣告该股票失效后,股东可以向公司申请补发股票。	**第一百六十四条** 股票被盗、遗失或者灭失,股东可以依照《中华人民共和国民事诉讼法》规定的公示催告程序,请求人民法院宣告该股票失效。人民法院宣告该股票失效后,股东可以向公司申请补发股票。

适用要点

本条是关于股票被盗、遗失或者灭失的处理的规定。

根据本法第 159 条的规定,股票可以由股东以背书方式转让,符合《民事诉讼法》规定的公示催告程序使用的标的。《民事诉讼法》第 229 条规定:“按照规定可以背书转让的票据持有人,因票据被盗、遗失或者灭失,可以向票据支付地的基层人民法院申请公示催告。依照法律规定可以申请公示催告的其他事项,适用本章规定。申请人应当向人民法院递交申请书,写明票面金额、发票人、持票人、背书人等票据主要内容和申请的理由、事实。”根据该规定,股票被盗、遗失或者灭失,股东可以向人民法院提出公示催告申请,向人民法院递交申请书,写明股票的主要内容和申请的理由、事实。人民法院受理申请后,应当同时通知公司停止该股票所代表股东权利的行使;并在 3 日内发布公告,催促利害关系人申报权利。公示催告的期间,由人民法院根据情况决定,但不得少于 60 日。利害关系人认为股东的公示催告请求与事实不符合的,如申报该股票并不是被盗、遗失或者灭失,而是被合法转让给自己的,应当在公示催告期间向人民法院申报。在公示催告期间,没有利害关系人申报的,人民法院即根据申请人的申请,作出判决,宣告该股票无效。判决应当公告,并通知公司。

经人民法院公示催告程序宣告股票无效后，股东可以依据本条的规定，请求公司向其补发股票。

第一百六十五条　【上市公司股票交易】上市公司的股票，依照有关法律、行政法规及证券交易所交易规则上市交易。

条文对照

2018 年《公司法》	2023 年《公司法》
第一百四十四条　上市公司的股票，依照有关法律、行政法规及证券交易所交易规则上市交易。	**第一百六十五条**　上市公司的股票，依照有关法律、行政法规及证券交易所交易规则上市交易。

适用要点

本条是关于上市公司股票交易的规定。

上市公司，是指所发行的股票在依法设立的证券交易所上市交易的股份有限公司。在股票上市条件方面，按照《证券法》第 13 条的规定，公司公开发行新股要符合法定条件。《证券法》对上市公司股票的交易进行了全面规范，包括股票交易的具体方式、信息公开、禁止的交易行为、上市公司收购等。

第一百六十六条　【上市公司信息披露】上市公司应当依照法律、行政法规的规定披露相关信息。

条文对照

2018 年《公司法》	2023 年《公司法》
第一百四十五条 上市公司*必须*依照法律、行政法规的规定，~~公开其财务状况、经营情况及重大诉讼，在每会计年度内半年公布一次财务会计报告~~。	**第一百六十六条** 上市公司*应当*依照法律、行政法规的规定**披露相关信息**。

适用要点

本条是关于上市公司信息披露的规定。

股份有限公司公开发行的股票交易，涉及广大不特定的投资者，要求上市公司进行信息披露，有利于保护投资者合法权益，加强对证券市场的监管。《证券法》第 5 章专门规定了信息披露，其中第 78 条规定，发行人及法律、行政法规和国务院证券监督管理机构规定的其他信息披露义务人，应当及时依法履行信息披露义务。信息披露义务人披露的信息，应当真实、准确、完整，简明清晰，通俗易懂，不得有虚假记载、误导性陈述或者重大遗漏。证券同时在境内境外公开发行、交易的，其信息披露义务人在境外披露的信息，应当在境内同时披露。因此，上市公司应当依照法律、行政法规的规定披露包括公司财务状况、经营情况、涉及的重大诉讼等相关信息。

第一百六十七条 【股份有限公司自然人股东死亡后股东资格继承】自然人股东死亡后，其合法继承人可以继承股东资格；但是，股份转让受限的股份有限公司的章程另有规定的除外。

条文对照

2018 年《公司法》	2023 年《公司法》
第七十五条　自然人股东死亡后，其合法继承人可以继承股东资格；但是，公司章程另有规定的除外。	**第一百六十七条**　自然人股东死亡后，其合法继承人可以继承股东资格；但是，**股份转让受限的股份有限公司的**章程另有规定的除外。

适用要点

本条是关于股份有限公司自然人股东死亡后股东资格继承的规定。

本条规定股东资格继承的一般原则，股东的出资额是股东的个人合法财产，应当依照《民法典》的规定，由他人依法继承，因此，与有限责任公司的自然人股东相同，股份有限公司自然人股东的合法继承人可以继承股东资格，同时，允许股份转让受限的股份有限公司的章程作出其他安排。

典型案例

启东市建都房地产开发有限公司与周某股东资格确认纠纷案[1]

裁判要旨：公司章程作为公司的自治规则，是公司组织与活动最基本与最重要的准则，对全体股东均具有约束力。正确理解章程条款，应在文义解释的基础上，综合考虑章程体系、制定背景以及实施情况等因素。首先，启东市建都房

[1] 参见最高人民法院民事判决书，(2018)最高法民终 88 号。

地产开发有限公司(以下简称建都公司)自2007年以来先后经历5次章程修订。自2009年起章程中删除了继承人可以继承股东资格的条款,且明确规定股东不得向股东以外的人转让股权,可以反映出建都公司具有高度的人合性和封闭性特征。其次,周某去世前,2015年1月10日的公司章程第7条第3款对死亡股东股权的处理已经作出了规定,虽然未明确死亡股东的股东资格不能继承,但结合该条所反映的建都公司高度人合性和封闭性的特征,以及死亡股东应及时办理股权转让手续的表述,可以认定排除股东资格继承是章程的真实意思表示。最后,周某去世之前,股东郁某某、曹某某在离职时均将股权进行了转让,不再是建都公司的在册股东,建都公司亦根据章程规定支付了持股期间的股权回报款。该事例亦进一步印证了股东离开公司后按照章程规定不再享有股东资格的实践情况。

第七章　国家出资公司组织机构的特别规定

第一百六十八条　【国家出资公司的组织机构及概念】国家出资公司的组织机构，适用本章规定；本章没有规定的，适用本法其他规定。

本法所称国家出资公司，是指国家出资的国有独资公司、国有资本控股公司，包括国家出资的有限责任公司、股份有限公司。

条文对照

2018 年《公司法》	2023 年《公司法》
第六十四条　~~国有独资~~公司的设~~立和~~组织机构，适用本节规定；本节没有规定的，适用~~本章第一节、第二节的~~规定。 本法所称~~国有独资~~公司，是指国家~~单独出资、由国务院或者地方人民政府授权本级人民政府国有资产监督管理机构履行出资人职责~~的有限责任公司。	第一百六十八条　**国家出资**公司的组织机构，适用本**章**规定；本**章**没有规定的，适用**本法其他**规定。 本法所称**国家出资**公司，是指国家出资的**国有独资公司、国有资本控股公司，包括国家出资**的有限责任公司、**股份有限公司**。

适用要点

本条是关于国家出资公司的组织机构及概念的规定。

本条第 2 款规定了国家出资公司的概念,源自《企业国有资产法》第 5 条的规定,[1]国家出资公司是指国家出资的国有独资公司、国有资本控股公司,包括国家出资的有限责任公司和股份有限公司。

本条第 1 款在国家出资公司组织机构的法律适用上进行了明确规定,按照本条第 1 款的规定,国家出资公司在组织机构上首先适用本章专门规定;本章没有规定的,适用本法其他规定。

第一百六十九条 【履行国家出资公司出资人职责的主体】国家出资公司,由国务院或者地方人民政府分别代表国家依法履行出资人职责,享有出资人权益。国务院或者地方人民政府可以授权国有资产监督管理机构或者其他部门、机构代表本级人民政府对国家出资公司履行出资人职责。

代表本级人民政府履行出资人职责的机构、部门,以下统称为履行出资人职责的机构。

条文对照

2018 年《公司法》	2023 年《公司法》
	第一百六十九条　国家出资公司,由国务院或者地方人民政府分别代表国家依法履行出资人职责,享有出资人

[1] 《企业国有资产法》第 5 条规定:"本法所称国家出资企业,是指国家出资的国有独资企业、国有独资公司,以及国有资本控股公司、国有资本参股公司。"

续表

2018 年《公司法》	2023 年《公司法》
	权益。国务院或者地方人民政府可以授权国有资产监督管理机构或者其他部门、机构代表本级人民政府对国家出资公司履行出资人职责。 代表本级人民政府履行出资人职责的机构、部门,以下统称为履行出资人职责的机构。

适用要点

本条是关于履行国家出资公司出资人职责的主体的规定。

国家出资公司具有特殊性,股东不是一般的自然人或者法人而是国家,国有资产监督管理机构或者其他部门、机构代表受国家机关(包括国务院和地方人民政府)委托,行使股东权利、履行出资人职责和义务。受托履行出资人职责的主体包括国有资产监督管理机构或者其他部门、机构代表,而代表本级人民政府履行出资人职责的机构、部门,统称为履行出资人职责的机构。

《企业国有资产法》第 11 条规定:"国务院国有资产监督管理机构和地方人民政府按照国务院的规定设立的国有资产监督管理机构,根据本级人民政府的授权,代表本级人民政府对国家出资企业履行出资人职责。国务院和地方人民政府根据需要,可以授权其他部门、机构代表本级人民政府对国家出资企业履行出资人职责。代表本级人民政府履行出资人职责的机构、部门,以下统称履行出资人职责的机构。"

第一百七十条　【国家出资公司党组织的领导作用】国家出资公司中中国共产党的组织，按照中国共产党章程的规定发挥领导作用，研究讨论公司重大经营管理事项，支持公司的组织机构依法行使职权。

条文对照

2018年《公司法》	2023年《公司法》
	第一百七十条　国家出资公司中中国共产党的组织，按照中国共产党章程的规定发挥领导作用，研究讨论公司重大经营管理事项，支持公司的组织机构依法行使职权。

适用要点

本条是关于国家出资公司党组织发挥领导作用的规定。

本条是本法第18条的具体化。本法第18条规定："在公司中，根据中国共产党章程的规定，设立中国共产党的组织，开展党的活动。公司应当为党组织的活动提供必要条件。"国有企业是中国特色社会主义的重要物质基础和政治基础，是党执政兴国的重要支柱和依靠力量。坚持党的领导、加强党的建设是国有企业的"根"和"魂"，是我国国有企业的光荣传统和独特优势。要坚持和加强党对国有企业的全面领导，提高国有企业党的建设质量，推动国有企业高质量发展。《中国共产党国有企业基层组织工作条例（试行）》第11条第1句规定："国有企业党委（党组）发挥领导作用，把方向、管大局、保落实，依照规定讨论和决定企业重大事项。"第13条规定："国有企业应当将党建工作要求写入公司章程，写明党组织的职责权限、机构设置、运行机制、基础保障等重要事项，明确党组织研究讨论是董事会、经理层决策重大问题的前置程序，落实党组织在公司治理结构中的法定地位。”本条吸收了前述条文的内容，将党的领导融入公司治理框架，规定国家出资公司中中国共产党的组织，要按照《中国共产党章程》的规定发挥领导作用，研究讨论公司重大经营管理事项，支持公司的组织机构依法行使职权，确保对国家出资公司经营管理人员的有效监督。

第一百七十一条　【国有独资公司章程制定】国有独资公司章程由履行出资人职责的机构制定。

条文对照

2018年《公司法》	2023年《公司法》
第六十五条　国有独资公司章程由国~~有资产监督管理~~机构制定~~，或者由董事会制订报国有资产监督管理机构批准~~。	**第一百七十一条**　国有独资公司章程由**履行出资人职责的**机构制定。

适用要点

本条是关于国有独资公司章程制定的规定。

公司章程是公司的基本纲领，对公司、股东、董事、监事、高级管理人员具有约束力。公司章程一般由全体股东共同制定。国有独资公司不设股东会，由履行出资人职责的机构履行出资人的职责和义务，因此，国有独资公司制定章程的职权也由履行出资人职责的机构来行使。

第一百七十二条 【国有独资公司不设股东会以及公司重大事项决定】国有独资公司不设股东会，由履行出资人职责的机构行使股东会职权。履行出资人职责的机构可以授权公司董事会行使股东会的部分职权，但公司章程的制定和修改，公司的合并、分立、解散、申请破产，增加或者减少注册资本，分配利润，应当由履行出资人职责的机构决定。

条文对照

2018 年《公司法》	2023 年《公司法》
第六十六条　国有独资公司不设股东会，由~~国有资产监督管理~~机构行使股东会职权。~~国有资产监督管理~~机构可以授权公司董事会行使股东会的部分职权，~~决定公司的重大事项，~~但公司的合并、分立、解散、增加或者减少注册资本~~和发行公司债券~~，必须由~~国有资产监督管理~~机构决定~~；其中，重要的国有独资公司合并、分立、解散、申请破产的，应当由国有资产监督管理机构审核后，报本级人民政府批准。~~ ~~前款所称重要的国有独资公司，按照国务院的规定确定。~~	第一百七十二条　国有独资公司不设股东会，由**履行出资人职责的**机构行使股东会职权。**履行出资人职责的**机构可以授权公司董事会行使股东会的部分职权，但**公司章程的制定和修改，**公司的合并、分立、解散、申请破产，增加或者减少注册资本，**分配利润，**应当由**履行出资人职责的**机构决定。

适用要点

本条是关于国有独资公司不设股东会以及公司重大事项决定的规定。

根据本条规定，国有独资公司不设股东会，而是由履行出资人职责的机构代表国家行使股东会的职权。履行出资人职责的机构代表本级人民政府对国家出资企业依法享有资产收益、参与重大决策和选择管理者等出资人权利。为保持国有资产经营的高效率，本条规定，履行出资人职责的机构可以授权公司董事会行使股东会的部分职权。但是公司章程的制定和修改，公司的合并、分立、解散、申请破产，增加或者减少注册资本，分配利润，应当由履行出资人职责的机构决定。也就是说，除了公司章程制定和修改，公司合并、分立、解散、增加或减少注册资本、申请破产、分配利润的事项，履行出资人职责的机构都可以授权董事会决定。

《企业国有资产法》第 31 条规定："国有独资企业、国有独资公司合并、分立，增加或者减少注册资本，发行债券，分配利润，以及解散、申请破产，由履行出资人职责的机构决定。"

典型案例一

曾某、田某与惠州市人民政府国有资产监督管理委员会、惠州市港口集团有限公司国有资产管理纠纷案[1]

裁判要旨：2018 年《公司法》规定，国有独资公司的合并、分立，增加或者减少注册资本等事项由履行出资人职责的机构决定。履行出资人职责的机构对国有独资公司履行相关出资人职责的行为，并非对外履行行政管理职责的行为，不属于行政诉讼受案范围。履行出资人职责的机构聘请的职员，亦无权代表公司提起诉讼。

〔1〕 参见广东省高级人民法院行政裁定书，(2020) 粤行申 669 号。

典型案例二

某教育投资发展(集团)有限公司与某实业有限责任公司追偿权纠纷案[1]

裁判要旨: 重要的国有独资公司合并、分立、解散、申请破产的,应当由国有资产监督管理机构审核后,报本级人民政府批准。2018 年《公司法》第 66 条并未明确规定国有独资公司对外提供担保必须经过国有资产监督管理机构的审批程序,同时,其他法律也未明确规定国有独资公司签订对外担保合同必须经过国有资产监督管理机构的审批程序方能生效。因此某教育投资发展(集团)有限公司(以下简称教育投资公司)与某商行营业部签订的《保证合同》不属于必须经过审批程序方能生效的合同,况且教育投资公司在向某实业有限责任公司提供 2300 万元贷款担保前已在内部高管层专题研究并形成决定,此举应视为教育投资公司董事会的决定。

第一百七十三条 【国有独资公司董事会】 国有独资公司的董事会依照本法规定行使职权。

国有独资公司的董事会成员中,应当过半数为外部董事,并应当有公司职工代表。

董事会成员由履行出资人职责的机构委派;但是,董事会成员中的职工代表由公司职工代表大会选举产生。

董事会设董事长一人,可以设副董事长。董事长、副董事长由履行出资人职责的机构从董事会成员中指定。

---

〔1〕 参见四川省绵阳市涪城区人民法院民事判决书,(2018)川 0703 民再 3 号。

条文对照

2018 年《公司法》	2023 年《公司法》
第六十七条　国有独资公司设董事会，依照本法~~第四十六条、第六十六条的~~规定行使职权。~~董事每届任期不得超过三年。~~董事会成员中应当有公司职工代表。 董事会成员由~~国有资产监督管理~~机构委派；但是，董事会成员中的职工代表由公司职工代表大会选举产生。 董事会设董事长一人，可以设副董事长。董事长、副董事长由~~国有资产监督管理~~机构从董事会成员中指定。	**第一百七十三条**　国有独资公司的董事会依照本法规定行使职权。 **国有独资公司的**董事会成员中，**应当过半数为外部董事，并**应当有公司职工代表。 董事会成员由**履行出资人职责的**机构委派；但是，董事会成员中的职工代表由公司职工代表大会选举产生。 董事会设董事长一人，可以设副董事长。董事长、副董事长由**履行出资人职责的**机构从董事会成员中指定。

适用要点

本条是关于国有独资公司董事会的规定。

国有独资公司的董事会作为公司的经营决策和执行机构，其职权与一般有限责任公司董事会职权基本相同。2017 年国务院办公厅公布的《关于进一步完善国有企业法人治理结构的指导意见》提出，到 2020 年，党组织在国有企业法人治理结构中的法定地位更加牢固，充分发挥公司章程在企业治理中的基础作用，国有独资、全资公司全面建立外部董事占多数的董事会；国有独资公司的董事对出资人机构负责，接受出资人机构指导，其中外部董事人选由出资人机构商有关部门提名，并按照法定程序任命；国有全资公司、国有控股企业的董事由相关股东依据股权份额推荐派出，由股东会选举或更换，国有股东派出的董事要积极维护国有资本权益；国有全资公司的外部董事人选由控股股东商其他股东推荐，由股东会选举或更换；国有控股企业应有一定比例的外部董事，由股东会选举或更换。本条规定国有独资公司的董事会成员中，应当过半数为外部董事，并应当有公司职工代表，有利于加强监督和管理。

为了适应公司法人治理结构的要求，维护出资人权益，国有独资公司董事会成员由履行出资人职责的机构委派，这是国家作为出资人决定国有独资公司重大事项的需要，保障出资人权益，防止国有资产损失。董事会成员中的职工代表由公司职工代表大会独立选举产生，实行民主管理，不由履行出资人职责的机构委派。

董事长享有与其他有限责任公司董事长基本相同的职权，但比较特殊的是，国有独资公司的董事长要经过履行出资人职责的机构审核批准，即由履行出资人职责的机构从董事会成员中指定，而不是董事会内部选举产生。

第一百七十四条　【国有独资公司经理聘任、解聘和兼任】国有独资公司的经理由董事会聘任或者解聘。

经履行出资人职责的机构同意，董事会成员可以兼任经理。

条文对照

2018 年《公司法》	2023 年《公司法》
第六十八条　国有独资公司设经理，由董事会聘任或者解聘。~~经理依照本法第四十九条规定行使职权。~~ 经~~国有资产监督管理~~机构同意，董事会成员可以兼任经理。	**第一百七十四条**　国有独资公司的经理由董事会聘任或者解聘。 经**履行出资人职责的**机构同意，董事会成员可以兼任经理。

适用要点

本条是关于国有独资公司经理聘任、解聘和兼任的规定。

依照本条第 1 款规定，国有独资公司的经理是必设机构，由董事会聘任或者解聘。经理必须服从董事会的所有决议和指示，并在公司生产经营活动中进行有效的贯彻和执行，要对董事会负责。《企业国有资产法》第 25 条第 2 款规定："未经履行出资人职责的机构同意，国有独资公司的董事长不得兼任经理。未经股东会、股东大会同意，国有资本控股公司的董事长不得兼任经理。"公司董事会成员由履行出资人职责的机构委派，代表国家行使出资人的职权，所以，只要经履行出资人职责的机构同意，董事会成员可以兼任经理。

第一百七十五条 【国有独资公司董事、高级管理人员禁止兼职】国有独资公司的董事、高级管理人员，未经履行出资人职责的机构同意，不得在其他有限责任公司、股份有限公司或者其他经济组织兼职。

条文对照

2018 年《公司法》	2023 年《公司法》
第六十九条 国有独资公司的~~董事长、副董事长、~~董事、高级管理人员，未经~~国有资产监督管理~~机构同意，不得在其他有限责任公司、股份有限公司或者其他经济组织兼职。	**第一百七十五条** 国有独资公司的董事、高级管理人员，未经**履行出资人职责的**机构同意，不得在其他有限责任公司、股份有限公司或者其他经济组织兼职。

适用要点

本条是关于国有独资公司董事、高级管理人员禁止兼职的规定。

本条规定了董事会成员与高级管理人员的兼职禁止。董事当然包括董事长、副董事长;高级管理人员,是指公司的经理、副经理、财务负责人和公司章程规定的其他人员。无论兼职是否存在竞业禁止的事由,是否损害本公司利益,原则上对兼职予以禁止,除非经履行出资人职责的机构同意,才可以在其他有限责任公司、股份有限公司或者其他经济组织如合伙企业、个人独资企业等兼职。

《企业国有资产法》第25条第1款规定:“未经履行出资人职责的机构同意,国有独资企业、国有独资公司的董事、高级管理人员不得在其他企业兼职。未经股东会、股东大会同意,国有资本控股公司、国有资本参股公司的董事、高级管理人员不得在经营同类业务的其他企业兼职。”

第一百七十六条　【国有独资公司不设监事会或者监事】国有独资公司在董事会中设置由董事组成的审计委员会行使本法规定的监事会职权的,不设监事会或者监事。

条文对照

2018年《公司法》	2023年《公司法》
	第一百七十六条　国有独资公司在董事会中设置由董事组成的审计委员会行使本法规定的监事会职权的,不设监事会或者监事。

适用要点

本条是关于国有独资公司不设监事会或者监事的规定。

《企业国有资产法》第19条规定:"国有独资公司、国有资本控股公司和国有资本参股公司依照《中华人民共和国公司法》的规定设立监事会。国有独资企业由履行出资人职责的机构按照国务院的规定委派监事组成监事会。国家出资企业的监事会依照法律、行政法规以及企业章程的规定,对董事、高级管理人员执行职务的行为进行监督,对企业财务进行监督检查。"虽然本条规定取消了国有独资公司设立监事会或监事的要求,但是取消该设置不等于取消监督,而是通过在董事会中设置由董事组成的审计委员会的方式,行使本法规定的监事会职权,从而强化对国有独资公司的监督。

第一百七十七条　【国家出资公司加强内部合规管理】国家出资公司应当依法建立健全内部监督管理和风险控制制度,加强内部合规管理。

条文对照

2018年《公司法》	2023年《公司法》
	第一百七十七条　国家出资公司应当依法建立健全内部监督管理和风险控制制度,加强内部合规管理。

适用要点

本条是关于国家出资公司加强内部合规管理的规定。

合规,是指企业经营管理行为和员工履职行为符合国家法律法规、监管规定、行业准则和国际条约、规则,以及公司章程、相关规章制度等要求。[1] 国家出资公司从事经营活动,应当遵守法律、行政法规,加强经营管理,提高经济效益,接受政府及政府有关部门、机构依法实施的管理和监督,接受社会公众的监督,承担社会责任,对出资人负责。国家出资公司应当依法建立和完善法人治理结构,建立健全内部监督管理和风险控制制度。国家出资公司对其所出资公司,应当依照法律、行政法规的规定,通过制定或者参与制定所出资公司的章程,建立权责明确、有效制衡的公司内部监督管理和风险控制制度,维护其出资人权益。《中央企业合规管理办法》第26条规定,中央企业应当结合实际建立健全合规管理与法务管理、内部控制、风险管理等协同运作机制,加强统筹协调,避免交叉重复,提高管理效能。

〔1〕 参见《中央企业合规管理办法》第3条第1款。

第八章　公司董事、监事、高级管理人员的资格和义务

第一百七十八条　【公司董事、监事、高级管理人员消极资格】有下列情形之一的，不得担任公司的董事、监事、高级管理人员：

（一）无民事行为能力或者限制民事行为能力；

（二）因贪污、贿赂、侵占财产、挪用财产或者破坏社会主义市场经济秩序，被判处刑罚，或者因犯罪被剥夺政治权利，执行期满未逾五年，被宣告缓刑的，自缓刑考验期满之日起未逾二年；

（三）担任破产清算的公司、企业的董事或者厂长、经理，对该公司、企业的破产负有个人责任的，自该公司、企业破产清算完结之日起未逾三年；

（四）担任因违法被吊销营业执照、责令关闭的公司、企业的法定代表人，并负有个人责任的，自该公司、企业被吊销营业执照、责令关闭之日起未逾三年；

（五）个人因所负数额较大债务到期未清偿被人民法院列为失信被执行人。

违反前款规定选举、委派董事、监事或者聘任高级管理人员的，该选举、委派或者聘任无效。

董事、监事、高级管理人员在任职期间出现本条第一款所列情形的，公司应当解除其职务。

条文对照

2018 年《公司法》	2023 年《公司法》
第一百四十六条 有下列情形之一的,不得担任公司的董事、监事、高级管理人员: (一)无民事行为能力或者限制民事行为能力; (二)因贪污、贿赂、侵占财产、挪用财产或者破坏社会主义市场经济秩序,被判处刑罚,执行期满未逾五年,或者因犯罪被剥夺政治权利,执行期满未逾五年; (三)担任破产清算的公司、企业的董事或者厂长、经理,对该公司、企业的破产负有个人责任的,自该公司、企业破产清算完结之日起未逾三年; (四)担任因违法被吊销营业执照、责令关闭的公司、企业的法定代表人,并负有个人责任的,自该公司、企业被吊销营业执照之日起未逾三年; (五)个人所负数额较大的债务到期未清偿。 公司违反前款规定选举、委派董事、监事或者聘任高级管理人员的,该选举、委派或者聘任无效。 董事、监事、高级管理人员在任职期间出现本条第一款所列情形的,公司应当解除其职务。	**第一百七十八条** 有下列情形之一的,不得担任公司的董事、监事、高级管理人员: (一)无民事行为能力或者限制民事行为能力; (二)因贪污、贿赂、侵占财产、挪用财产或者破坏社会主义市场经济秩序,被判处刑罚,或者因犯罪被剥夺政治权利,执行期满未逾五年,**被宣告缓刑的,自缓刑考验期满之日起未逾二年**; (三)担任破产清算的公司、企业的董事或者厂长、经理,对该公司、企业的破产负有个人责任的,自该公司、企业破产清算完结之日起未逾三年; (四)担任因违法被吊销营业执照、责令关闭的公司、企业的法定代表人,并负有个人责任的,自该公司、企业被吊销营业执照**、责令关闭**之日起未逾三年; (五)个人**因**所负数额较大债务到期未清偿**被人民法院列为失信被执行人**。 违反前款规定选举、委派董事、监事或者聘任高级管理人员的,该选举、委派或者聘任无效。 董事、监事、高级管理人员在任职期间出现本条第一款所列情形的,公司应当解除其职务。

适用要点

本条是关于公司董事、监事、高级管理人员消极资格的规定。

本条对担任公司董事、监事、高级管理人员的资格作出负面清单式规定，即规定了不得担任公司的董事、监事、高级管理人员的各种情形：(1)无民事行为能力或者限制民事行为能力；(2)因贪污、贿赂、侵占财产、挪用财产或者破坏社会主义市场经济秩序，被判处刑罚，或者因犯罪被剥夺政治权利，执行期满未逾5年，被宣告缓刑的，自缓刑考验期满之日起未逾2年；(3)担任破产清算的公司、企业的董事或者厂长、经理，对该公司、企业的破产负有个人责任的，自该公司、企业破产清算完结之日起未逾3年；(4)担任因违法被吊销营业执照、责令关闭的公司、企业的法定代表人，并负有个人责任的，自该公司、企业被吊销营业执照、责令关闭之日起未逾3年；(5)个人因所负数额较大债务到期未清偿被人民法院列为失信被执行人。如果公司选举、委派具有本条第1款所列情形之一的上述人员担任董事、监事或者聘任为高级管理人员，该选举、委派或者聘任无效，不具有法律效力。公司依法选举、委派或者聘任的董事、监事、高级管理人员在任职期间出现本条第1款所列情形之一的，公司应当及时解除其职务。

第一百七十九条　【董事、监事、高级管理人员守法义务】董事、监事、高级管理人员应当遵守法律、行政法规和公司章程。

条文对照

2018年《公司法》	2023年《公司法》
第一百四十七条第一款　董事、监事、高级管理人员应当遵守法律、行政法规和公司章程~~，对公司负有忠实义务和勤勉义务~~。	**第一百七十九条**　董事、监事、高级管理人员应当遵守法律、行政法规和公司章程。

适用要点

本条是关于董事、监事、高级管理人员守法义务的规定。

公司从事经营活动,必须遵守法律法规,遵守社会公德、商业道德,诚实守信,接受政府和社会公众的监督。具体到董事、监事、高级管理人员,他们作为受托经营管理和监督公司的人员,也应当遵守法律、行政法规和公司章程的规定。这是董事等人员忠实履职的基本要求和前提条件。如果董事、监事、高级管理人员违反法律、行政法规,或者不遵守公司章程规定,丧失基本立场,实施损害公司利益的行为,或者给股东利益造成损害,影响公司治理,则违反了基本的注意义务。

第一百八十条　【董事、监事、高级管理人员忠实和勤勉义务】董事、监事、高级管理人员对公司负有忠实义务,应当采取措施避免自身利益与公司利益冲突,不得利用职权牟取不正当利益。

董事、监事、高级管理人员对公司负有勤勉义务,执行职务应当为公司的最大利益尽到管理者通常应有的合理注意。

公司的控股股东、实际控制人不担任公司董事但实际执行公司事务的,适用前两款规定。

条文对照

2018 年《公司法》	2023 年《公司法》
第一百四十七条　董事、监事、高级管理人员~~应当遵守法律、行政法规和公司章程,~~对公司负有忠实义务和勤勉义务。	**第一百八十条**　董事、监事、高级管理人员对公司负有忠实义务,**应当采取措施避免自身利益与公司利益冲突,不得利用职权牟取不正当利益。**

续表

2018 年《公司法》	2023 年《公司法》
~~董事、监事、高级管理人员不得利用职权收受贿赂或者其他非法收入，不得侵占公司的财产。~~	董事、监事、高级管理人员对公司负有勤勉义务，**执行职务应当为公司的最大利益尽到管理者通常应有的合理注意。** **公司的控股股东、实际控制人不担任公司董事但实际执行公司事务的，适用前两款规定。**

适用要点

本条是关于董事、监事、高级管理人员忠实和勤勉义务的规定。

本条规定董事、监事、高级管理人员对公司负有忠实义务和勤勉义务。他们基于公司的选任而产生，要为公司利益的最大化服务。董事、监事和高级管理人员对公司、股东的义务，主要包括忠实义务和勤勉义务。忠实义务要求公司董事等不得将自身的利益置于公司、股东利益之上，应当采取措施避免自身利益与公司利益发生冲突，不得进行损害公司、股东利益的行为。董事、监事、高级管理人员不得利用职权牟取不正当利益，包括收受贿赂或者其他非法收入，不得侵占公司的财产等。勤勉义务要求公司的董事、监事、高级管理人员应当以善良管理人的注意来管理公司，为公司的最大利益尽到管理者通常应有的合理注意来执行职务，避免公司、股东的利益受到不必要损害。当然，有的控股股东、实际控制人虽然不在公司任职但实际控制公司事务，通过关联交易等方式，侵害公司利益，也应当进行规制。在法律没有规定控股股东有义务牺牲自己的利益、为公司（股东）利益最大化行事时，控股股东或实际控制人执行公司事务时，与作为纯粹公司受托人的董事必须为“共益”行事存在显著不同，控股股东、实际控制人在行使董事职权时，应承担与董事同等的信义义务。[1] 本条第3款对此规定，将董事对公司负有忠实义务和勤勉义务的规定适用于行使董事职权的控股股东和实际控制人。

第一百八十一条 【禁止董事、监事、高级管理人员从事违反对公司忠实义务的行为】董事、监事、高级管理人员不得有下列行为：

（一）侵占公司财产、挪用公司资金；

（二）将公司资金以其个人名义或者以其他个人名义开立账户存储；

（三）利用职权贿赂或者收受其他非法收入；

（四）接受他人与公司交易的佣金归为己有；

（五）擅自披露公司秘密；

（六）违反对公司忠实义务的其他行为。

条文对照

2018年《公司法》	2023年《公司法》
第一百四十八条第一款　董事、高级管理人员不得有下列行为： （一）挪用公司资金； （二）将公司资金以其个人名义或者以其他个人名义开立账户存储； ~~（三）违反公司章程的规定，未经股东会、股东大会或者董事会同意，将公司资金借贷给他人或者以公司财产为他人提供担保；~~	第一百八十一条　董事、**监事**、高级管理人员不得有下列行为： （一）**侵占公司财产**、挪用公司资金； （二）将公司资金以其个人名义或者以其他个人名义开立账户存储； （三）**利用职权贿赂或者收受其他非法收入；** （四）接受他人与公司交易的佣金归为己有；

〔1〕 参见邹学庚：《控股股东信义义务的理论反思与类型化》，载《比较法研究》2023年第4期。

续表

2018 年《公司法》	2023 年《公司法》
~~（四）违反公司章程的规定或者未经股东会、股东大会同意，与本公司订立合同或者进行交易；~~ ~~（五）未经股东会或者股东大会同意，利用职务便利为自己或者他人谋取属于公司的商业机会，自营或者为他人经营与所任职公司同类的业务；~~ （六）接受他人与公司交易的佣金归为己有； （七）擅自披露公司秘密； （八）违反对公司忠实义务的其他行为。	（五）擅自披露公司秘密； （六）违反对公司忠实义务的其他行为。

适用要点

本条是关于禁止董事、监事、高级管理人员从事违反对公司忠实义务的行为的规定。

本条列举了董事、监事、高级管理人员等违反忠实义务的具体行为，通过法律予以明确禁止。主要包括：（1）侵占公司财产、挪用公司资金；（2）将公司资金以其个人名义或者以其他个人名义开立账户存储；（3）利用职权贿赂或者收受其他非法收入；（4）接受他人与公司交易的佣金归为己有；（5）擅自披露公司秘密；（6）违反对公司忠实义务的其他行为。本条第 1 项和第 3 项来自 2018 年《公司法》第 147 条第 2 款董事、监事、高级管理人员对公司负有忠实义务的禁止行为要求。

典型案例

西安陕鼓汽轮机有限公司与高某华等公司关联交易损害责任纠纷案[1]

裁判要旨：根据2018年《公司法》第216条第4款及第21条的规定，我国公司法保护合法有效的关联交易而非一律禁止关联交易，禁止的是利用关联关系损害公司利益。对于关联交易是否损害公司利益，人民法院可从以下3个角度进行审查：涉及关联交易的高管是否履行了披露义务；关联交易价格是否符合市场公允价格；关联交易行为与损害结果的发生是否存在因果关系。

第一百八十二条　【董事、监事、高级管理人员关联交易报告】董事、监事、高级管理人员，直接或者间接与本公司订立合同或者进行交易，应当就与订立合同或者进行交易有关的事项向董事会或者股东会报告，并按照公司章程的规定经董事会或者股东会决议通过。

董事、监事、高级管理人员的近亲属，董事、监事、高级管理人员或者其近亲属直接或者间接控制的企业，以及与董事、监事、高级管理人员有其他关联关系的关联人，与公司订立合同或者进行交易，适用前款规定。

〔1〕 参见最高人民法院民事判决书，(2021)最高法民再181号。

条文对照

2018 年《公司法》	2023 年《公司法》
	第一百八十二条　董事、监事、高级管理人员，直接或者间接与本公司订立合同或者进行交易，应当就与订立合同或者进行交易有关的事项向董事会或者股东会报告，并按照公司章程的规定经董事会或者股东会决议通过。 董事、监事、高级管理人员的近亲属，董事、监事、高级管理人员或者其近亲属直接或者间接控制的企业，以及与董事、监事、高级管理人员有其他关联关系的关联人，与公司订立合同或者进行交易，适用前款规定。

适用要点

本条是关于董事、监事、高级管理人员关联交易报告的规定。

《公司法》并未禁止关联交易，关联交易可以降低交易成本，优化资源配置，实现公司利润最大化，但容易产生利益输送，因此，需要向公司报告并经公司同意，通过适当程序进行规范。本条规定董事、监事、高级管理人员，直接或者间接与本公司订立合同或者进行交易，应当就与订立合同或者进行交易有关的事项向董事会或者股东会报告，并按照公司章程的规定经董事会或者股东会决议通过，关联董事在表决时应当回避。否则，相关行为未经过公司的决策程序，可能出现利用关联交易损害公司利益的情形，违反了董事、监事、高级管理人员对公司的忠实义务，应予禁止。

董事、监事、高级管理人员是公司的主要管理人员，可能自营或者为他人经营与所任职公司同类的业务，与公司构成竞争，可能损害公司的利益，违反对公司的忠实义务。《上海证券交易所上市公司关联交易实施指引》(已失效)第60条规定:"本指引所指上市公司关联董事,系指具有下列情形之一的董事:(一)为交易对方;(二)为交易对方的直接或者间接控制人;(三)在交易对方任职,或者在能直接或间接控制该交易对方的法人或其他组织、该交易对方直接或者间接控制的法人或其他组织任职;(四)为交易对方或者其直接或者间接控制人的关系密切的家庭成员;(五)为交易对方或者其直接或者间接控制人的董事、监事或高级管理人员的关系密切的家庭成员;(六)中国证监会、本所或者上市公司认定的与上市公司存在利益冲突可能影响其独立商业判断的董事。"本条吸收借鉴该规定,第2款规定董事、监事、高级管理人员的近亲属,董事、监事、高级管理人员或者其近亲属直接或者间接控制的企业,以及与董事、监事、高级管理人员有其他关联关系的关联人,与公司订立合同或者进行交易,适用第1款规定。

典型案例

贵州东圣恒泰矿业投资管理有限公司与兖矿贵州能化有限公司公司关联交易损害责任纠纷案[1]

裁判要旨:贵州东圣恒泰矿业投资管理有限公司(以下简称东圣公司)董事会、股东会作出关于收购海隆公司并授权组织收购工作的决议,参与表决的董事及股东代表与决议事项有关联关系,确属公司关联交易。但涉及关联交易的决议是否无效,还需要违反2013年《公司法》第20条第1款前半句"公司股东应当遵守法律、行政法规和公司章程,依法行使股东权利,不得滥用股东权利损害公司或者其他股东的利益"和第21条第1款"公司的控股股东、实际控制人、董事、监事、高级管理人员不得利用其关联关系

[1] 参见最高人民法院民事判决书,(2017)最高法民终416号。

损害公司利益”之规定判定，即须判定公司决议是否系股东滥用股东权利，以及是否损害公司或其他股东利益，而不能仅因涉及关联交易，辄认定股东会、董事会决议当然无效。本案中，东圣公司董事会及股东会决议作出时，各方董事及股东代表均参加会议并一致同意表决通过，对决议内容未提出异议。参与表决的董事及股东代表与决议事项虽具有关联关系，但法律并未对其行使表决权作出限制，并不能因此认定其行为构成滥用股东权利。

第一百八十三条　【董事、监事、高级管理人员合法谋取商业机会】董事、监事、高级管理人员，不得利用职务便利为自己或者他人谋取属于公司的商业机会。但是，有下列情形之一的除外：

（一）向董事会或者股东会报告，并按照公司章程的规定经董事会或者股东会决议通过；

（二）根据法律、行政法规或者公司章程的规定，公司不能利用该商业机会。

条文对照

2018年《公司法》	2023年《公司法》
第一百四十八条第一款第五项　董事、高级管理人员不得~~有下列行为~~： （五）~~未经股东会或者股东大会同~~意，利用职务便利为自己或者他人谋取属于公司的商业机会，~~自营或者为他人经营与所任职公司同类的业务；~~	第一百八十三条　董事、监事、高级管理人员，不得利用职务便利为自己或者他人谋取属于公司的商业机会。**但是，有下列情形之一的除外：** **（一）向董事会或者股东会报告，并按照公司章程的规定经董事会或者股东会决议通过；** **（二）根据法律、行政法规或者公司章程的规定，公司不能利用该商业机会。**

适用要点

本条是关于董事、监事、高级管理人员合法谋取商业机会的规定。

董事、监事、高级管理人员在管理公司过程具有天然的便利条件，容易利用职务便利为自己或者他人谋取属于公司的商业机会，可能损害公司的利益，违反对公司的忠实义务，应予禁止。但是，向董事会或者股东会报告，按照公司章程的规定经过董事会或股东会同意，或者根据法律、行政法规或者公司章程的规定，公司不能利用该商业机会的，董事、监事、高级管理人员可以利用职务便利为自己或者他人谋取属于公司的商业机会。

第一百八十四条 【董事、监事、高级管理人员的竞业禁止义务】董事、监事、高级管理人员未向董事会或者股东会报告，并按照公司章程的规定经董事会或者股东会决议通过，不得自营或者为他人经营与其任职公司同类的业务。

条文对照

2018年《公司法》	2023年《公司法》
第一百四十八条第一款第五项 董事、高级管理人员不得~~有下列行为~~： ~~（五）~~未经股东会或者股东~~大~~会同意，~~利用职务便利为自己或者他人谋取属于公司的商业机会，~~自营或者为他人经营与所任职公司同类的业务；	**第一百八十四条** 董事、**监事**、高级管理人员**未向董事会**或者股东会**报告，并按照公司章程的规定经董事会或者股东会决议通过**，不得自营或者为他人经营与**其**任职公司同类的业务。

适用要点

本条是关于董事、监事、高级管理人员的竞业禁止义务的规定。

董事、监事、高级管理人员是公司的主要管理人员，了解公司的商业机会信息，自己从事或为他人经营公司同类业务，与公司构成竞争，可能损害公司利益，违反了忠实义务，应予禁止，但是，如果履行合法的报告程序，并按照公司章程的规定经过董事会或者股东会决议通过，则可以从事同类业务的经营。

典型案例

封某祥、罗某等与毕节市鸿翔实业有限责任公司损害公司利益责任纠纷案〔1〕

裁判要旨：在对“公司章程规定或者股东会同意”进行认定时，应考虑关联交易主体身份，当关联交易一方同时具备董事、法定代表人、股东、股东负责人等多重身份时，应从严审查，须有以股东会名义作出的同意作为依据，方可推断相关交易行为得到了股东会成员的同意。

第一百八十五条 【董事关联交易回避制度】董事会对本法第一百八十二条至第一百八十四条规定的事项决议时，关联董事不得参与表决，其表决权不计入表决权总数。出席董事会会议的无关联关系董事人数不足三人的，应当将该事项提交股东会审议。

〔1〕 参见最高人民法院民事判决书，(2014)民提字第59号。

条文对照

2018 年《公司法》	2023 年《公司法》
	第一百八十五条　董事会对本法第一百八十二条至第一百八十四条规定的事项决议时，关联董事不得参与表决，其表决权不计入表决权总数。出席董事会会议的无关联关系董事人数不足三人的，应当将该事项提交股东会审议。

适用要点

本条是关于董事关联交易回避制度的规定。

本条对董事会会议决议事项所涉及的与公司有关联关系的公司董事的表决权进行限制，即关联董事不得参与表决，其表决权不计入表决权总数，也不得代理其他董事行使表决权。董事会表决与董事有关联的交易事项，应当有过半数的无关联董事出席方可举行董事会会议。出席董事会会议的无关联关系董事人数太少，容易造成少数人操纵表决，使董事会会议决议难以体现大多数股东的意志和利益。如果出席董事会会议的无关联关系董事人数不足 3 人，董事会已无法进行表决，应将事项提交股东会审议，有效地保护公司和多数股东的利益。

第一百八十六条　【公司归入权】董事、监事、高级管理人员违反本法第一百八十一条至第一百八十四条规定所得的收入应当归公司所有。

条文对照

2018 年《公司法》	2023 年《公司法》
第一百四十八条第二款　董事、高级管理人员违反前款规定所得的收入应当归公司所有。	**第一百八十六条**　董事、**监事**、高级管理人员违反**本法第一百八十一条至第一百八十四条**规定所得的收入应当归公司所有。

适用要点

本条是关于公司归入权的规定。

民法法系国家或地区的公司法通常规定公司有权将董事或经理违反竞业禁止之所得视为公司所有，或推定为公司所受损害。[1] 违反诚信义务要承担明确的法律责任是公司行使归入权，[2] 即体现向董事、高级管理人员主张其违背忠实义务所得收回公司的权利。为防止董事、监事、高级管理人员因违法行为获利，对利益受到损害的公司提供救济，本条规定董事、监事、高级管理人员违反本法第 181 条至第 184 条规定所得的收入，应当归公司所有。原告应当举证证明董事、监事、高级管理人员所获得的收入及其与违反义务的行为之间存在因果关系。

典型案例一

深圳市华佗在线网络有限公司、深圳市美谷佳科技有限公司与李某等损害公司利益责任纠纷案[3]

裁判要旨：董事、监事、高级管理人员的忠实义务要求其应将公司利

〔1〕 参见王军：《中国公司法》，高等教育出版社 2015 年版，第 366 页。
〔2〕 参见邓峰：《普通公司法》，中国人民大学出版社 2009 年版，第 493 页。
〔3〕 参见广东省高级人民法院民事判决书，(2019)粤民终 1027 号。

益置于个人利益之上，不得为实现个人利益而利用公司资源损害公司利益，董事、监事、高级管理人员对公司负有的竞业禁止义务是忠实义务的内涵之一。李某作为深圳市美谷佳科技有限公司(以下简称美谷佳公司)的董事和总经理，依据公司法的规定，对美谷佳公司负有法定的忠实义务和竞业禁止义务。

关于李某作为母公司美谷佳公司的董事和高级管理人员，是否对子公司深圳市华佗在线网络有限公司(以下简称华佗在线公司)负有忠实义务的问题。美谷佳公司是华佗在线公司的全资股东，子公司华佗在线公司的利益和母公司美谷佳公司的利益具有显见的一致性，因此，李某对母公司所负忠实义务和竞业禁止义务应自然延伸至子公司华佗在线公司，方能实现公司法为母公司董事、监事、高级管理人员设置忠实义务的立法目的，才能实现对母公司美谷佳公司及其股东合法权益的保护。

典型案例二

冷某峰与谢某与公司有关的纠纷案[1]

裁判要旨：公司法规定，董事、高级管理人员除公司章程规定或者股东会、股东大会同意外，不得与本公司订立合同或者进行交易。若公司章程中没有允许董事、高级管理人员同本公司订立合同或者进行交易的明确规定，董事(高级管理人员)假借他人的名义与本公司订立借款合同，出借资金给公司，并未经股东会同意，该董事(高级管理人员)的行为已经违反了公司法的规定，其出借资金给公司并获得的利息收入应当归公司所有。

〔1〕 参见重庆市高级人民法院民事判决书，(2020)渝民终543号。

第一百八十七条　【董事、监事、高级管理人员接受股东质询】股东会要求董事、监事、高级管理人员列席会议的，董事、监事、高级管理人员应当列席并接受股东的质询。

条文对照

2018 年《公司法》	2023 年《公司法》
第一百五十条第一款　股东会或者股东大会要求董事、监事、高级管理人员列席会议的，董事、监事、高级管理人员应当列席并接受股东的质询。	**第一百八十七条**　股东会要求董事、监事、高级管理人员列席会议的，董事、监事、高级管理人员应当列席并接受股东的质询。

适用要点

本条是关于董事、监事、高级管理人员接受股东质询的规定。

本条规定，股东会要求董事、监事、高级管理人员列席会议的，董事、监事、高级管理人员应当列席，接受股东的质询。股东会作出重大事项决策时，需要充分了解有关情况为作出决策提供支持，更好地维护股东权益。公司股东对公司依法享有资产收益、参与重大决策和选择管理者等权利。股东在股东会会议上对列席会议的董事、监事、高级管理人员提出质询，是股东行使权利、维护自身合法权益的需要。董事、监事、高级管理人员应当接受质询，认真答复股东。

第一百八十八条　【董事、监事、高级管理人员因违规执行职务对公司造成损害时的赔偿责任】董事、监事、高级管理人员执行职务违反法律、行政法规或者公司章程的规定，给公司造成损失的，应当承担赔偿责任。

条文对照

2018 年《公司法》	2023 年《公司法》
第一百四十九条 董事、监事、高级管理人员执行公司职务时违反法律、行政法规或者公司章程的规定，给公司造成损失的，应当承担赔偿责任。	**第一百八十八条** 董事、监事、高级管理人员执行职务违反法律、行政法规或者公司章程的规定，给公司造成损失的，应当承担赔偿责任。

适用要点

本条是关于董事、监事、高级管理人员因违规执行职务对公司造成损害时应当承担赔偿责任的规定。

董事、监事、高级管理人员执行公司职务时，应当履行对公司的忠实、勤勉义务，以善良管理人的标准行使公司赋予的职权，特别是不能违反法律、行政法规或者公司章程的规定，应尽到相应的注意义务。董事、监事、高级管理人员违反受托义务，因执行职务违反法律、行政法规或公司章程的规定，给公司造成损失的，应当承担对公司的赔偿责任，赔偿公司相应的财产损失。需要注意的是，如果董事、监事、高级管理人员执行公司职务时虽违反了法律、行政法规或公司章程的规定，但并未因此对公司造成损失，或者执行职务的行为给公司造成损失，但其并未违反法律、行政法规或公司章程的规定，则不承担赔偿责任。[1]

〔1〕 参见唐德华、高圣平主编：《公司法及配套规定新释新解》（下），人民法院出版社 2008 年版，第 1204－1205 页。

典型案例

北京煜森股权投资有限公司与刘某梅等损害公司利益责任纠纷案[1]

裁判要旨：董事、高级管理人员的忠实义务要求董事、高级管理人员在管理公司、经营业务、履行职责时，必须代表全体股东为公司最大利益而努力工作，当自身利益与公司利益发生冲突时，必须以公司利益为重，不得将自身利益置于公司利益之上。董事、高级管理人员的勤勉义务要求行为人履行其职责时必须表现出一般审慎者处于相似位置时在类似情况下所表现出来的勤勉、注意，同时，在从事公司经营管理活动时应当恪尽职守，达到其所应具有的经营管理水平。因此，认定董事、高级管理人员是否违反勤勉义务应当以其职责范围来判断。忠实、勤勉义务的判断包括主观和客观两个方面，在主观上应当要求高级管理人员存在重大过失。只要董事、公司高级管理人员尽到了适当的注意义务，按照公司的日常运作模式发挥了管理作用，根据公司决策认真执行，法院不宜对公司的内部行为过多干涉，只有结合案件的具体情况，根据主客观相结合的标准进行衡量，在属于重大过失、过错的情形下，才能直接认定董事、高级管理人员的行为违反忠实、勤勉义务。

第一百八十九条　【股东代表诉讼】董事、高级管理人员有前条规定的情形的，有限责任公司的股东、股份有限公司连续一百八十日以上单独或者合计持有公司百分之一以上股份的股东，可以书面请求监事会向人民法院提起诉讼；监事有前条规定的情形的，前述股东可以书面请求董事会向人民法院提起诉讼。

[1] 参见北京市高级人民法院民事判决书，(2020)京民终696号。

监事会或者董事会收到前款规定的股东书面请求后拒绝提起诉讼，或者自收到请求之日起三十日内未提起诉讼，或者情况紧急、不立即提起诉讼将会使公司利益受到难以弥补的损害的，前款规定的股东有权为公司利益以自己的名义直接向人民法院提起诉讼。

他人侵犯公司合法权益，给公司造成损失的，本条第一款规定的股东可以依照前两款的规定向人民法院提起诉讼。

公司全资子公司的董事、监事、高级管理人员有前条规定情形，或者他人侵犯公司全资子公司合法权益造成损失的，有限责任公司的股东、股份有限公司连续一百八十日以上单独或者合计持有公司百分之一以上股份的股东，可以依照前三款规定书面请求全资子公司的监事会、董事会向人民法院提起诉讼或者以自己的名义直接向人民法院提起诉讼。

条文对照

2018 年《公司法》	2023 年《公司法》
第一百五十一条 董事、高级管理人员有~~本法第一百四十九~~条规定的情形的，有限责任公司的股东、股份有限公司连续一百八十日以上单独或者合计持有公司百分之一以上股份的股东，可以书面请求监事会~~或者不设监事会的有限责任公司的监事~~向人民法院提起诉讼；监事有~~本法第一百四十九~~条规定的情形的，前述股东可以书面请求董事会~~或者不设董事会的有限责任公司的执行董事~~向人民法院提起诉讼。	**第一百八十九条** 董事、高级管理人员有**前**条规定的情形的，有限责任公司的股东、股份有限公司连续一百八十日以上单独或者合计持有公司百分之一以上股份的股东，可以书面请求监事会向人民法院提起诉讼；监事有**前**条规定的情形的，前述股东可以书面请求董事会向人民法院提起诉讼。 监事会或者董事会收到前款规定的股东书面请求后拒绝提起诉讼，或者自收到请求之日起三十日内未提起诉讼，

续表

2018 年《公司法》	2023 年《公司法》
监事会~~、不设监事会的有限责任公司的监事~~，或者董事会~~、执行董事~~收到前款规定的股东书面请求后拒绝提起诉讼，或者自收到请求之日起三十日内未提起诉讼，或者情况紧急、不立即提起诉讼将会使公司利益受到难以弥补的损害的，前款规定的股东有权为子公司的利益以自己的名义直接向人民法院提起诉讼。 他人侵犯公司合法权益，给公司造成损失的，本条第一款规定的股东可以依照前两款的规定向人民法院提起诉讼。	或者情况紧急、不立即提起诉讼将会使公司利益受到难以弥补的损害的，前款规定的股东有权为公司利益以自己的名义直接向人民法院提起诉讼。 他人侵犯公司合法权益，给公司造成损失的，本条第一款规定的股东可以依照前两款的规定向人民法院提起诉讼。 **公司全资子公司的董事、监事、高级管理人员有前条规定情形，或者他人侵犯公司全资子公司合法权益造成损失的，有限责任公司的股东、股份有限公司连续一百八十日以上单独或者合计持有公司百分之一以上股份的股东，可以依照前三款规定书面请求全资子公司的监事会、董事会向人民法院提起诉讼或者以自己的名义直接向人民法院提起诉讼。**

适用要点

本条是关于股东代表诉讼的规定。

公司利益可能会遭到内部人员和外部人员的侵害。当公司利益受到损害时，股东也会相应受到损害。在公司未能提起诉讼的情况下，应当赋予股东提起诉讼，维护公司利益，进而维护自身利益的权利。本条第 1 款规定股东提起代表诉讼的前提是出现本法第 188 条规定的董事、监事、高级管理人员执行职务违反法律、行政法规或者公司章程的规定，给公司造成损失的情形。本条对股东起诉资格进行了限制，即连续 180 日以上单独或者合计持有公司1%以上股份的股东，有资格提起代表诉讼。董事、高级管理人员侵犯公司利益的，股东应当先书面请求监事会向人民法院提起诉讼；监事会收到股东书面请求后拒绝提起诉讼，或者自收到请求之日起30日内未提起诉讼，或者情况紧急、不立即提起诉讼将会使公司利益受到难以弥补的损害的，本条第1款规定的股东有权为了公司的利益以自己的名义直接向人民法院提起诉讼。监事侵犯公司利益的，股东应当先书面请求董事会向人民法院提起诉讼；董事会收到股东书面请求后拒绝提起诉讼，或者自收到请求之日起30日内未提起诉讼，或者情况紧急、不立即提起诉讼将会使公司利益受到难以弥补的损害的，本条第1款规定的股东有权为公司利益以自己的名义直接向人民法院提起诉讼。

违反注意义务或者忠实义务，会导致对公司利益的侵害，股东可以基于对公司利益的维护而提起派生诉讼。本质上，对公司利益的侵害不仅仅限于公司管理者对受信义务的违反，任何第三人对公司的侵权行为同样可能导致对公司利益的侵害，因而，任何第三人对公司的侵害行为均可能导致派生诉讼的发生，[1]本条第3款规定他人侵犯公司合法权益，给公司造成损失的，本条第1款规定的股东可以依照前两款的规定向人民法院提起诉讼。

本条第4款规定股东双重代表诉讼及前置程序，允许股东对公司全资子公司董事、监事、高级管理人员等提起代表诉讼。一般而言，是否对子公司诉权行使代表诉讼，只有作为子公司股东的母公司可以通过其董事会来决定。2023年修订《公司法》引入了股东双重代表诉讼制度，即当公司全资子公司的董事、监事、高级管理人员执行职务违反法律、行政法规或者公司章程的规定，给公司造成损失的，或者他人侵犯公司全资子公司合法权益造成损失的，母公司的股东可以要求子公司的董事会、董事、

〔1〕 参见江必新、何东宁等：《最高人民法院指导性案例裁判规则理解与适用·公司卷》，中国法制出版社2012年版，第168－169页。

高级管理人员、监事会、监事提起诉讼维护子公司利益，如果子公司的监事会或者董事会收到母公司的股东书面请求后拒绝提起诉讼，或者自收到请求之日起30日内未提起诉讼，或者情况紧急、不立即提起诉讼将会使公司利益受到难以弥补的损害的，母公司股东有权为子公司利益以自己的名义直接向人民法院提起诉讼。此类诉讼的本质是将两个诉讼合二为一，即本应由母公司提起的股东代表诉讼，由母公司的股东取代了母公司的诉讼权利来进行股东的股东代表诉讼，保护中小股东更好地行使股东权利和监督公司经营管理。

根据《公司法解释四》的相关规定，监事会或者不设监事会的有限责任公司的监事对董事、高级管理人员提起诉讼的，应当列公司为原告，依法由监事会主席或者不设监事会的有限责任公司的监事代表公司进行诉讼。董事会或者不设董事会的有限责任公司的执行董事对监事提起诉讼的，或者对他人提起诉讼的，应当列公司为原告。股东直接提起诉讼的案件，胜诉利益归于公司。

典型案例一

河南金建建设有限公司与李某章等合同纠纷案[1]

裁判要旨：根据2018年《公司法》第151条规定，监事会可以在公司董事和高级管理人员侵害公司利益时，代表公司提起诉讼。涉案公司不设监事会的，若由依法选举的监事参照2018年《公司法》相关规定代表公司委托诉讼代理人，人民法院应对其诉讼主体资格予以认可。

〔1〕 参见最高人民法院民事裁定书，(2021)最高法民申2454号。

典型案例二

冯某与中国科技出版传媒股份有限公司等侵害商标权纠纷案[1]

裁判要旨：公司利益受到侵害而该公司怠于向侵害人主张权利时，符合条件的股东在提出先诉请求无果的情况下，可以启动股东派生诉讼。公司监事在收到公司股东要求其就他人侵害公司注册商标专用权的行为提起诉讼的函件后，未在法定期限内提起诉讼的，公司股东享有为公司的利益以自己的名义提起诉讼的权利。

第一百九十条　【股东直接诉讼】董事、高级管理人员违反法律、行政法规或者公司章程的规定，损害股东利益的，股东可以向人民法院提起诉讼。

条文对照

2018 年《公司法》	2023 年《公司法》
第一百五十二条　董事、高级管理人员违反法律、行政法规或者公司章程的规定，损害股东利益的，股东可以向人民法院提起诉讼。	**第一百九十条**　董事、高级管理人员违反法律、行政法规或者公司章程的规定，损害股东利益的，股东可以向人民法院提起诉讼。

[1] 参见北京市第二中级人民法院民事判决书，(2013)二中民终字第 17351 号。

适用要点

本条是关于股东直接诉讼的规定。

股东作为公司的出资人，有权维护自己在公司的合法权益。对于公司的董事、高级管理人员违反法律、行政法规或者公司章程的规定，损害股东合法权益的行为，股东可以依照《公司法》和《民事诉讼法》的规定，向人民法院提起诉讼，维护自身合法权益。

典型案例

海南海钢集团有限公司与中国冶金矿业总公司、三亚度假村有限公司损害股东利益责任纠纷案〔1〕

裁判要旨：当股东自身权益受到直接侵害时，其可提起股东直接诉讼，而当股东因公司利益受损而股东权益间接受损时，则可以股东代表诉讼来维护自身权益。股东直接诉讼与股东代表诉讼的重要区别在于侵权行为所致损害后果对象以及由此引发的诉讼利益归属之不同。股东因自身权益受损提起损害赔偿之诉，其诉讼利益归于股东，而公司利益受损则应由公司向侵权人提起诉讼，若股东代为行使，则为股东代表诉讼，但其诉讼利益仍归于公司。

第一百九十一条　【董事、高级管理人员致人损害的赔偿责任】董事、高级管理人员执行职务，给他人造成损害的，公司应当承担赔偿责任；董事、高级管理人员存在故意或者重大过失的，也应当承担赔偿责任。

〔1〕 参见最高人民法院民事判决书，(2013)民二终字第43号。

条文对照

2018 年《公司法》	2023 年《公司法》
	第一百九十一条　董事、高级管理人员执行职务，给他人造成损害的，公司应当承担赔偿责任；董事、高级管理人员存在故意或者重大过失的，也应当承担赔偿责任。

适用要点

本条是关于董事、高级管理人员致人损害的赔偿责任的规定。

《民法典》第 1191 条第 1 款规定："用人单位的工作人员因执行工作任务造成他人损害的，由用人单位承担侵权责任。用人单位承担侵权责任后，可以向有故意或者重大过失的工作人员追偿。"董事、高级管理人员作为公司的工作人员，因执行工作任务给他人造成损害的，应当由公司承担赔偿责任。这种责任属于替代责任，即由非行为主体对行为主体的侵权行为承担责任。公司承担侵权责任有两个前提：一是侵权行为必须是董事、高级管理人员执行职务的行为。只有在执行工作任务过程中造成损害的，才是职务侵权行为，公司才有必要为其造成的损害负责。法定代表人、负责人及其他工作人员虽造成他人损害，但该损害行为不是执行职务的行为，则公司不承担侵权责任，应由行为人自己承担责任。二是工作人员执行职务的行为构成侵权。由于董事、高级管理人员的行为并不总是和公司保持一致或者始终维护公司利益，当董事、高级管理人员执行职务时存在违反对公司信义义务的故意或者重大过失的，其应当承担赔偿责任。本条赋予了被侵权人向董事、高级管理人员主张赔偿责任的请求权，包括对公司的连带责任或者董事、高级管理人员的单独责任。需要注意的是，独立董事与非独立董事应当承担共同而有区别的法律责任。

第一百九十二条　【控股股东、实际控制人与董事、高级管理人承担连带责任】公司的控股股东、实际控制人指示董事、高级管理人员从事损害公司或者股东利益的行为的，与该董事、高级管理人员承担连带责任。

条文对照

2018 年《公司法》	2023 年《公司法》
	第一百九十二条　公司的控股股东、实际控制人指示董事、高级管理人员从事损害公司或者股东利益的行为的，与该董事、高级管理人员承担连带责任。

适用要点

本条是关于控股股东、实际控制人与董事、高级管理人承担连带责任的规定。

《民法典》第 1169 条第 1 款规定，教唆、帮助他人实施侵权行为的，应当与行为人承担连带责任。教唆、帮助他人侵权，在民法理论上属于多数人侵权的表现形式之一，是多数人侵权中较为典型的类型，故大陆法系各国民法对其多有明确规定。该种侵权行为属于拟制的共同侵权。教唆，亦被称为“造意”，是指诱使、引起或者激发他人的侵权意图并促使其决意实施的行为。通过对他人进行言词诱导、劝说怂恿、刺激利诱等方法，促使该他人产生侵权动机、形成侵权决意并实施侵权行为等。董事、高级管理人员作为完全民事行为能力人，接受公司的控股股东、实际控制人的指示，从事损害公司或者股东利益的行为，两者之间存在意思联络，属于意思关联的主观共同侵权，与控股股东、实际控制人构成共同侵权，应当承担连带责任。

《证券法》第85条规定："信息披露义务人未按照规定披露信息，或者公告的证券发行文件、定期报告、临时报告及其他信息披露资料存在虚假记载、误导性陈述或者重大遗漏，致使投资者在证券交易中遭受损失的，信息披露义务人应当承担赔偿责任；发行人的控股股东、实际控制人、董事、监事、高级管理人员和其他直接责任人员以及保荐人、承销的证券公司及其直接责任人员，应当与发行人承担连带赔偿责任，但是能够证明自己没有过错的除外。"

典型案例

顾某某等与康美药业股份有限公司证券虚假陈述责任纠纷案[1]

裁判要旨：作出虚假陈述行为的上市公司的董事、监事、高级管理人员和有重大过错的审计机构及其合伙人，应当按照过错类型、在虚假陈述行为中所起的作用大小，承担相应的赔偿责任。马某作为康美药业股份有限公司（以下简称康美药业）董事长、总经理和实际控制人，组织安排相关人员将上市公司资金转移到其控制的关联方，且未在定期报告里披露相关情况；为掩盖上市公司资金被关联方长期占用、虚构公司经营业绩等违法事实，组织策划康美药业相关人员通过虚增营业收入、虚增货币资金等方式实施财务造假。许某某作为康美药业副董事长、副总经理和实际控制人，是主管会计工作的负责人，与马某共同组织安排相关人员将上市公司资金转移到其控制的关联方，且知悉马某组织相关人员实施财务造假。此外，马

〔1〕参见广东省广州市中级人民法院民事判决书，(2020)粤01民初2171号。

某、许某某明知康美药业2016年年度报告、2017年年度报告、2018年半年度报告披露数据存在虚假，仍然作为董事签字并承诺保证相关文件真实、准确、完整，马某、许某某的行为直接导致康美药业披露的定期报告存在虚假陈述，是应当对康美药业信息披露违法行为直接负责的人员。依据2014年《证券法》第69条之规定，马某、许某某应当承担连带赔偿责任。

第一百九十三条　【董事责任保险】公司可以在董事任职期间为董事因执行公司职务承担的赔偿责任投保责任保险。

公司为董事投保责任保险或者续保后，董事会应当向股东会报告责任保险的投保金额、承保范围及保险费率等内容。

条文对照

2018年《公司法》	2023年《公司法》
	第一百九十三条　公司可以在董事任职期间为董事因执行公司职务承担的赔偿责任投保责任保险。 公司为董事投保责任保险或者续保后，董事会应当向股东会报告责任保险的投保金额、承保范围及保险费率等内容。

适用要点

本条是关于董事责任保险的规定。

所谓董事、高级管理人员责任保险，是指就其错误行为（违反忠实义务的除外）所产生的责任与费用，如果没有从公司获得补偿，也不在保险单的除外责任之内，就可以从保险人处获得保险赔偿。董事责任保险的保险费一般由公司支付，或者由公司支付其中的大部分，被保险人支付余额；保险期间贯穿被保险人任期。[1]

为强化公司治理，提高上市公司质量，早在2002年，我国证监会和国家经贸委发布的《上市公司治理准则》（已于2018年经中国证监会修订）第39条第1句就规定："经股东大会批准，上市公司可以为董事购买责任保险。"2023年，国务院办公厅印发了《关于上市公司独立董事制度改革的意见》，其中提出要加强独立董事履职保障，鼓励上市公司为独立董事投保董事责任保险，支持保险公司开展符合上市公司需求的相关责任保险业务，降低独立董事正常履职的风险。《证券法》引入了代表人诉讼制度，使董事、监事、高级管理人员在不当履职时面临更大的赔偿；《公司法》鼓励公司投保董事责任保险，由保险公司承担相应的民事赔偿。

本条规定公司可以在董事任职期间为董事因执行公司职务承担的赔偿责任投保责任保险。公司为董事投保责任保险或续保后，董事会应当向股东会报告责任保险的投保金额、承保范围及保险费率等内容。本条规定主要是鼓励人们接受董事职务，鼓励无辜董事、高级管理人员拒绝不合理负担，抑制恶意诉讼，具有降低董事正常履职的风险和减轻董事责任的功能。

---

〔1〕 参见李建伟：《公司法学》（第2版），中国人民大学出版社2011年版，第372页。

第九章　公司债券

> **第一百九十四条　【公司债券】本法所称公司债券，是指公司发行的约定按期还本付息的有价证券。**
>
> **公司债券可以公开发行，也可以非公开发行。**
>
> **公司债券的发行和交易应当符合《中华人民共和国证券法》等法律、行政法规的规定。**

条文对照

2018 年《公司法》	2023 年《公司法》
第一百五十三条　本法所称公司债券，是指公司~~依照法定程序~~发行、约定*在一定期限*还本付息的有价证券。 公司发行公司债券应当符合《中华人民共和国证券法》规定的~~发行条件~~。	**第一百九十四条**　本法所称公司债券，是指公司发行**的**约定*按期*还本付息的有价证券。 **公司债券可以公开发行，也可以非公开发行。** 公司债券**的**发行**和交易**应当符合《中华人民共和国证券法》**等法律、行政法规**的规定。

适用要点

本条是关于公司债券的规定。

公司债券，是指公司发行的约定按期还本付息的有价证券。为落实党中央关于公司债券管理体制改革要求，本条明确公司债券可以公开发行，也可以非公开发行。《公司债券发行与交易管理办法》第3条规定："公司债券可以公开发行，也可以非公开发行。"《证券法》第15条规定了公开发行公司债券的条件，同时，其他条文规定了债券的交易。因此，本条规定公司债券的发行和交易应当符合《证券法》等法律、行政法规的规定。

第一百九十五条 【公司债券募集办法的公告及载明事项】公开发行公司债券，应当经国务院证券监督管理机构注册，公告公司债券募集办法。

公司债券募集办法应当载明下列主要事项：

（一）公司名称；

（二）债券募集资金的用途；

（三）债券总额和债券的票面金额；

（四）债券利率的确定方式；

（五）还本付息的期限和方式；

（六）债券担保情况；

（七）债券的发行价格、发行的起止日期；

（八）公司净资产额；

（九）已发行的尚未到期的公司债券总额；

（十）公司债券的承销机构。

条文对照

2018 年《公司法》	2023 年《公司法》
第一百五十四条　发行公司债券的申请经国务院~~授权的部门核准后~~，应当公告公司债券募集办法。 公司债券募集办法中应当载明下列主要事项： （一）公司名称； （二）债券募集资金的用途； （三）债券总额和债券的票面金额； （四）债券利率的确定方式； （五）还本付息的期限和方式； （六）债券担保情况； （七）债券的发行价格、发行的起止日期； （八）公司净资产额； （九）已发行的尚未到期的公司债券总额； （十）公司债券的承销机构。	**第一百九十五条**　**公开**发行公司债券，**应当**经国务院**证券监督管理机构注册**，公告公司债券募集办法。 公司债券募集办法应当载明下列主要事项： （一）公司名称； （二）债券募集资金的用途； （三）债券总额和债券的票面金额； （四）债券利率的确定方式； （五）还本付息的期限和方式； （六）债券担保情况； （七）债券的发行价格、发行的起止日期； （八）公司净资产额； （九）已发行的尚未到期的公司债券总额； （十）公司债券的承销机构。

适用要点

本条是关于公开发行的公司债券应当公告公司债券募集办法的规定。

公司债券可以公开发行，也可以非公开发行；公开发行债券，必须符合法律、行政法规规定的条件，并依法报经国务院证券监督管理机构注册。未经依法注册，任何单位和个人不得公开发行债券。《证券法》第 16 条第 1 款规定："申请公开发行公司债券，应当向国务院授权的部门或者国务院证券监督管理机构报送下列文件:(一)公司营业执照;(二)公司章程;(三)公司债券募集办法;(四)国务院授权的部门或者国务院证券监督管理机构规定的其他文件。"2023 年,第十四届全国人民代表大会第一次会议《关于国务院机构改革方案的决定》将国家发展和改革委员会的企业债券审核职责划入中国证监会,不再规定国务院授权的部门可以对公开发行债券注册。

本条规定公开发行公司债券应当先向国务院证券监督管理机构申请,该申请经过国务院证券监督管理机构注册,方能公告公司债券募集办法。公司债券募集办法应载明的法定事项包括:(1)公司名称;(2)债券募集资金的用途;(3)债券总额和债券的票面金额;(4)债券利率的确定方式;(5)还本付息的期限和方式;(6)债券担保情况;(7)债券的发行价格、发行的起止日期;(8)公司净资产额;(9)已发行的尚未到期的公司债券总额;(10)公司债券的承销机构。

第一百九十六条 【以纸面形式发行公司债券应载明的事项】公司以纸面形式发行公司债券的,应当在债券上载明公司名称、债券票面金额、利率、偿还期限等事项,并由法定代表人签名,公司盖章。

条文对照

2018 年《公司法》	2023 年《公司法》
第一百五十五条 公司以实物券方式发行公司债券的,*必须*在债券上载明公司名称、债券票面金额、利率、偿还期限等事项,并由法定代表人签名,公司盖章。	**第一百九十六条** 公司以**纸面形式**发行公司债券的,应当在债券上载明公司名称、债券票面金额、利率、偿还期限等事项,并由法定代表人签名,公司盖章。

适用要点

本条是关于以纸面形式发行公司债券应载明的事项的规定。

公司债券是公司向公司债券认购人出具的债务凭证。因此，公司发行债券应当依照《公司法》的规定在债券中记载公司名称、债券票面金额、利率、偿还期限等事项，在所发行债券上记载法定事项外，还应当有公司法定代表人的签名，并加盖公司的印章。

第一百九十七条　【记名债券】公司债券应当为记名债券。

条文对照

2018 年《公司法》	2023 年《公司法》
第一百五十六条　公司债券~~，可以~~为记名债券~~，也可以为无记名债券~~。	**第一百九十七条**　公司债券**应当**为记名债券。

适用要点

本条是关于记名债券的规定。

本条规定公司只能发行记名债券。记名债券，是指券面上记载公司债券持有人的姓名或者名称的债券。记名债券能够有效地保障债券持有人对债券的所有权，当记名债券被盗、遗失或者灭失时，债券持有人可以依照《民事诉讼法》规定的公示催告程序，请求人民法院宣告失效，依法进行补救。

第一百九十八条 【公司债券持有人名册的置备及载明事项】 公司发行公司债券应当置备公司债券持有人名册。

发行公司债券的，应当在公司债券持有人名册上载明下列事项：

（一）债券持有人的姓名或者名称及住所；

（二）债券持有人取得债券的日期及债券的编号；

（三）债券总额，债券的票面金额、利率、还本付息的期限和方式；

（四）债券的发行日期。

条文对照

2018年《公司法》	2023年《公司法》
第一百五十七条 公司发行公司债券应当置备公司债券~~存根簿~~。 发行~~记名~~公司债券的，应当在公司债券~~存根簿~~上载明下列事项： （一）债券持有人的姓名或者名称及住所； （二）债券持有人取得债券的日期及债券的编号； （三）债券总额，债券的票面金额、利率、还本付息的期限和方式； （四）债券的发行日期。 ~~发行无记名公司债券的，应当在公司债券存根簿上载明债券总额、利率、偿还期限和方式、发行日期及债券的编号。~~	**第一百九十八条** 公司发行公司债券应当置备公司债券**持有人名册**。 发行公司债券的，应当在公司债券**持有人名册**上载明下列事项： （一）债券持有人的姓名或者名称及住所； （二）债券持有人取得债券的日期及债券的编号； （三）债券总额，债券的票面金额、利率、还本付息的期限和方式； （四）债券的发行日期。

适用要点

本条是关于公司发行公司债券应当置备公司债券持有人名册及其载明事项的规定。

本条规定,公司在发行公司债券之后,应当置备公司债券持有人名册。公司债券持有人名册,是指依法记载债券持有人及债券有关事项的簿册。它是公司发行公司债券的原始凭证,其设置及记载事项应当符合法律的规定。按照本条第2款的规定,发行公司债券的,应在公司债券持有人名册上清楚、明确地载明下列事项:(1)债券持有人的姓名或者名称及住所;(2)债券持有人取得债券的日期及债券的编号;(3)债券总额,债券的票面金额、利率、还本付息的期限和方式;(4)债券的发行日期。

第一百九十九条 【公司债券的登记结算机构建立相关制度】公司债券的登记结算机构应当建立债券登记、存管、付息、兑付等相关制度。

条文对照

2018年《公司法》	2023年《公司法》
第一百五十八条 记名公司债券的登记结算机构应当建立债券登记、存管、付息、兑付等相关制度。	**第一百九十九条** 公司债券的登记结算机构应当建立债券登记、存管、付息、兑付等相关制度。

适用要点

本条是关于公司债券的登记结算机构应当建立相关制度的规定。

公司债券的登记结算机构应当建立债券登记、存管、付息、兑付等相关制度。关于债券的登记、存管、付息、兑付等,证券法及国务院证券监督管理机构有明确的要求,比如,发行人申请公开发行股票、可转换为股票的公司债券,依法采取承销方式的,或者公开发行法律、行政法规规定实行保荐制度的其他证券的,应当聘请证券公司担任保荐人;公开发行公司债券的,应当设立债券持有人会议,并应当在募集说明书中说明债券持有人会议的召集程序、会议规则和其他重要事项。公开发行公司债券的,发行人应当为债券持有人聘请债券受托管理人,并订立债券受托管理协议。受托管理人应当由本次发行的承销机构或者其他经国务院证券监督管理机构认可的机构担任,债券持有人会议可以决议变更债券受托管理人。债券受托管理人应当勤勉尽责,公正履行受托管理职责,不得损害债券持有人利益。

第二百条 【公司债券转让】公司债券可以转让,转让价格由转让人与受让人约定。

公司债券的转让应当符合法律、行政法规的规定。

条文对照

2018年《公司法》	2023年《公司法》
第一百五十九条 公司债券可以转让,转让价格由转让人与受让人约定。 公司债券~~在证券交易所上市交易的,按照证券交易所的交易规则~~转让。	**第二百条** 公司债券可以转让,转让价格由转让人与受让人约定。 公司债券**的**转让**应当符合法律、行政法规的规定**。

适用要点

本条是关于公司债券转让的规定。

公司债券是一种有价证券，可以自由转让，由债券持有人依法决定。公司债券买卖的交易价格属于意思自治范畴，由转让人与受让人约定。《证券法》第2条第1款、第2款规定："在中华人民共和国境内，股票、公司债券、存托凭证和国务院依法认定的其他证券的发行和交易，适用本法；本法未规定的，适用《中华人民共和国公司法》和其他法律、行政法规的规定。政府债券、证券投资基金份额的上市交易，适用本法；其他法律、行政法规另有规定的，适用其规定。"因此，本条规定，公司债券的转让应当符合法律、行政法规的规定。

第二百零一条　【公司债券转让方式】公司债券由债券持有人以背书方式或者法律、行政法规规定的其他方式转让；转让后由公司将受让人的姓名或者名称及住所记载于公司债券持有人名册。

条文对照

2018年《公司法》	2023年《公司法》
第一百六十条　~~记名~~公司债券~~，~~由债券持有人以背书方式或者法律、行政法规规定的其他方式转让；转让后由公司将受让人的姓名或者名称及住所记载于公司债券~~存根簿~~。 ~~无记名公司债券的转让，由债券持有人将该债券交付给受让人后即发生转让的效力。~~	**第二百零一条**　公司债券由债券持有人以背书方式或者法律、行政法规规定的其他方式转让；转让后由公司将受让人的姓名或者名称及住所记载于公司债券**持有人名册**。

适用要点

本条是关于公司债券转让方式的规定。

由于公司只发行记名债券,因此,公司债券由债券持有人以背书方式转让。在转让时,应当在该债券上写明受让人的姓名或者名称,写明了受让人姓名或者名称的转让才是有效的转让。转让后,债券持有人就发生了变化,需要由公司将受让人的姓名或者名称及住所记载于公司债券持有人名册。如果法律、行政法规规定了其他方式,则依照规定的方式转让。按照证券法规定,公开发行的债券在证券交易所的交易采取挂牌集中竞价交易的方式进行。

第二百零二条 【股份有限公司发行可转换公司债券】股份有限公司经股东会决议,或者经公司章程、股东会授权由董事会决议,可以发行可转换为股票的公司债券,并规定具体的转换办法。上市公司发行可转换为股票的公司债券,应当经国务院证券监督管理机构注册。

发行可转换为股票的公司债券,应当在债券上标明可转换公司债券字样,并在公司债券持有人名册上载明可转换公司债券的数额。

条文对照

2018年《公司法》	2023年《公司法》
第一百六十一条 ~~上市~~公司经股东~~大~~会决议可以发行可转换为股票的公司债券,并~~在公司债券募集办法中~~规定具体的转换办法。上市公司发行可	第二百零二条 **股份有限**公司经股东会决议**,或者经公司章程、股东会授权由董事会决议**,可以发行可转换为股票的公司债券,并规定具体的转换办

续表

2018 年《公司法》	2023 年《公司法》
转换为股票的公司债券，应当报国务院证券监督管理机构~~核准~~。 发行可转换为股票的公司债券，应当在债券上标明可转换公司债券字样，并在公司债券~~存根簿~~上载明可转换公司债券的数额。	法。上市公司发行可转换为股票的公司债券，应当**经**国务院证券监督管理机构**注册**。 发行可转换为股票的公司债券，应当在债券上标明可转换公司债券字样，并在公司债券**持有人名册**上载明可转换公司债券的数额。

适用要点

本条是关于股份有限公司发行可转换公司债券的规定。

本条规定股份有限公司经股东会决议，或者经公司章程、股东会授权由董事会决议，可以发行可转换债券，将发行可转债的公司由上市公司扩大到所有股份有限公司。公司债券募集办法中应规定转换办法，包括转换比率或转换价额、可转换的股份以及转换期限。由于我国证券发行实施注册制，上市公司发行可转换为股票的公司债券，应当经国务院证券监督管理机构注册。股份有限公司发行可转换债券时，应当在债券上标明可转换公司债券的字样，同时，要在公司债券持有人名册上如实记载发行的可转换债券的数额。

第二百零三条　【债券持有人对可转换债券享有选择权】发行可转换为股票的公司债券的，公司应当按照其转换办法向债券持有人换发股票，但债券持有人对转换股票或者不转换股票有选择权。法律、行政法规另有规定的除外。

条文对照

2018 年《公司法》	2023 年《公司法》
第一百六十二条　发行可转换为股票的公司债券的，公司应当按照其转换办法向债券持有人换发股票，但债券持有人对转换股票或者不转换股票有选择权。	第二百零三条　发行可转换为股票的公司债券的，公司应当按照其转换办法向债券持有人换发股票，但债券持有人对转换股票或者不转换股票有选择权。**法律、行政法规另有规定的除外。**

适用要点

本条是关于债券持有人对可转换债券享有选择权的规定。

公司应当按照公司债券募集办法中约定的转换方法，向债券持有人换发股票。可转换债券转换成股票的效力，于债券持有人依法提出请求时产生。可转换债券的持有人在债券期限届满时，可以要求公司换发股票，也可以要求公司对该债券还本付息，债券持有人在是否转换为股票的问题上具有选择权。但是，法律、行政法规另有规定的除外。

第二百零四条　【债券持有人会议】公开发行公司债券的，应当为同期债券持有人设立债券持有人会议，并在债券募集办法中对债券持有人会议的召集程序、会议规则和其他重要事项作出规定。债券持有人会议可以对与债券持有人有利害关系的事项作出决议。

除公司债券募集办法另有约定外，债券持有人会议决议对同期全体债券持有人发生效力。

条文对照

2018 年《公司法》	2023 年《公司法》
	第二百零四条 公开发行公司债券的,应当为同期债券持有人设立债券持有人会议,并在债券募集办法中对债券持有人会议的召集程序、会议规则和其他重要事项作出规定。债券持有人会议可以对与债券持有人有利害关系的事项作出决议。 除公司债券募集办法另有约定外,债券持有人会议决议对同期全体债券持有人发生效力。

适用要点

本条是关于债券持有人会议的规定。

债券持有人会议,是指由同次发行的公司债券持有人组成,就有关公司债券持有人的共同利害关系事项依法作出决议,其决议对全体同次发行的公司债券持有人均发生效力的临时合议机构。[1] 它是强化债券持有人权利主体地位、统一债券持有人立场的债券市场基础性制度,也是债券持有人指挥和监督受托管理人勤勉履职的专门制度安排。本条吸收了《证券法》《公司债券发行与交易管理办法》关于债券持有人会议的规定和内容,规定公司公开发行债券,应当为同期债券持有人设立债券持有人会议,并在债券募集办法中对债券持有人会议的召集程序、会议规则和其他重要事项作出规定。债券持有人会议可以对与债券持有人有利害关系

〔1〕 参见王瑞贺主编:《中华人民共和国证券法释义》,法律出版社 2020 年版,第 181 页。

的事项作出决议。所作出的决议对同期全体债券持有人具有法律效力，除非公司债券募集办法另有约定。基于受托管理人制度，投资者可以及时通过受托管理人信息披露、召集债券持有人会议等途径获悉发行人及债券相关要素在存续期内的变化情况，理性分析投资风险。

《证券法》第 92 条第 1 款规定："公开发行公司债券的，应当设立债券持有人会议，并应当在募集说明书中说明债券持有人会议的召集程序、会议规则和其他重要事项。"《公司债券发行与交易管理办法》第 62 条规定："发行公司债券，应当在债券募集说明书中约定债券持有人会议规则。债券持有人会议规则应当公平、合理。债券持有人会议规则应当明确债券持有人通过债券持有人会议行使权利的范围，债券持有人会议的召集、通知、决策生效条件与决策程序、决策效力范围和其他重要事项。债券持有人会议按照本办法的规定及会议规则的程序要求所形成的决议对全体债券持有人有约束力，债券持有人会议规则另有约定的除外。"第 63 条规定："存在下列情形的，债券受托管理人应当按规定或约定召集债券持有人会议：（一）拟变更债券募集说明书的约定；（二）拟修改债券持有人会议规则；（三）拟变更债券受托管理人或受托管理协议的主要内容；（四）发行人不能按期支付本息；（五）发行人减资、合并等可能导致偿债能力发生重大不利变化，需要决定或者授权采取相应措施；（六）发行人分立、被托管、解散、申请破产或者依法进入破产程序；（七）保证人、担保物或者其他偿债保障措施发生重大变化；（八）发行人、单独或合计持有本期债券总额百分之十以上的债券持有人书面提议召开；（九）发行人管理层不能正常履行职责，导致发行人债务清偿能力面临严重不确定性；（十）发行人提出债务重组方案的；（十一）发生其他对债券持有人权益有重大影响的事项。在债券受托管理人应当召集而未召集债券持有人会议时，单独或合计持有本期债券总额百分之十以上的债券持有人有权自行召集债券持有人会议。"

《全国法院审理债券纠纷案件座谈会纪要》第 15 条规定，债券持有人会议根据债券募集文件规定的决议范围、议事方式和表决程序所作出的决议，除非存在法定无效事由，人民法院应当认定为合法有效，除《全国法院审理债券纠纷案件座谈会纪要》第5条、第6条和第16条规定的事项外，对全体债券持有人具有约束力。债券持有人会议表决过程中，发行人及其关联方，以及对决议事项存在利益冲突的债券持有人应当回避表决。

第二百零五条 【债券受托管理人的聘请和管理职权】公开发行公司债券的，发行人应当为债券持有人聘请债券受托管理人，由其为债券持有人办理受领清偿、债权保全、与债券相关的诉讼以及参与债务人破产程序等事项。

条文对照

2018年《公司法》	2023年《公司法》
	第二百零五条 公开发行公司债券的，发行人应当为债券持有人聘请债券受托管理人，由其为债券持有人办理受领清偿、债权保全、与债券相关的诉讼以及参与债务人破产程序等事项。

适用要点

本条是关于债券受托管理人的聘请和管理职权的规定。

债券受托管理人是根据债务托管协议而设立的维护债券持有人利益的机构。债券受托管理人与债券持有人的关系为委托代理关系。债券受托管理人应当为债券持有人的最大利益行事，不得与债券持有人存在利益冲突，由其为债券持有人办理受领清偿、债权保全、与债券相关的诉讼以及参与债务人破产程序等事项。受托管理人由债券发行的承销机构或其他经中国证监会认可的机构担任，并且还应是中国证券业协会的会员，但为本次发行提供担保的机构不得担任本次债券发行的受托管理人。

《证券法》第 92 条第 2 款规定，公开发行公司债券的，发行人应当为债券持有人聘请债券受托管理人，并订立债券受托管理协议；第 3 款规定，债券发行人未能按期兑付债券本息的，债券受托管理人可以接受全部或者部分债券持有人的委托，以自己名义代表债券持有人提起、参加民事诉讼或者清算程序。

《公司债券发行与交易管理办法》第 57 条第 1 款规定，公开发行公司债券的，发行人应当为债券持有人聘请债券受托管理人，并订立债券受托管理协议；非公开发行公司债券的，发行人应当在募集说明书中约定债券受托管理事项。在债券存续期限内，由债券受托管理人按照规定或协议的约定维护债券持有人的利益。第 59 条规定："公开发行公司债券的受托管理人应当按规定或约定履行下列职责：(一)持续关注发行人和保证人的资信状况、担保物状况、增信措施及偿债保障措施的实施情况，出现可能影响债券持有人重大权益的事项时，召集债券持有人会议；(二)在债券存续期内监督发行人募集资金的使用情况；(三)对发行人的偿债能力和增信措施的有效性进行全面调查和持续关注，并至少每年向市场公告一次受托管理事务报告；(四)在债券存续期内持续督导发行人履行信息披露义务；(五)预计发行人不能偿还债务时，要求发行人追加担保，并可以依法申请法定机关采取财产保全措施；(六)在债券存续期内勤勉处理债券持有人与发行人之间的谈判或者诉讼事务；(七)发行人为债券设定担保的，债券受托管理人应在债券发行前或债券募集说明书约定的时间内取得担保的权利证明或其他有关文件，并在增信措施有效期内妥善保管；(八)发行人不能按期兑付债券本息或出现募集说明书约定的其他违约事件的，可以接受全部或部分债券持有人的委托，以自己名义代表债券持有人提起、参加民事诉讼或者破产等法律程序，或者代表债券持有人申请处置抵质押物。"

《全国法院审理债券纠纷案件座谈会纪要》第 19 条规定："受托管理

人所获利益归属于债券持有人。受托管理人提起诉讼或者参与破产程序的，生效裁判文书的既判力及于其所代表的债券持有人。在执行程序、破产程序中所得款项由受托管理人受领后在十个工作日内分配给各债券持有人。”

第二百零六条　【债券受托管理人忠实勤勉义务】债券受托管理人应当勤勉尽责，公正履行受托管理职责，不得损害债券持有人利益。

受托管理人与债券持有人存在利益冲突可能损害债券持有人利益的，债券持有人会议可以决议变更债券受托管理人。

债券受托管理人违反法律、行政法规或者债券持有人会议决议，损害债券持有人利益的，应当承担赔偿责任。

条文对照

2018年《公司法》	2023年《公司法》
	第二百零六条　债券受托管理人应当勤勉尽责，公正履行受托管理职责，不得损害债券持有人利益。 受托管理人与债券持有人存在利益冲突可能损害债券持有人利益的，债券持有人会议可以决议变更债券受托管理人。 债券受托管理人违反法律、行政法规或者债券持有人会议决议，损害债券持有人利益的，应当承担赔偿责任。

适用要点

本条是关于债券受托管理人忠实勤勉义务的规定。

本条吸收了《证券法》和《公司债券发行与交易管理办法》的规定，债券受托管理人作为债券持有人的受托人，应当公正履行受托管理职责，不得损害债券持有人利益，认真维护委托人的合法权益。存在利益冲突可能损害债券持有人利益的，债券持有人会议有权决议变更债券受托管理人。投资者认购或持有本期公司债券视作同意债券受托管理协议、债券持有人会议规则及债券募集说明书中其他有关发行人、债券持有人权利义务的相关约定，构成合同内容的一部分。债券受托管理人违反法律、行政法规或者债券持有人会议决议，损害债券持有人利益的，应当承担赔偿责任。通过依法确定受托管理人的权利、义务和责任，将责任承担与行为人的注意义务、注意能力和过错程度相结合，将民事责任追究的损失填补与震慑违法两个功能相结合，切实保护债券持有人、债券投资者的合法权益，维护公开、公平、公正的资本市场秩序。

《证券法》第 92 条第 2 款规定，债券持有人会议可以决议变更债券受托管理人。债券受托管理人应当勤勉尽责，公正履行受托管理职责，不得损害债券持有人利益。

《公司债券发行与交易管理办法》第 6 条第 1 款规定，为公司债券发行提供服务的承销机构、受托管理人，以及资信评级机构、会计师事务所、资产评估机构、律师事务所等专业机构和人员应当勤勉尽责，严格遵守执业规范和监管规则，按规定和约定履行义务。第 58 条规定，债券受托管理人应当勤勉尽责，公正履行受托管理职责，不得损害债券持有人利益。对于债券受托管理人在履行受托管理职责时可能存在的利益冲突情形及相关风险防范、解决机制，发行人应当在债券募集说明书及债券存续期间的信息披露文件中予以充分披露，并同时在债券受托管理协议中载明。第 74 条规定，发行人及其控股股东、实际控制人、债券受托管理人等违反《公司债券发行与交易管理办法》规定，损害债券持有人权益的，中国证监会可以对发行人、发行人的控股股东和实际控制人、受托管理人及其直接负责的主管人员和其他直接责任人员采取《公司债券发行与交易管理办法》第69条规定的相关监管措施；情节严重的，处以警告、罚款。

《公司债券受托管理人执业行为准则》第6条规定："在公司债券存续期内，受托管理人应当依照本准则的规定和受托协议的约定维护债券持有人的权益，落实投资者权益保护机制。受托管理人应当勤勉尽责，公正履行受托管理职责，不得损害债券持有人的权益。"

关于受托管理人的赔偿责任，《全国法院审理债券纠纷案件座谈会纪要》第25条规定，受托管理人未能勤勉尽责公正履行受托管理职责，损害债券持有人合法利益，债券持有人请求其承担相应赔偿责任的，人民法院应当予以支持。

典型案例

中国一拖集团财务有限责任公司与上海浦发银行股份有限公司侵权责任纠纷案〔1〕

裁判要旨：银行间债券市场主承销商作为债券存续期间的后续管理人应对发行人及债务融资工具进行动态监测，发现问题督导督促，及时启动突发事件应急响应程序。在其同时为所承销债券的持有人及发行人的融资银行时，该多重身份导致其自身利益与其他债券持有人利益之间形成必然的利益冲突，承销机构应以全体债券持有人的利益优先。在明知影响发行人偿债能力的重大不利信息后，承销机构作为债券后续管理人，应督促发行人及时披露相关信息，并在发行人信息披露前，不得将其自身持有的债券先

〔1〕 参见上海市高级人民法院民事判决书，(2021)沪民终962号。

行交易;承销机构在其自身利益与投资人利益存在冲突时,利用信息优势先行交易的行为违背诚信原则,具有主观过错,应对交易相对方的损失承担相应赔偿责任。

第十章　公司财务、会计

第二百零七条　【公司建立财务、会计制度】公司应当依照法律、行政法规和国务院财政部门的规定建立本公司的财务、会计制度。

条文对照

2018 年《公司法》	2023 年《公司法》
第一百六十三条　公司应当依照法律、行政法规和国务院财政部门的规定建立本公司的财务、会计制度。	**第二百零七条**　公司应当依照法律、行政法规和国务院财政部门的规定建立本公司的财务、会计制度。

适用要点

本条是关于公司建立财务、会计制度的规定。

公司的财务、会计制度是关于公司财务、会计行为规范的总称，包括财务制度和会计制度，公司的财务制度通过会计制度来实现。公司应建立自己的财务会计制度是公司法中的一项重要的法律制度，是对公司的法定要求。公司建立财务、会计制度的基本依据是法律、行政法规和国务院财政部门的规定。

第二百零八条 【公司编制财务会计报告要求】公司应当在每一会计年度终了时编制财务会计报告，并依法经会计师事务所审计。

财务会计报告应当依照法律、行政法规和国务院财政部门的规定制作。

条文对照

2018年《公司法》	2023年《公司法》
第一百六十四条 公司应当在每一会计年度终了时编制财务会计报告，并依法经会计师事务所审计。 财务会计报告应当依照法律、行政法规和国务院财政部门的规定制作。	**第二百零八条** 公司应当在每一会计年度终了时编制财务会计报告，并依法经会计师事务所审计。 财务会计报告应当依照法律、行政法规和国务院财政部门的规定制作。

适用要点

本条是关于公司编制财务会计报告要求的规定。

公司财务会计报告，是指公司对外提供的反映公司某一特定日期财务状况和某一会计期间经营成果、现金流量的文件。公司应当在每一会计年度终了时按照《会计法》《公司法》《证券法》《企业财务会计报告条例》等法律、行政法规、部门规章的规定制作财务会计报告，并依法经会计师事务所审计。

第二百零九条 【公司应依法对股东公开其财务会计报告】有限责任公司应当按照公司章程规定的期限将财务会计报告送交各股东。

股份有限公司的财务会计报告应当在召开股东会年会的二十日前置备于本公司，供股东查阅；公开发行股份的股份有限公司应当公告其财务会计报告。

条文对照

2018 年《公司法》	2023 年《公司法》
第一百六十五条　有限责任公司应当*依照*公司章程规定的期限将财务会计报告送交各股东。 股份有限公司的财务会计报告应当在召开股东大会年会的二十日前置备于本公司，供股东查阅；公开发行股票的股份有限公司*必须*公告其财务会计报告。	**第二百零九条**　有限责任公司应当*按照*公司章程规定的期限将财务会计报告送交各股东。 股份有限公司的财务会计报告应当在召开股东会年会的二十日前置备于本公司，供股东查阅；公开发行股**份**的股份有限公司*应当*公告其财务会计报告。

适用要点

本条是关于公司应依法对股东公开其财务会计报告的规定。

公司财务会计报告向股东公开，对于保护股东合法权益和股东行使相关权利具有重要意义。有限责任公司应当将财务会计报告送交各股东，本条对送交的期限未作强制性规定，只要求按照公司章程规定执行即可。股份有限公司要将财务会计报告在召开股东会年会的 20 日前置备于本公司，以便供股东查阅。公开发行股份的股份有限公司，由于涉及广大公众投资者的利益，应当公告其财务会计报告。

第二百一十条　【公司税后利润分配】公司分配当年税后利润时，应当提取利润的百分之十列入公司法定公积金。公司法定公积金累计额为公司注册资本的百分之五十以上的，可以不再提取。

公司的法定公积金不足以弥补以前年度亏损的，在依照前款规定提取法定公积金之前，应当先用当年利润弥补亏损。

公司从税后利润中提取法定公积金后，经股东会决议，还可以从税后利润中提取任意公积金。

公司弥补亏损和提取公积金后所余税后利润，有限责任公司按照股东实缴的出资比例分配利润，全体股东约定不按照出资比例分配利润的除外；股份有限公司按照股东所持有的股份比例分配利润，公司章程另有规定的除外。

公司持有的本公司股份不得分配利润。

条文对照

2018 年《公司法》	2023 年《公司法》
第一百六十六条　公司分配当年税后利润时，应当提取利润的百分之十列入公司法定公积金。公司法定公积金累计额为公司注册资本的百分之五十以上的，可以不再提取。 公司的法定公积金不足以弥补以前年度亏损的，在依照前款规定提取法定公积金之前，应当先用当年利润弥补亏损。 公司从税后利润中提取法定公积金后，经股东会~~或者股东大会~~决议，还可以从税后利润中提取任意公积金。	**第二百一十条**　公司分配当年税后利润时，应当提取利润的百分之十列入公司法定公积金。公司法定公积金累计额为公司注册资本的百分之五十以上的，可以不再提取。 公司的法定公积金不足以弥补以前年度亏损的，在依照前款规定提取法定公积金之前，应当先用当年利润弥补亏损。 公司从税后利润中提取法定公积金后，经股东会决议，还可以从税后利润中提取任意公积金。

续表

2018 年《公司法》	2023 年《公司法》
公司弥补亏损和提取公积金后所余税后利润,有限责任公司*依照*~~本法第三十四条的规定~~分配;股份有限公司按照股东持有的股份比例分配~~,但股份有限公司章程规定不按持股比例分配的除外~~。 ~~股东会、股东大会或者董事会违反前款规定,在公司弥补亏损和提取法定公积金之前向股东分配利润的,股东必须将违反规定分配的利润退还公司。~~ 公司持有的本公司股份不得分配利润。	公司弥补亏损和提取公积金后所余税后利润,有限责任公司*按照***股东实缴的出资比例**分配**利润,全体股东约定不按照出资比例分配利润的除外**;股份有限公司按照股东**所**持有的股份比例分配**利润**,公司章程**另有**规定的除外。 公司持有的本公司股份不得分配利润。

适用要点

本条是关于公司税后利润分配的规定。

本条对公司税后利润的分配作了具体的规定。公司在缴纳税款后分配利润前,应当提取利润的10%列入公司法定公积金。当法定公积金累计额达公司注册资本的50%以上时,可以不再提取。公司的法定公积金不足以弥补公司以前年度亏损的,在依照前述规定提取法定公积金之前,应当先用当年利润弥补亏损。公司在从税后利润中提取法定公积金后,经股东会决议,可以从税后利润中提取任意公积金。

公司弥补亏损和提取公积金后所余税后利润,有限责任公司按照股东实缴的出资比例分配,股份有限公司按照股东持有的股份比例分配。但是,有限责任公司全体股东可以约定不按照出资比例分配,股份有限公司章程也可以另行规定不按持股比例分配。公司持有的本公司的股份不得分配利润。

典型案例

杨某军与胡某明、新疆博赛供销商贸股份有限公司等确认合同效力纠纷案[1]

裁判要旨：根据2018年《公司法》之规定，公司分配利润前须弥补亏损和提取公积金，若公司在亏损状态下仍向股东分配固定收益，有损公司、股东及其他债权人的合法权益。人民法院对公司在此条件下签订的分配固定收益的合同效力应认定为无效。

第二百一十一条 【违法分配利润的处理】公司违反本法规定向股东分配利润的，股东应当将违反规定分配的利润退还公司；给公司造成损失的，股东及负有责任的董事、监事、高级管理人员应当承担赔偿责任。

条文对照

2018年《公司法》	2023年《公司法》
第一百六十六条第五款 ~~股东会、股东大会或者董事会违反前款规定，在~~公司~~弥补亏损和提取法定公积金之前~~向股东分配利润的，股东必须将违反规定分配的利润退还公司。	第二百一十一条 公司违反**本法规定**向股东分配利润的，股东应当将违反规定分配的利润退还公司；**给公司造成损失的，股东及负有责任的董事、监事、高级管理人员应当承担赔偿责任。**

〔1〕 参见新疆维吾尔自治区高级人民法院民事裁定书，(2020)新民申2226号。

适用要点

本条是关于违法分配利润的处理的规定。

公司在确定利润分配时，不能违反本法有关弥补亏损或提取公积金的强制性规定，违反规定进行分配的，股东应当将违反规定分配所得的利润退还公司。股东会是批准公司利润分配方案的机构，而董事、高级管理人员是制定和实施公司具体利润分配方案的人员，在此过程中，如果给公司造成损失，构成对公司财产权的侵犯，股东及负有责任的董事、监事、高级管理人员应当承担赔偿责任。

典型案例

四川国栋建设集团有限公司、王某鸣与公司有关的纠纷案[1]

裁判要旨：根据2018年《公司法》第166条第5款的规定，股东会、股东大会或者董事会违反法律规定在公司弥补亏损和提取法定公积金之前向股东分配利润的，股东必须将违反规定分配的利润退还公司。这种返还在性质上属于不当得利返还。若有证据证明利润分配违法，则公司可向其股东主张返还不当得利。

第二百一十二条　【公司利润分配时间】股东会作出分配利润的决议的，董事会应当在股东会决议作出之日起六个月内进行分配。

〔1〕参见最高人民法院民事裁定书，(2020)最高法民申3891号。

条文对照

2018 年《公司法》	2023 年《公司法》
	第二百一十二条　股东会作出分配利润的决议的，董事会应当在股东会决议作出之日起六个月内进行分配。

适用要点

本条是关于公司利润分配时间的规定。

股东会的职权范围包括审议批准公司利润分配方案，在股东会决议分配利润后，董事会应当在股东会决议作出之日起 6 个月内进行分配。载明具体分配方案的股东会决议一经作出，抽象性的利润分配请求权即转化为具体性的利润分配请求权，从股东的成员权转化为独立于股东权利的普通债权。股东转让股权时，抽象性的利润分配请求权随之转让，而具体的利润分配请求权除合同中有明确约定外并不随股权转让而转让。当分配利润时间届至而公司未分配时，权利人可以直接请求公司按照决议载明的具体分配方案给付利润。具体的利润分配方案应当包括待分配利润数额、分配政策、分配范围以及分配时间等具体分配事项内容。[1]

股东必须提交载明具体分配方案的股东会的有效决议，请求公司分配利润，应当列公司为被告，在一审法庭辩论终结前，其他股东基于同一分配方案请求分配利润并申请参加诉讼的，应当列为共同原告。《公司法解释五》第 4 条第 1 款规定，分配利润的股东会或者股东大会决议作出后，公司应当在决议载明的时间内完成利润分配。决议没有载明时间的，以公司章程规定的为准。决议、章程中均未规定时间或者时间超过 1 年的，公司应当自决议作出之日起 1 年内完成利润分配。

---

〔1〕 参见甘肃乾金达矿业开发集团有限公司与万城商务东升庙有限责任公司盈余分配纠纷案，载《最高人民法院公报》2023 年第 1 期。

典型案例

沈某达与南通宏昇置业有限公司公司盈余分配纠纷案[1]

裁判要旨：根据2005年《公司法》第38条、第47条的规定，董事会对股东会负责，具有制订公司的利润分配方案的职权，股东会具有审议批准公司的利润分配方案的职权。公司盈余分配属公司自主决策事项，因此人民法院应当谨慎介入属于公司自治范畴的盈余分配事宜。基于前述的司法谨慎干预原则，人民法院在审理公司盈余分配权纠纷时，一般仅支持具体盈余分配权，其前提条件是只有在公司董事会、股东会已形成盈余分配决议，而公司拒不执行该决议，致使股东依据该决议所享有的盈余分配给付请求权（具体盈余分配权）遭到侵害时，股东方可提起盈余分配权诉讼，否则股东无权径行提起盈余分配权诉讼。

第二百一十三条　【公司资本公积金构成】公司以超过股票票面金额的发行价格发行股份所得的溢价款、发行无面额股所得股款未计入注册资本的金额以及国务院财政部门规定列入资本公积金的其他项目，应当列为公司资本公积金。

条文对照

2018年《公司法》	**2023年《公司法》**
第一百六十七条　~~股份有限~~公司以超过股票票面金额的发行价格发行股份所得的溢价款以及国务院财政部	**第二百一十三条**　公司以超过股票票面金额的发行价格发行股份所得的溢价款、**发行无面额股所得股款未计**

[1] 参见江苏省高级人民法院民事判决书，(2014)苏商再提字第0049号。

续表

2018 年《公司法》	2023 年《公司法》
门规定列入资本公积金的其他收入，应当列为公司资本公积金。	**入注册资本的金额**以及国务院财政部门规定列入资本公积金的其他**项目**，应当列为公司资本公积金。

适用要点

本条是关于公司资本公积金构成的规定。

依据公积金提取的来源，分为盈余公积金和资本公积金，资本公积金是股东出资中超出注册资本的部分包括资本溢价或股本溢价，以及直接计入所有者权益的利得和损失等。[1] 公司以超过股票票面金额的发行价格发行股份所得的溢价款、发行无面额股所得股款未计入注册资本的金额以及国务院财政部门规定列入资本公积金的其他项目，应当列为公司资本公积金。

第二百一十四条　【公积金用途】公司的公积金用于弥补公司的亏损、扩大公司生产经营或者转为增加公司注册资本。

公积金弥补公司亏损，应当先使用任意公积金和法定公积金；仍不能弥补的，可以按照规定使用资本公积金。

法定公积金转为增加注册资本时，所留存的该项公积金不得少于转增前公司注册资本的百分之二十五。

〔1〕 参见王军：《中国公司法》，高等教育出版社 2015 年版，第 155 页。

条文对照

2018 年《公司法》	2023 年《公司法》
第一百六十八条　公司的公积金用于弥补公司的亏损、扩大公司生产经营或者转为增加公司资本。~~但是，资本公积金不得用于弥补公司的亏损。~~ 法定公积金转为资本时，所留存的该项公积金不得少于转增前公司注册资本的百分之二十五。	**第二百一十四条**　公司的公积金用于弥补公司的亏损、扩大公司生产经营或者转为增加公司**注册**资本。 **公积金弥补公司亏损，应当先使用任意公积金和法定公积金；仍不能弥补的，可以按照规定使用资本公积金。** 法定公积金转为**增加注册**资本时，所留存的该项公积金不得少于转增前公司注册资本的百分之二十五。

适用要点

本条是关于公积金用途的规定。

公积金又称储备金，其目的是巩固自身的财产基础，提高公司的信用和预防意外亏损。公司的公积金可以用于弥补公司的亏损、扩大公司生产经营或者转为增加公司注册资本。依据公积金的提取是否基于法律的强制性规定，分为法定公积金和任意（盈余）公积金。法定公积金包括法定盈余公积金和法定资本公积金。公积金用来弥补公司亏损时，应当先使用任意公积金和法定公积金；仍不能弥补的，可以按照规定使用资本公积金。公司可以将公积金的一部分扩充为公司的资本。法定公积金转为增加注册资本时，所留存的该项公积金不得少于转增前公司注册资本的25%。

典型案例

上海红富士家纺有限公司与董某龙、苏某损害公司利益责任纠纷案[1]

裁判要旨：根据2018年《公司法》第168条之规定，公司的公积金用于弥补公司的亏损、扩大公司生产经营或者转为增加公司资本。但是资本公积金不得用于弥补公司亏损。因此，资本公积金的用途仅限于扩大公司生产经营或者转为增加公司资本。对于相关主体违反《公司法》对资本公积金用途规定的行为，人民法院可依法责令损害公司利益的主体承担返还财产、恢复原状、赔偿损失等责任。

第二百一十五条　【公司聘用、解聘会计师事务所】公司聘用、解聘承办公司审计业务的会计师事务所，按照公司章程的规定，由股东会、董事会或者监事会决定。

公司股东会、董事会或者监事会就解聘会计师事务所进行表决时，应当允许会计师事务所陈述意见。

条文对照

2018年《公司法》	2023年《公司法》
第一百六十九条　公司聘用、解聘承办公司审计业务的会计师事务所，*依照*公司章程的规定，由股东会、~~股东大会~~或者董事会决定。	**第二百一十五条**　公司聘用、解聘承办公司审计业务的会计师事务所，*按照*公司章程的规定，由股东会、董事会或者**监事会**决定。

〔1〕参见上海市高级人民法院民事判决书，(2020)沪民再1号。

续表

2018 年《公司法》	2023 年《公司法》
公司股东会、~~股东大会~~或者董事会就解聘会计师事务所进行表决时，应当允许会计师事务所陈述意见。	公司股东会、董事会或者**监事会**就解聘会计师事务所进行表决时，应当允许会计师事务所陈述意见。

适用要点

本条是关于公司聘用、解聘会计师事务所的规定。

公司聘用或解聘承办公司审计业务的会计师事务所，应当在公司章程中规定由股东会、董事会或者监事会决定。公司经理或其他高级管理人员不得自行决定聘用或者解聘承办公司审计业务的会计师事务所。为了审计的独立、客观、公正，防止公司随便解聘会计师事务所，在公司股东会、董事会或者监事会就解聘会计师事务所进行表决时，应当允许会计师事务所陈述意见。

第二百一十六条　【公司对会计师事务所的诚实义务】公司应当向聘用的会计师事务所提供真实、完整的会计凭证、会计账簿、财务会计报告及其他会计资料，不得拒绝、隐匿、谎报。

条文对照

2018 年《公司法》	2023 年《公司法》
第一百七十条　公司应当向聘用的会计师事务所提供真实、完整的会计凭证、会计账簿、财务会计报告及其他会计资料，不得拒绝、隐匿、谎报。	**第二百一十六条**　公司应当向聘用的会计师事务所提供真实、完整的会计凭证、会计账簿、财务会计报告及其他会计资料，不得拒绝、隐匿、谎报。

适用要点

本条是关于公司向会计师事务所提供会计资料时必须履行的义务的规定。

《会计法》第3条规定:各单位必须依法设置会计账簿,并保证其真实、完整。公司向会计师事务所提供会计资料时必须确保会计资料的真实、完整,会计凭证、会计账簿、财务会计报告和其他会计资料,必须符合国家统一的会计制度的规定。任何单位和个人不得伪造、变造会计凭证、会计账簿及其他会计资料,不得提供虚假的财务会计报告。任何单位或者个人不得以任何方式授意、指使、强令会计机构、会计人员伪造、变造会计凭证、会计账簿和其他会计资料,提供虚假财务会计报告,公司必须按照会计师事务所的要求提供相关的会计资料,不得拒绝、隐匿、谎报。

第二百一十七条 【会计账簿和开立账户的禁止性规定】公司除法定的会计账簿外,不得另立会计账簿。

对公司资金,不得以任何个人名义开立账户存储。

条文对照

2018年《公司法》	2023年《公司法》
第一百七十一条 公司除法定的会计账簿外,不得另立会计账簿。 对公司资产,不得以任何个人名义开立账户存储。	**第二百一十七条** 公司除法定的会计账簿外,不得另立会计账簿。 对公司资**金**,不得以任何个人名义开立账户存储。

适用要点

本条是关于会计账簿和开立账户的禁止性规定。

会计账簿，是指记载和反映公司财产状况和营业状况的各种账簿、文书的总称，包括总账、明细账、日记账和其他辅助性账簿。《会计法》第16条明确规定："各单位发生的各项经济业务事项应当在依法设置的会计帐簿上统一登记、核算，不得违反本法和国家统一的会计制度的规定私设会计帐簿登记、核算。"私自设立会计账簿，不仅会损害公司的股东、债权人和社会公众的利益，还会损害国家的利益，是一种严重的违法行为。为了维护国家经济管理秩序，保证公司财产、股东权益和债权人利益不受侵害，本条明确规定禁止将公司资金以任何个人名义开立账户存储。

第十一章　公司合并、分立、增资、减资

第二百一十八条　【公司合并形式】公司合并可以采取吸收合并或者新设合并。

一个公司吸收其他公司为吸收合并，被吸收的公司解散。两个以上公司合并设立一个新的公司为新设合并，合并各方解散。

条文对照

2018 年《公司法》	2023 年《公司法》
第一百七十二条　公司合并可以采取吸收合并或者新设合并。 一个公司吸收其他公司为吸收合并，被吸收的公司解散。两个以上公司合并设立一个新的公司为新设合并，合并各方解散。	**第二百一十八条**　公司合并可以采取吸收合并或者新设合并。 一个公司吸收其他公司为吸收合并，被吸收的公司解散。两个以上公司合并设立一个新的公司为新设合并，合并各方解散。

适用要点

本条是关于公司合并形式的规定。

公司的合并，是指两个或两个以上的公司合并为一个新的公司，或者一个或多个公司并到一个现存的公司中去，或者将某个公司分成若干部

分,并入其他的现存公司。本条对公司的合并规定了两种形式:一种是吸收合并;另一种是新设合并。在第一种情况下,被合并公司的主体资格消灭了,而存续公司的主体资格仍然存在,只是被合并公司的加入使其主体资格发生了变更;在第二种情况下,原有的公司消灭,新的公司产生。

典型案例

河南欣德源建设工程有限公司与河南第一火电建设有限公司等建设工程施工合同纠纷案〔1〕

裁判要旨:依照2018年《公司法》第172条的规定,公司合并可以采取吸收合并或者新设合并。一个公司吸收其他公司为吸收合并,被吸收的公司解散。两个以上公司合并设立一个新的公司为新设合并,合并各方解散。本案中,第一火电公司并未解散,故81号文件精神不符合上述公司合并的规定。本案标的为建设工程施工合同关系,合同双方为欣德源公司与第一火电公司,电建工程公司并非合同主体,其仅是第一火电公司持有100%股权的股东。且电建工程公司亦提供证据证实其与第一火电公司财务、资产、经营均各自独立,故一审法院认定欣德源公司主张电建工程公司对欠付工程款、逾期付款利息及租赁损失承担赔偿责任,缺乏事实及法律依据正确,予以维持。

〔1〕 参见新疆维吾尔自治区高级人民法院民事判决书,(2022)新民终117号。

第二百一十九条 【公司合并无须股东会决议的情形】公司与其持股百分之九十以上的公司合并,被合并的公司不需经股东会决议,但应当通知其他股东,其他股东有权请求公司按照合理的价格收购其股权或者股份。

公司合并支付的价款不超过本公司净资产百分之十的,可以不经股东会决议;但是,公司章程另有规定的除外。

公司依照前两款规定合并不经股东会决议的,应当经董事会决议。

条文对照

2018 年《公司法》	2023 年《公司法》
	第二百一十九条　公司与其持股百分之九十以上的公司合并,被合并的公司不需经股东会决议,但应当通知其他股东,其他股东有权请求公司按照合理的价格收购其股权或者股份。 公司合并支付的价款不超过本公司净资产百分之十的,可以不经股东会决议;但是,公司章程另有规定的除外。 公司依照前两款规定合并不经股东会决议的,应当经董事会决议。

适用要点

本条是关于公司合并无须股东会决议的情形的规定。

公司合并需经过股东会决议,必须经持有 2/3 以上表决权的股东通过。但是本条规定了两种无须经过股东会决议的例外情形:一种是公司如果与其持股 90% 以上的公司合并,此时,作为持股 90% 以上的股东,已经具有2/3以上表决权，无须再经股东会决议，但应当通知其他股东，其他股东有权请求公司按照合理的价格收购其股权或者股份，以充分保障其他异议股东的权利。另一种是公司合并支付的价款不超过本公司净资产10%的，可以不经股东会决议；但是，公司章程另有规定的除外。虽然上述两种情形的合并不经过股东会决议，仍应当经董事会决议。

典型案例

中国第十三冶金建设有限公司与上海致达科技集团有限公司股东损害公司债权人利益责任纠纷案[1]

裁判要旨：公司合并制度的立法目的在于促进合并后的整体得到更好的发展，而非终止所有参与合并的公司。在无证据证明参与合并的公司均符合破产条件且破产清偿率相同的情况下，以终止所有参与合并的公司为目的而实施的公司合并，即先将各公司合并，然后将合并后的公司直接破产的做法，违背了公司合并制度立法目的，规避了公司终止应当依法进行清算的规定，损害合并前原资产状况相对较好公司的债权人权益的，构成侵权。作出该合并决定的股东系侵权人，应承担相应的赔偿责任。

第二百二十条　【公司合并程序和债权人异议权】公司合并，应当由合并各方签订合并协议，并编制资产负债表及财产清单。公司应当自作出合并决议之日起十日内通知债权人，并于三十日内在报纸上或者国家企业信用信息公示系统公告。债权人自接到通知之日起三十日内，未接到通知的自公告之日起四十五日内，可以要求公司清偿债务或者提供相应的担保。

[1] 参见江苏省高级人民法院民事判决书，(2016)苏民终187号。

条文对照

2018 年《公司法》	2023 年《公司法》
第一百七十三条 公司合并,应当由合并各方签订合并协议,并编制资产负债表及财产清单。公司应当自作出合并决议之日起十日内通知债权人,并于三十日内在报纸上公告。债权人自接到通知书之日起三十日内,未接到通知书的自公告之日起四十五日内,可以要求公司清偿债务或者提供相应的担保。	**第二百二十条** 公司合并,应当由合并各方签订合并协议,并编制资产负债表及财产清单。公司应当自作出合并决议之日起十日内通知债权人,并于三十日内在报纸上**或者国家企业信用信息公示系统**公告。债权人自接到通知之日起三十日内,未接到通知的自公告之日起四十五日内,可以要求公司清偿债务或者提供相应的担保。

适用要点

本条是关于公司合并程序和债权人异议权的规定。

公司合并涉及公司、股东和债权人等利益相关人员,应当依法进行。公司合并的程序首先是应当由合并各方签订合并协议,并编制资产负债表及财产清单,然后由股东会或者董事会形成合并决议,公司自作出合并决议之日起 10 日内通知债权人,并于 30 日内在报纸上或者国家企业信用信息公示系统公告,以便公司债权人知晓,其可以对公司的合并提出异议。债权人自接到通知之日起 30 日内,未接到通知的自公告之日起 45 日内,可以要求公司清偿债务或者提供相应的担保。如果公司债权人在法定时间内没有提出异议,则视为对公司合并的认可。

典型案例

昆明众威拳击运动有限公司与刘某损害公司利益责任纠纷案[1]

裁判要旨：对已经通过市场监管部门完成工商合并登记的公司，仍应按照公司法相关规定履行合并各方债务的通知和公告程序，在期限届满前，公司合并未完成法律规定的程序，合并后的公司不能替代合并各方行使其权利。

第二百二十一条　【公司合并时各方的债权、债务承继】公司合并时，合并各方的债权、债务，应当由合并后存续的公司或者新设的公司承继。

条文对照

2018 年《公司法》	2023 年《公司法》
第一百七十四条　公司合并时，合并各方的债权、债务，应当由合并后存续的公司或者新设的公司承继。	**第二百二十一条**　公司合并时，合并各方的债权、债务，应当由合并后存续的公司或者新设的公司承继。

适用要点

本条是关于公司合并时各方的债权、债务承继的规定。

《民法典》第 67 条第 1 款规定："法人合并的，其权利和义务由合并后

[1] 参见云南省高级人民法院民事判决书，(2020)云民终 1167 号。

的法人享有和承担。”公司的合并虽然也是一种权利和义务的概括转让，但公司合并引起的债权债务关系的转让一般不通过合同来约定，而是根据法律的规定进行，具有其自身的特点。合并不只是公司的内部事务，债权债务关系则是公司与外部的主体所发生的关系，内部的关系不能对抗外部的关系，这是维护社会交易安全的需要。合并后存续的公司或者新设立的公司，必须无条件地接受因合并而消灭的各方公司对外的债权与债务。《民事诉讼法解释》第63条规定，企业法人合并的，因合并前的民事活动发生的纠纷，以合并后的企业为当事人；企业法人分立的，因分立前的民事活动发生的纠纷，以分立后的企业为共同诉讼人。

典型案例

中融国际信托有限公司与贵州鑫盛源能源投资（集团）有限公司金融借款合同纠纷案〔1〕

裁判要旨：2018年《公司法》第174条规定：“公司合并时，合并各方的债权、债务，应当由合并后存续的公司或者新设的公司承继。”《最高人民法院关于审理与企业改制相关的民事纠纷案件若干问题的规定》第31条规定：“企业吸收合并后，被兼并企业的债务应当由兼并方承担。”根据上述规定，虽然采矿权的主体发生变化，但采矿权是资产的一部分，贵州鑫盛源能源投资（集团）有限公司（以下简称鑫盛源公司）基于兼并资产行为，产生了承接包括担保债务在内的法定义务，其支付采矿权价款，仅是其内部关系，不能免除对外的法定义务。并且，鑫盛源公司以出具承诺函的方式，再次设立了义务。因此，在法定义务、约定义务均存在的情况下，鑫盛源公司应被认定为案涉采矿权抵押义务人。

〔1〕参见最高人民法院民事判决书，(2019)最高法民终1448号。

第二百二十二条　【公司分立时财产分割和分立程序】公司分立，其财产作相应的分割。

公司分立，应当编制资产负债表及财产清单。公司应当自作出分立决议之日起十日内通知债权人，并于三十日内在报纸上或者国家企业信用信息公示系统公告。

条文对照

2018 年《公司法》	2023 年《公司法》
第一百七十五条　公司分立，其财产作相应的分割。 公司分立，应当编制资产负债表及财产清单。公司应当自作出分立决议之日起十日内通知债权人，并于三十日内在报纸上公告。	**第二百二十二条**　公司分立，其财产作相应的分割。 公司分立，应当编制资产负债表及财产清单。公司应当自作出分立决议之日起十日内通知债权人，并于三十日内在报纸上**或者国家企业信用信息公示系统**公告。

适用要点

本条是关于公司分立时财产分割和分立程序的规定。

公司分立涉及财产分割，会导致公司清偿能力降低，因此，需要就公司财产作相应的分割。公司作出分立决议以后，应当编制资产负债表及财产清单。公司应当自作出分立决议之日起 10 日内通知债权人，并于 30 日内在报纸上或者国家企业信用信息公示系统公告。需要注意的是，公司分立时，债权人不享有异议权，不再规定要求公司清偿债务或提供担保，本法已经规定公司分立前的债务由分立后的公司承担连带责任。

第二百二十三条　【公司分立前的债务承担】公司分立前的债务由分立后的公司承担连带责任。但是，公司在分立前与债权人就债务清偿达成的书面协议另有约定的除外。

条文对照

2018 年《公司法》	2023 年《公司法》
第一百七十六条　公司分立前的债务由分立后的公司承担连带责任。但是，公司在分立前与债权人就债务清偿达成的书面协议另有约定的除外。	**第二百二十三条**　公司分立前的债务由分立后的公司承担连带责任。但是，公司在分立前与债权人就债务清偿达成的书面协议另有约定的除外。

适用要点

本条是关于公司分立前的债务承担的规定。

公司的分立，是指一个公司分成两个或两个以上的公司，或者将现有的一个或几个公司分出一部分组成新的公司。在第一种情况下，被分立公司的主体资格消灭，产生几个新的公司。如果新的公司具备法人条件，则可依法成立几个新的公司。在第二种情况下，如某个公司的分支机构具备了法人条件，或几个公司分出若干部分组成新的公司并具备法人条件，均可成立新的公司。

《民法典》第 67 条第 2 款规定："法人分立的，其权利和义务由分立后的法人享有连带债权，承担连带债务，但是债权人和债务人另有约定的除外。"本条规定，公司订立合同后分立的，除债权人和债务人就债务清偿达成的书面协议另有约定的外，由分立后的公司对合同的权利义务享有连带债权，承担连带债务，防止公司假借合并或分立转移债务，逃避应当承担的法律责任，造成社会和经济秩序的混乱。

典型案例

厦门国际港务股份有限公司与厦门港口开发建设有限公司执行异议之诉纠纷案[1]

裁判要旨：根据2018年《公司法》第176条及《最高人民法院关于审理与企业改制相关的民事纠纷案件若干问题的规定》相关条文的规定，企业部分改造为公司，与公司分立的原理一脉相承，分立后的企业依法应当就分立前的债务承担连带责任。

第二百二十四条　【公司减少注册资本】公司减少注册资本，应当编制资产负债表及财产清单。

公司应当自股东会作出减少注册资本决议之日起十日内通知债权人，并于三十日内在报纸上或者国家企业信用信息公示系统公告。债权人自接到通知之日起三十日内，未接到通知的自公告之日起四十五日内，有权要求公司清偿债务或者提供相应的担保。

公司减少注册资本，应当按照股东出资或者持有股份的比例相应减少出资额或者股份，法律另有规定、有限责任公司全体股东另有约定或者股份有限公司章程另有规定的除外。

条文对照

2018年《公司法》	2023年《公司法》
第一百七十七条　公司需要减少注册资本时，*必须*编制资产负债表及财	第二百二十四条　公司减少注册资本，应当编制资产负债表及财产

〔1〕参见江西省高级人民法院民事判决书，(2020)赣民终772号。

续表

2018 年《公司法》	2023 年《公司法》
产清单。 公司应当自作出减少注册资本决议之日起十日内通知债权人，并于三十日内在报纸上公告。债权人自接到通知书之日起三十日内，未接到通知书的自公告之日起四十五日内，有权要求公司清偿债务或者提供相应的担保。	清单。 公司应当自**股东会**作出减少注册资本决议之日起十日内通知债权人，并于三十日内在报纸上**或者国家企业信用信息公示系统**公告。债权人自接到通知之日起三十日内，未接到通知的自公告之日起四十五日内，有权要求公司清偿债务或者提供相应的担保。 **公司减少注册资本，应当按照股东出资或者持有股份的比例相应减少出资额或者股份，法律另有规定、有限责任公司全体股东另有约定或者股份有限公司章程另有规定的除外。**

适用要点

本条是关于公司减少注册资本的规定。

注册资本是公司开展基本经营活动、得以有效设立的物质基础。它来源于股东的出资，在股东出资完成后，该部分即归入公司财产范围，成为公司资本的组成部分。本条规定，公司减少注册资本应当编制资产负债表及财产清单。减少注册资本属于公司股东会职权事项，公司应当自股东会作出减少注册资本决议之日起 10 日内通知债权人，并于 30 日内在报纸上或者国家企业信用信息公示系统公告。减少注册资本会导致公司责任财产的减少，债权人自接到通知之日起 30 日内，未接到通知的自公告之日起 45 日内，有权要求公司清偿债务或者提供相应的担保，以更好地保护公司债权人的利益。公司资本是公司对外的重要责任财产，公司减少注册资本应当按照股东出资或者持有股份的比例相应减少出资额或者股份，法律另有规定、有限责任公司全体股东另有约定或者股份有限公司章程另有规定的除外。减资行为可以分为实质减资和形式减资，或等比例减资和非等比例减资，对于非等比例的定向减资，应当由法律或有限责任公司全体股东约定或股份有限公司章程作出规定。

典型案例

华某与上海圣甲虫电子商务有限公司公司决议纠纷案[1]

裁判要旨：在我国《公司法》框架下，公司可以进行定向减资。(1)法无明文禁止即可为。2018年《公司法》第43条和第177条的用词是"减少注册资本"，上述规定并未将公司减资的形式限于等比例减资，也未明文规定不得减去某个股东的全部或者部分股权。因此，在法无明文禁止即可为原则的指引下，应当认定我国《公司法》并未禁止定向减资的存在。(2)我国《公司法》虽未就定向减资作出明确规定，但从立法的精神来讲也允许定向减资的存在。依据2018年《公司法》第74条的规定，股东在符合法定条件的情形下可以向公司行使回购请求权，公司回购时该部分股权不对外转让的，公司就应予以减资，该减资就是定向的。(3)公司是否减资、如何进行减资是公司自治范畴，只要符合法定的程序和条件，司法不应过度干预。将减资仅限于等比例减资是对股东处分权的妨害，也是对股东意思自治的违反。因此，在我国《公司法》未对公司进行定向减资作出否定性规定的情形下，上海圣甲虫电子商务有限公司进行定向减资在符合相关程序要求的情形下并不为我国《公司法》所禁止，只是这种减资应当设置比等比例减资更加严格的条件。

〔1〕 参见上海市第一中级人民法院民事判决书，(2018)沪01民终11780号。

第二百二十五条 【减少注册资本弥补亏损】公司依照本法第二百一十四条第二款的规定弥补亏损后，仍有亏损的，可以减少注册资本弥补亏损。减少注册资本弥补亏损的，公司不得向股东分配，也不得免除股东缴纳出资或者股款的义务。

依照前款规定减少注册资本的，不适用前条第二款的规定，但应当自股东会作出减少注册资本决议之日起三十日内在报纸上或者国家企业信用信息公示系统公告。

公司依照前两款的规定减少注册资本后，在法定公积金和任意公积金累计额达到公司注册资本百分之五十前，不得分配利润。

条文对照

2018 年《公司法》	2023 年《公司法》
	第二百二十五条 公司依照本法第二百一十四条第二款的规定弥补亏损后，仍有亏损的，可以减少注册资本弥补亏损。减少注册资本弥补亏损的，公司不得向股东分配，也不得免除股东缴纳出资或者股款的义务。 依照前款规定减少注册资本的，不适用前条第二款的规定，但应当自股东会作出减少注册资本决议之日起三十日内在报纸上或者国家企业信用信息公示系统公告。 公司依照前两款的规定减少注册资本后，在法定公积金和任意公积金累计额达到公司注册资本百分之五十前，不得分配利润。

适用要点

本条是关于减少注册资本弥补亏损的规定。

根据本法第214条第2款的规定，公司的公积金不足以弥补公司亏损，可以按照规定使用资本公积金。当弥补亏损后，仍有亏损，本条规定了公司简易减资可以减少注册资本弥补亏损，但该部分注册资本不得向股东分配，也不得免除股东缴纳出资或者股款的义务。按照前述规定减少注册资本，不需要专门通知债权人，但应当在报纸上或者国家企业信用信息公示系统公告。注册资本减少后，与此相对应的法定公积金比例会出现变化，因此，为了防止变相掏空公司、分配利润，禁止在法定公积金和任意公积金累计额达到公司注册资本50%前分配利润。

第二百二十六条　【违法减少注册资本法律责任】违反本法规定减少注册资本的，股东应当退还其收到的资金，减免股东出资的应当恢复原状；给公司造成损失的，股东及负有责任的董事、监事、高级管理人员应当承担赔偿责任。

条文对照

2018年《公司法》	2023年《公司法》
	第二百二十六条　违反本法规定减少注册资本的，股东应当退还其收到的资金，减免股东出资的应当恢复原状；给公司造成损失的，股东及负有责任的董事、监事、高级管理人员应当承担赔偿责任。

适用要点

本条是关于违法减少注册资本法律责任的规定。

股东可以用货币出资,也可以用实物、知识产权、土地使用权、股权、债权等可以用货币估价并可以依法转让的非货币财产作价出资。公司注册资本来自股东出资,股东认缴出资后,对公司负有出资义务。股东的出资义务,是指股东按照与公司签署的协议、认股书、公司章程中所认缴的出资额,按期足额缴纳出资的义务。本法规定股东必须承担相应法定义务,不论股东间进行何种约定都不能免除股东的出资义务。

公司注册资本减少必须经过法定程序,违反规定减少注册资本的,违反了公司资本维持原则,对债权人利益具有较大威胁。股东应当将其收到的资金退还,减免股东出资的应当恢复原状。公司董事、高级管理人员对公司负有勤勉义务,本法强化了管理层的义务和责任,加强对管理层权力的约束和监督,遏制公司管理人员滥用职权。为保护公司健康发展,维护社会经济秩序,本条规定,给公司造成损失的,股东及负有责任的董事、监事、高级管理人员应当承担赔偿责任。

《公司法解释三》第 13 条第 4 款规定:“股东在公司增资时未履行或者未全面履行出资义务,依照本条第一款或者第二款提起诉讼的原告,请求未尽公司法第一百四十七条第一款规定的义务而使出资未缴足的董事、高级管理人员承担相应责任的,人民法院应予支持;董事、高级管理人员承担责任后,可以向被告股东追偿。”第 14 条规定:“股东抽逃出资,公司或者其他股东请求其向公司返还出资本息、协助抽逃出资的其他股东、董事、高级管理人员或者实际控制人对此承担连带责任的,人民法院应予支持。公司债权人请求抽逃出资的股东在抽逃出资本息范围内对公司债务不能清偿的部分承担补充赔偿责任、协助抽逃出资的其他股东、董事、高级管理人员或者实际控制人对此承担连带责任的,人民法院应予支持;抽逃出资的股东已经承担上述责任,其他债权人提出相同请求的,人民法院不予支持。”

典型案例

江苏万丰光伏有限公司与上海广力投资管理有限公司、丁某某等买卖合同纠纷案[1]

裁判要旨：注册资本作为公司资产的重要组成部分，既是公司从事生产经营活动的经济基础，又是公司对外承担民事责任的担保。注册资本的不当减少将直接影响公司对外偿债能力，危及债权人的利益。公司在股东认缴的出资期限届满前，作出减资决议而未依法通知债权人，免除了股东认缴但尚未履行的出资义务，损害了债权人利益。债权人起诉请求股东对公司债务在减资范围内承担补充赔偿责任的，人民法院应予支持。

第二百二十七条　【股东优先认购权】有限责任公司增加注册资本时，股东在同等条件下有权优先按照实缴的出资比例认缴出资。但是，全体股东约定不按照出资比例优先认缴出资的除外。

股份有限公司为增加注册资本发行新股时，股东不享有优先认购权，公司章程另有规定或者股东会决议决定股东享有优先认购权的除外。

〔1〕参见江苏万丰光伏有限公司与上海广力投资管理有限公司、丁某某等买卖合同纠纷案，载《最高人民法院公报》2018年第12期。

条文对照

2018 年《公司法》	2023 年《公司法》
第三十四条 ~~股东按照实缴的出资比例分取红利；~~公司*新增*资本时，股东有权优先按照实缴的出资比例认缴出资。但是，全体股东约定~~不按照出资比例分取红利或者~~不按照出资比例优先认缴出资的除外。	**第二百二十七条** **有限责任**公司*增加***注册**资本时，股东**在同等条件下**有权优先按照实缴的出资比例认缴出资。但是，全体股东约定不按照出资比例优先认缴出资的除外。 **股份有限公司为增加注册资本发行新股时，股东不享有优先认购权，公司章程另有规定或者股东会决议决定股东享有优先认购权的除外。**

适用要点

本条是关于股东优先认购权的规定。

有限责任公司决定新增注册资本时，股东在同等条件下有权优先按照实缴的出资比例认缴出资。但是，全体股东约定不按照出资比例优先认缴出资的除外。只有在原股东不认缴时，其他投资者才可认缴，成为公司新的股东。股东优先认缴公司新增资本的权利属于形成权，虽然现行法律没有明确规定该项权利的行使期限，但为维护交易安全和稳定经济秩序，该权利应当在一定合理期间内行使。[1] 股份有限公司向公众发行股份，强调资合性，为增加注册资本发行新股时，股东不享有优先认购权，但公司章程另有规定或者股东会决议决定股东享有优先认购权的除外。

---

〔1〕 参见绵阳市红日实业有限公司、蒋某与绵阳高新区科创实业有限公司股东会决议效力及公司增资纠纷案，载《最高人民法院公报》2011 年第 3 期。

典型案例

周某英、张家界金鑫峰金属有限公司公司增资纠纷案[1]

裁判要旨：2018年《公司法》第34条规定股东有按照实缴的出资比例分取红利的权利，以及公司新增资本时，股东有按照实缴的出资比例认缴出资的优先权。但有限责任公司的股东须履行出资或增资义务的前提是该股东自愿认缴，且在公司新增资本时，股东有权选择是否按照实缴的出资比例认缴出资。故公司虽已形成股东会决议增加公司注册资本金，但股东有权对增资部分不予认缴，且对此不负有缴纳出资的义务。

第二百二十八条　【公司增加注册资本】有限责任公司增加注册资本时，股东认缴新增资本的出资，依照本法设立有限责任公司缴纳出资的有关规定执行。

股份有限公司为增加注册资本发行新股时，股东认购新股，依照本法设立股份有限公司缴纳股款的有关规定执行。

条文对照

2018年《公司法》	2023年《公司法》
第一百七十八条　有限责任公司增加注册资本时，股东认缴新增资本的出资，依照本法设立有限责任公司缴纳出资的有关规定执行。	第二百二十八条　有限责任公司增加注册资本时，股东认缴新增资本的出资，依照本法设立有限责任公司缴纳出资的有关规定执行。

[1] 参见湖南省高级人民法院民事判决书，(2019)湘民再298号。

续表

2018 年《公司法》	2023 年《公司法》
股份有限公司为增加注册资本发行新股时,股东认购新股,依照本法设立股份有限公司缴纳股款的有关规定执行。	股份有限公司为增加注册资本发行新股时,股东认购新股,依照本法设立股份有限公司缴纳股款的有关规定执行。

适用要点

本条是关于公司增加注册资本的规定。

公司增加注册资本不会损害公司债权人的利益,不需要履行通知债权人的保护程序,但是,增资也需要经过股东会决议才行。增资实际上就是股东增加出资或者其他投资者加入公司认购新增注册资本部分的股份。因此,有限责任公司股东认缴新增资本的出资,按照本法设立有限责任公司缴纳出资的有关规定执行;股份有限公司为增加注册资本发行新股,股东认购新股,依照本法设立股份有限公司缴纳股款的有关规定进行。

第十二章　公司解散和清算

第二百二十九条　【公司解散原因及事由公示】公司因下列原因解散：

（一）公司章程规定的营业期限届满或者公司章程规定的其他解散事由出现；

（二）股东会决议解散；

（三）因公司合并或者分立需要解散；

（四）依法被吊销营业执照、责令关闭或者被撤销；

（五）人民法院依照本法第二百三十一条的规定予以解散。

公司出现前款规定的解散事由，应当在十日内将解散事由通过国家企业信用信息公示系统予以公示。

条文对照

2018 年《公司法》	2023 年《公司法》
第一百八十条　公司因下列原因解散： （一）公司章程规定的营业期限届满或者公司章程规定的其他解散事由出现；	**第二百二十九条**　公司因下列原因解散： （一）公司章程规定的营业期限届满或者公司章程规定的其他解散事由出现；

续表

2018 年《公司法》	2023 年《公司法》
(二)股东会或者股东大会决议解散; (三)因公司合并或者分立需要解散; (四)依法被吊销营业执照、责令关闭或者被撤销; (五)人民法院依照本法第一百八十三条的规定予以解散。	(二)股东会决议解散; (三)因公司合并或者分立需要解散; (四)依法被吊销营业执照、责令关闭或者被撤销; (五)人民法院依照本法第二百三十一条的规定予以解散。 **公司出现前款规定的解散事由,应当在十日内将解散事由通过国家企业信用信息公示系统予以公示。**

适用要点

本条是关于公司解散原因及事由公示的规定。

公司解散属于公司法人终止的事由之一。公司的解散,是指引起公司人格消灭的法律事实。公司解散的原因有两大类:一类是自愿解散;另一类是强制解散。本条规定了公司解散的几种原因:(1)公司章程规定的营业期限届满或者公司章程规定的其他解散事由出现;(2)股东会决议解散;(3)因公司合并或者分立需要解散;(4)依法被吊销营业执照、责令关闭或者被撤销;(5)人民法院依照本法第 231 条的规定予以解散,即公司经营管理发生严重困难,继续存续会使股东利益受到重大损失,通过其他途径不能解决的,持有公司 10% 以上表决权的股东,可以请求人民法院解散公司。当公司出现前述规定的解散事由时,应当在 10 日内将解散事由通过国家企业信用信息公示系统予以公示。

典型案例

刘某1、刘某2申请公司清算案[1]

裁判要旨：股东会决议一致通过解散公司议案，并决议待清算达成共识后生效。该股东会决议系附生效条件的公司解散决议。不论该决议是否实际履行，均不能否定股东间已就公司清算事宜达成合意，相关解散决议已经生效。

第二百三十条　【通过修改公司章程或者股东会决议而使公司继续存续】公司有前条第一款第一项、第二项情形，且尚未向股东分配财产的，可以通过修改公司章程或者经股东会决议而存续。

依照前款规定修改公司章程或者经股东会决议，有限责任公司须经持有三分之二以上表决权的股东通过，股份有限公司须经出席股东会会议的股东所持表决权的三分之二以上通过。

条文对照

2018年《公司法》	2023年《公司法》
第一百八十一条　公司有~~本法第一百八十条第（一）~~项情形的，可以通过修改公司章程而存续。 依照前款规定修改公司章程，有限责任公司须经持有三分之二以上表决权的股东通过，股份有限公司须经出席	第二百三十条　公司有**前条第一款第一项、第二项**情形，**且尚未向股东分配财产的**，可以通过修改公司章程**或者经股东会决议**而存续。 依照前款规定修改公司章程**或者经股东会决议**，有限责任公司须经持有

〔1〕参见最高人民法院民事裁定书，(2020)最高法民申791号。

续表

2018 年《公司法》	2023 年《公司法》
股东大会会议的股东所持表决权的三分之二以上通过。	三分之二以上表决权的股东通过，股份有限公司须经出席股东会会议的股东所持表决权的三分之二以上通过。

适用要点

本条是关于通过修改公司章程或者股东会决议而使公司继续存续的规定。

公司成立时，可以在章程中规定公司的存续期间，期限届满则公司解散，停止生产或者经营活动。公司由成员的共同意志成立，也可以因成员的共同意志而解散。股东会为公司最高权力机构，有权决定解散公司。解散公司的决议需要经代表 2/3 以上表决权的股东通过，当出现公司章程规定的营业期限届满或者公司章程规定的其他解散事由、股东会决议解散的情形，且尚未向股东分配财产的，公司可以通过修改公司章程或者经股东会决议而存续。不管是修改章程，还是股东会决议，有限责任公司须经持有 2/3 以上表决权的股东通过，股份有限公司须经出席股东会会议的股东所持表决权的 2/3 以上通过。

典型案例

聂某恒、夏某英公司解散纠纷案[1]

裁判要旨：公司章程规定的营业期限届满后，未持全部股权 2/3 以上的股东作出股东会决议收回部分股东股权变更给其他股东，后再以股东会形式延长公司经营期限并修

〔1〕 参见最高人民法院民事裁定书，(2020)最高法民申 3910 号。

改公司章程的，人民法院应认定该收回部分股东股权的股东会决议无效，所作出的延长公司经营期限并修改公司章程的股东会决议同样无效。

第二百三十一条　【强制解散公司】公司经营管理发生严重困难，继续存续会使股东利益受到重大损失，通过其他途径不能解决的，持有公司百分之十以上表决权的股东，可以请求人民法院解散公司。

条文对照

2018 年《公司法》	2023 年《公司法》
第一百八十二条　公司经营管理发生严重困难，继续存续会使股东利益受到重大损失，通过其他途径不能解决的，持有公司~~全部股东~~表决权百分之十以上的股东，可以请求人民法院解散公司。	**第二百三十一条**　公司经营管理发生严重困难，继续存续会使股东利益受到重大损失，通过其他途径不能解决的，持有公司百分之十以上表决权的股东，可以请求人民法院解散公司。

适用要点

本条是关于人民法院强制解散公司的规定。

公司经营管理出现严重困难，是指股东间或者公司管理人员之间的利益冲突和矛盾导致公司有效运行的失灵，股东会或者董事会因对方的拒绝参加会议而无法有效召集，任何一方的提议都不被他方接受和认可，即使能够举行会议也无法通过任何议案，公司的一切事务处于一种瘫痪状态。[1] 该"严重困难"包括对外的生产经营困难及对内的管理困难。[2]

〔1〕 参见安建主编：《中华人民共和国公司法释义》（第 2 版），法律出版社 2013 年版，第 284 页。

〔2〕 参见陈某与陕西博鑫体育文化传播有限公司等公司解散纠纷案，载《最高人民法院公报》2023 年第 1 期。

当事人向人民法院申请公司解散，相对于本法第229条规定的解散原因，属于法律规定的其他情形范畴。通常，衡量公司是否符合解散的条件主要有以下4个：一是公司是否出现了《最高人民法院关于适用〈中华人民共和国公司法〉若干问题的规定（二）》（以下简称《公司法解释二》）中所列举的4种情形之一，并导致公司经营管理发生了严重困难；二是公司继续存续是否会使大多数股东利益受到重大损失；三是通过其他途径能否解决公司存在的困境；四是提起公司解散的原告必须是单独或合计持有公司10%以上表决权的公司股东。判断公司经营管理是否发生严重困难，公司处于亏损状况并非判定公司经营管理发生严重困难的必要条件，而应从公司组织机构的运行状态进行综合分析，侧重点在于公司管理方面存有严重内部障碍，股东会等内部运行机制失灵。比如，连续2年未召开股东会的，虽然不能认定为公司已陷入股东会僵局或者表决权僵局，但是控股股东利用其控制地位，侵占公司的资产和商业机会，并进行关联方利益输送，导致公司的人格和经营性特征发生根本性变化，并丧失经营条件的，属于“经营管理发生严重困难，继续存续会使股东利益受到重大损失”的情形，无其他解决途径的，人民法院可根据股东的请求依法判决公司解散。公司解散事由出现后，公司不开展清算或怠于清算导致损害公司相关权利者利益的，权利人可以申请法院对公司强制清算，但强制清算不同于以评估股权价值、满足股东知情权或对公司进行合并分立为目的对公司资产负债的全面清理核查。

公司解散纠纷案件应以公司为被告，其他股东为第三人或共同原告，符合法定条件且经采取必要的调解程序和挽救措施无果后，判决解散公司。人民法院审理解散公司诉讼案件，应当注重调解，当事人不能协商一致由公司或者股东收购股份，或者以减资等方式使公司存续的，应及时判决。股东应举证证明其采用了其他途径解决其所主张的公司经营困难事项，在未通过其他合法途径解决公司股东之间存在的冲突之前径行提起解散公司之诉，其相应的诉讼请求不应得到支持。司法应审慎介入公司事务，凡有其他途径能够维持公司存续的，不应轻易解散公司。[1]

典型案例一

贵州恒茂绿色产业发展有限公司与雷某燕等公司解散纠纷案[2]

裁判要旨：公司经营管理发生严重困难，继续存续会使股东利益受到重大损失系公司解散的法定条件之一。对于经营场所不定且未进行生产经营的公司，应当认定公司经营管理陷入僵局，继续存在将损害股东利益，从而认定公司符合法定解散事由。

典型案例二

林某清与常熟市凯莱实业有限公司、戴某明公司解散纠纷案[3]

裁判要旨：公司经营管理发生严重困难系股东提起解散公司之诉的条件之一。判断公司经营管理是否发生严重困难，应从公司组织机构的运行状态进行综合分析。公司虽处于盈利状态，但其股东会机制长期失灵，内部管理有严重障碍，已陷入僵局状态，可以认定为公司经营管理发生严重困难。符合《公司法》及相关司法解释规定的其他条件的，人民法院可以依法判决

---

〔1〕 参见仕丰科技有限公司诉富钧新型复合材料（太仓）有限公司、第三人永利集团有限公司解散纠纷案，载《最高人民法院公报》2014 年第 2 期。

〔2〕 参见最高人民法院民事裁定书，（2021）最高法民申 2688 号。

〔3〕 参见林某清诉常熟市凯莱实业有限公司、戴某明公司解散纠纷案，最高人民法院指导案例 8 号（2012 年）。

公司解散。

第二百三十二条 【公司解散后的清算】公司因本法第二百二十九条第一款第一项、第二项、第四项、第五项规定而解散的，应当清算。董事为公司清算义务人，应当在解散事由出现之日起十五日内组成清算组进行清算。

清算组由董事组成，但是公司章程另有规定或者股东会决议另选他人的除外。

清算义务人未及时履行清算义务，给公司或者债权人造成损失的，应当承担赔偿责任。

条文对照

2018年《公司法》	2023年《公司法》
第一百八十三条 公司因本法第一百八十条第（一）项、第（二）项、第（四）项、第（五）项规定而解散的，应当在解散事由出现之日起十五日内成立清算组，开始清算。有限责任公司的清算组由股东组成，股份有限公司的清算组由董事或者股东大会确定的人员组成。逾期不成立清算组进行清算的，债权人可以申请人民法院指定有关人员组成清算组进行清算。人民法院应当受理该申请，并及时组织清算组进行清算。	第二百三十二条 公司因本法第二百二十九条第一款第一项、第二项、第四项、第五项规定而解散的，应当清算。**董事为公司清算义务人，**应当在解散事由出现之日起十五日内组成清算组进行清算。 清算组由董事组成，**但是公司章程另有规定或者股东会决议另选他人的除外。** **清算义务人未及时履行清算义务，给公司或者债权人造成损失的，应当承担赔偿责任。**

适用要点

本条是关于公司解散后清算的规定。

《民法典》第70条规定:“法人解散的,除合并或者分立的情形外,清算义务人应当及时组成清算组进行清算。法人的董事、理事等执行机构或者决策机构的成员为清算义务人。法律、行政法规另有规定的,依照其规定。清算义务人未及时履行清算义务,造成损害的,应当承担民事责任;主管机关或者利害关系人可以申请人民法院指定有关人员组成清算组进行清算。”

清算是终结已解散公司的一切法律关系,处理公司剩余财产的程序。公司清算的目的是保护股东和债权人的利益,公司除因合并或者分立解散,其债权债务已全部由合并或者分立后存续或者新设的公司承继,不需要进行清算外,公司解散必须依法清算。

公司的清算有两种形式:(1)依破产程序进行清算。公司在宣告破产以后,要由主管机关或人民法院组织有关人员成立清算组织,依照《企业破产法》规定的破产程序进行清算。这方面的程序应按《企业破产法》的规定办理。(2)非依破产程序进行清算。公司因宣告破产以外的原因被解散的,应按《民法典》《公司法》《民事诉讼法》等有关规定而不按破产程序进行清算。

公司自身不得进行清算行为,必须依法选任清算义务人成立清算组进行清算。清算义务人,是指对非因破产而解散的法人负有清算义务的主体。清算组是直接开展清算事务的主体。

本条第3款规定清算义务人未及时履行清算义务的损害赔偿责任。公司在终止时应依法进行清算,这对维护市场经济的正常秩序来说是十分必要的。如果不了结其债权债务关系,必然会给个人、集体和国家造成损失。很多公司在出现解散事由后,不及时进行清算,甚至有的故意借解散之机逃废债务,严重损害债权人利益。这种现象不仅扰乱经济秩序,还破坏了公司制度。本条第3款规定清算义务人不及时清算应当承担相应民事责任，强化清算义务人依法及时清算的法律责任，有利于建立健康、有序的公司退出机制，保护债权人的合法权益。

《公司法解释二》第8条规定，人民法院受理公司清算案件，应当及时指定有关人员组成清算组。清算组成员可以从下列人员或者机构中产生：(1)公司股东、董事、监事、高级管理人员；(2)依法设立的律师事务所、会计师事务所、破产清算事务所等社会中介机构；(3)依法设立的律师事务所、会计师事务所、破产清算事务所等社会中介机构中具备相关专业知识并取得执业资格的人员。

《公司法解释二》第18条规定，有限责任公司的股东、股份有限公司的董事和控股股东未在法定期限内成立清算组开始清算，导致公司财产贬值、流失、毁损或者灭失，债权人主张其在造成损失范围内对公司债务承担赔偿责任的，人民法院应依法予以支持。有限责任公司的股东、股份有限公司的董事和控股股东因怠于履行义务，导致公司主要财产、账册、重要文件等灭失，无法进行清算，债权人主张其对公司债务承担连带清偿责任的，人民法院应依法予以支持。上述情形系实际控制人原因造成，债权人主张实际控制人对公司债务承担相应民事责任的，人民法院应依法予以支持。需要明确的是，股东清算责任的性质是因股东急于履行清算义务致使公司无法清算所应当承担的侵权责任，应当注意“急于履行清算义务”“因果关系”“诉讼时效期间”的问题。

典型案例一

龙海市程溪镇顶叶村民委员会与龙海市漳龙纸业有限公司等清算责任纠纷案〔1〕

裁判要旨：清算是市场主体有序退出市场的法定程序，企业退出市场

〔1〕 参见福建省高级人民法院民事裁定书，(2021)闽民申3601号。

前，负有清算义务的人员应当及时启动清算程序，按照法定程序对企业债权债务进行清理。法人、董事、理事等执行机构或者决策机构的成员为清算义务人。经查，《龙海市程溪顶叶福利纸箱加工厂组织章程》第3条载明，该企业经济性质为集体所有制，主办单位是龙海市程溪镇顶叶村民委员会。该企业经工商部门核准登记注册，领取营业执照后，取得法人资格，是自主经营、独立核算、自负盈亏、独立承担民事法律责任的群众集资办的集体所有制企业法人。其章程第15条载明，顶叶纸箱加工厂因歇业、撤销或其他原因终止营业，由主办单位村委会负责组织依法清理债权债务，并向公司登记机关出具负责清理债权债务文件或清理债务完结证明，依法办理注销登记手续。叶某谓作为负责人、顶叶村委会作为主办单位，根据章程约定，系顶叶纸箱加工厂清算义务人。在顶叶纸箱加工厂有案件尚未执结、未依法清算的情况下，顶叶村委会向工商管理部门出具顶叶纸箱加工厂的债权、债务已处理完毕的证明，申请注销顶叶纸箱加工厂，侵害了债权人的利益。

典型案例二

北京城建长城建筑装饰工程有限公司与北京地大龙祥加固工程有限公司等股东损害公司债权人利益责任纠纷案[1]

裁判要旨：本案中德信公司被吊销营业执照的原因在于，2008年4月22日德信公司经营期限届满，属于2018年《公司法》第180条第1项规定的公司解散事由，而分别持股德信公司49%、51%的股东北京城建长城建筑装饰工程有限公司（以下简称城建公司）、华厦公司既未按照2018年《公司法》第

〔1〕 参见最高人民法院民事裁定书，(2021)最高法民申2097号。

181条的规定通过修改公司章程使德信公司存续，亦未按照2018年《公司法》第183条规定在营业期限届满的解散事由出现之日起15日内成立清算组开始清算，导致德信公司未在规定期限内接受年检，北京市工商行政管理局于2008年10月29日吊销德信公司的营业执照，该处罚决定于2009年1月20日生效。此时，城建公司、华厦公司亦未按照2018年《公司法》第183条规定在依法被吊销营业执照解散事由出现之日起15日内成立清算组开始清算。直至2015年5月5日被德信公司的债权人以拒不履行清算义务为由提起股东损害公司债权人利益责任之诉，城建公司才于2015年8月向人民法院提出强制清算德信公司的申请，此时德信公司早已停止经营，无财产、无账册，公司相关人员下落不明，城建公司亦无法向法院提交德信公司在经营期间的会计账簿、交易文件、资产现状等相关重要文件。以上事实均可证明，城建公司怠于履行清算义务。至于城建公司在再审申请中提出城建公司负责德信公司施工生产的管理、财务账册等资料一直由华厦公司派人管理，系公司内部管理性事务，不能以此为由对抗公司以外的第三人。

第二百三十三条 【向人民法院申请指定清算组】公司依照前条第一款的规定应当清算，逾期不成立清算组进行清算或者成立清算组后不清算的，利害关系人可以申请人民法院指定有关人员组成清算组进行清算。人民法院应当受理该申请，并及时组织清算组进行清算。

公司因本法第二百二十九条第一款第四项的规定而解散的，作出吊销营业执照、责令关闭或者撤销决定的部门或者公司登记机关，可以申请人民法院指定有关人员组成清算组进行清算。

条文对照

2018年《公司法》	2023年《公司法》
第一百八十三条　公司~~因本法第一百八十条第（一）项、第（二）项、第（四）项、第（五）项规定而解散的，~~应当~~在解散事由出现之日起十五日内成立清算组，开始~~清算。~~有限责任公司的清算组由股东组成，股份有限公司的清算组由董事或者股东大会确定的人员组成。~~逾期不成立清算组进行清算的，~~债权人~~可以申请人民法院指定有关人员组成清算组进行清算。人民法院应当受理该申请，并及时组织清算组进行清算。	**第二百三十三条**　公司**依照前条第一款的规定**应当清算，逾期不成立清算组进行清算**或者成立清算组后不清算的，利害关系人**可以申请人民法院指定有关人员组成清算组进行清算。人民法院应当受理该申请，并及时组织清算组进行清算。 **公司因本法第二百二十九条第一款第四项的规定而解散的，作出吊销营业执照、责令关闭或者撤销决定的部门或者公司登记机关，可以申请人民法院指定有关人员组成清算组进行清算。**

适用要点

本条是关于公司向人民法院申请指定清算组的规定。

公司解散逾期不成立清算组进行清算的，或者虽然成立清算组但故意拖延清算的，利害关系人可以向人民法院申请指定有关人员组成清算组进行清算。人民法院接到债权人的清算申请后，应当受理该申请，并及时组织清算组进行清算。具有前述情形，而债权人未提起清算申请，公司股东申请人民法院指定清算组对公司进行清算的，人民法院应予受理。由债权人或股东依前述规定在自行清算不能的情况下，向人民法院申请启动的司法清算程序属于强制清算，系解散清算的一种。

公司依法被吊销营业执照、责令关闭或者被撤销的，应当由作出决定的部门或者公司登记机关向人民法院申请指定有关人员成立清算组进行清算。作出决定的部门包括财政、审计、工商、税收、银行、劳动等部门。

《最高人民法院关于贯彻执行〈中华人民共和国民法通则〉若干问题的意见(试行)》(已失效)第59条规定,企业法人解散或者被撤销的,应当由其主管机关组织清算小组进行清算。企业法人被宣告破产的,应当由人民法院组织有关机关和有关人员成立清算组织进行清算。《最高人民法院关于审理公司强制清算案件工作座谈会纪要》规定,人民法院受理强制清算案件后,应当及时指定清算组成员。公司股东、董事、监事、高级管理人员能够而且愿意参加清算的,人民法院可优先考虑指定上述人员组成清算组;上述人员不能、不愿进行清算,或者由其负责清算不利于清算依法进行的,人民法院可以指定《人民法院中介机构管理人名册》和《人民法院个人管理人名册》中的中介机构或者个人组成清算组;人民法院也可根据实际需要,指定公司股东、董事、监事、高级管理人员,与管理人名册中的中介机构或者个人共同组成清算组。人民法院指定清算组成员的同时,应当根据清算组成员的推选,或者依职权,指定清算组负责人。从上述规定可知,公司的不同解散事由决定了清算组的人员构成不同。

典型案例

广汽长丰汽车有限公司与青海猎豹汽车销售有限责任公司申请公司清算强制清算案[1]

裁判要旨:公司因法定事由而解散的,应当在解散事由出现之日起15日内成立清算组,开始清算。公司没有在法律规定的期限内组成清算组自行清算,也未能办理工商变更登记手续延长公司营业期限,股东向人民法院申请强制清算的,人民法院应予受理。

〔1〕 参见青海省高级人民法院民事裁定书,(2020)青清终3号。

第二百三十四条　【清算组的职权】清算组在清算期间行使下列职权：

（一）清理公司财产，分别编制资产负债表和财产清单；

（二）通知、公告债权人；

（三）处理与清算有关的公司未了结的业务；

（四）清缴所欠税款以及清算过程中产生的税款；

（五）清理债权、债务；

（六）分配公司清偿债务后的剩余财产；

（七）代表公司参与民事诉讼活动。

条文对照

2018 年《公司法》	2023 年《公司法》
第一百八十四条　清算组在清算期间行使下列职权： （一）清理公司财产，分别编制资产负债表和财产清单； （二）通知、公告债权人； （三）处理与清算有关的公司未了结的业务； （四）清缴所欠税款以及清算过程中产生的税款； （五）清理债权、债务； （六）处理公司清偿债务后的剩余财产； （七）代表公司参与民事诉讼活动。	**第二百三十四条**　清算组在清算期间行使下列职权： （一）清理公司财产，分别编制资产负债表和财产清单； （二）通知、公告债权人； （三）处理与清算有关的公司未了结的业务； （四）清缴所欠税款以及清算过程中产生的税款； （五）清理债权、债务； （六）**分配**公司清偿债务后的剩余财产； （七）代表公司参与民事诉讼活动。

适用要点

本条是关于清算组职权的规定。

公司解散后,其法人人格仍然存续,以使清算人可以就公司的对内对外关系加以处理,直至清算完毕,公司才告终止。[1] 公司清算期间,法人资格并未消灭。清算中公司仍有法人的权利能力,仍能以自己的名义享有权利和负担义务。但是,清算中公司的能力受到了限制。清算中公司的诉讼主体资格依然存续,但不得开展与清算无关的经营活动。[2] 清算组是公司业务的执行机构,全面负责公司相关业务的处理。法律规定将清算职权交由特设的清算组履行,职权包括:(1)清理公司财产,分别编制资产负债表和财产清单;(2)通知、公告债权人;(3)处理与清算有关的公司未了结的业务;(4)清缴所欠税款以及清算过程中产生的税款;(5)清理债权、债务;(6)分配公司清偿债务后的剩余财产;(7)代表公司参与民事诉讼活动。因此,清算组成为清算中公司执行清算事务和代表清算中公司的代表机关和业务执行机关,由清算组对内执行清算业务,对外代表清算中公司。

典型案例一

邸某与麻某晖清算组成员责任纠纷案[3]

裁判要旨:公司清算,是指公司在出现法定解散事由的情况下,负有公司清算义务的主体按照法律规定的方式、程序对公司的资产、负债、股东权益等作全面的清理和处置,使公司与其他社会主体之间产生的权利和义务归于消灭,

---

〔1〕 参见施天涛:《公司法论》(第2版),法律出版社2006年版,第572页。

〔2〕 参见何建:《公司意思表示论》,法律出版社2019年版,第223-224页。

〔3〕 参见北京市第二中级人民法院民事判决书,(2009)二中民终字第17342号。

从而为公司的终止提供合法依据的行为。公司清算应符合《公司法》对公司清算、清算组职权、清算程序等内容的规定。

典型案例二

玉树市雪康物业管理有限责任公司与江苏仪建建设集团有限公司建设工程施工合同纠纷案[1]

裁判要旨：依据2013年《公司法》第184条、《企业破产法》第25条所规定的清算组及破产管理人的职权、职责，其可以代表公司参与民事诉讼活动，江苏仪建建设集团有限公司（以下简称江苏仪建公司）于一审诉讼过程中成立破产清算组，并已由人民法院指定该破产清算组作为破产管理人进行破产清算。据此，江苏仪建公司破产管理人有权代表公司进行诉讼。本案上诉中，江苏仪建公司破产管理人以自己名义提起上诉，确有瑕疵，但其依法代表江苏仪建公司，江苏仪建公司也并无异议，二审法院据此进入二审审理程序并将江苏仪建公司列为上诉人并无不当。

第二百三十五条　【清算期间的债权申报】清算组应当自成立之日起十日内通知债权人，并于六十日内在报纸上或者国家企业信用信息公示系统公告。债权人应当自接到通知之日起三十日内，未接到通知的自公告之日起四十五日内，向清算组申报其债权。

债权人申报债权，应当说明债权的有关事项，并提供证明材料。清算组应当对债权进行登记。

在申报债权期间，清算组不得对债权人进行清偿。

---

〔1〕参见最高人民法院民事裁定书，（2018）最高法民申2476号。

条文对照

2018 年《公司法》	2023 年《公司法》
第一百八十五条 清算组应当自成立之日起十日内通知债权人，并于六十日内在报纸上公告。债权人应当自接到通知书之日起三十日内，未接到通知书的自公告之日起四十五日内，向清算组申报其债权。 债权人申报债权，应当说明债权的有关事项，并提供证明材料。清算组应当对债权进行登记。 在申报债权期间，清算组不得对债权人进行清偿。	**第二百三十五条** 清算组应当自成立之日起十日内通知债权人，并于六十日内在报纸上**或者国家企业信用信息公示系统**公告。债权人应当自接到通知之日起三十日内，未接到通知的自公告之日起四十五日内，向清算组申报其债权。 债权人申报债权，应当说明债权的有关事项，并提供证明材料。清算组应当对债权进行登记。 在申报债权期间，清算组不得对债权人进行清偿。

适用要点

本条是关于清算组通知并公告债权人及债权人在法定时间内申报债权的规定。

清算组成立后，应当及时通知各债权人尽快申报债权。清算组应当自成立之日起 10 日内通知债权人，并自成立之日起 60 日内在报纸上或者国家企业信用信息公示系统公告，催促债权人申报债权。债权人应在规定的期间内向清算组申报债权。接到通知的债权人应自接到通知之日起 30 日内，向清算组申报债权；未接到通知的债权人应自公告之日起 45 日内，向清算组申报债权。债权人申报债权时，应在债权申报书中就其债权内容，数额，债权成立的时间、地点，有无担保等事项作出说明，[1] 并提

〔1〕 参见宋燕妮、赵旭东主编：《中华人民共和国公司法释义》，法律出版社 2018 年版，第 359 页。

供相关证明材料，清算组应当对债权进行登记。在债权申报期间内，清算组不能对个别的债权人进行清偿。

《公司法解释二》第 11 条规定：“公司清算时，清算组应当按照公司法第一百八十五条的规定，将公司解散清算事宜书面通知全体已知债权人，并根据公司规模和营业地域范围在全国或者公司注册登记地省级有影响的报纸上进行公告。清算组未按照前款规定履行通知和公告义务，导致债权人未及时申报债权而未获清偿，债权人主张清算组成员对因此造成的损失承担赔偿责任的，人民法院应依法予以支持。”

第二百三十六条　【制订清算方案及处分公司财产】清算组在清理公司财产、编制资产负债表和财产清单后，应当制订清算方案，并报股东会或者人民法院确认。

公司财产在分别支付清算费用、职工的工资、社会保险费用和法定补偿金，缴纳所欠税款，清偿公司债务后的剩余财产，有限责任公司按照股东的出资比例分配，股份有限公司按照股东持有的股份比例分配。

清算期间，公司存续，但不得开展与清算无关的经营活动。公司财产在未依照前款规定清偿前，不得分配给股东。

条文对照

2018 年《公司法》	2023 年《公司法》
第一百八十六条　清算组在清理公司财产、编制资产负债表和财产清单后，应当制定清算方案，并报股东会~~、股东大会~~或者人民法院确认。 公司财产在分别支付清算费用、职	第二百三十六条　清算组在清理公司财产、编制资产负债表和财产清单后，应当**制订**清算方案，并报股东会或者人民法院确认。 公司财产在分别支付清算费用、职

续表

2018 年《公司法》	2023 年《公司法》
工的工资、社会保险费用和法定补偿金,缴纳所欠税款,清偿公司债务后的剩余财产,有限责任公司按照股东的出资比例分配,股份有限公司按照股东持有的股份比例分配。 清算期间,公司存续,但不得开展与清算无关的经营活动。公司财产在未依照前款规定清偿前,不得分配给股东。	工的工资、社会保险费用和法定补偿金,缴纳所欠税款,清偿公司债务后的剩余财产,有限责任公司按照股东的出资比例分配,股份有限公司按照股东持有的股份比例分配。 清算期间,公司存续,但不得开展与清算无关的经营活动。公司财产在未依照前款规定清偿前,不得分配给股东。

适用要点

本条是关于制订清算方案及处分公司财产的相关规定。

清算组制订清算方案,就公司债务清偿、剩余财产分配等作出安排。清算组的主要职权之一是在清理公司财产,编制资产负债表和财产清单后,应尽快制订清算方案,并报股东会或者人民法院确认。

清算组分配公司财产的清偿原则是按照支付清算费用、职工的工资、社会保险费用和法定补偿金,缴纳所欠税款,清偿公司债务后分配剩余财产的顺序进行。清算组在处理剩余财产时,有限责任公司按照股东的出资比例分配,股份有限公司按照股东持有的股份比例分配。清算期间,公司存续,但不得开展与清算无关的经营活动。公司财产在未依照本条第 2 款规定清偿前,不得分配给股东,要遵循先债权后股权的基本清偿原则,清算组必须在清偿公司全部债务后再向股东分配公司的剩余财产,不得在清偿公司债务前向股东分配公司的财产。

《公司法解释二》第 15 条规定:“公司自行清算的,清算方案应当报股东会或者股东大会决议确认;人民法院组织清算的,清算方案应当报人民法院确认。未经确认的清算方案,清算组不得执行。执行未经确认的清算方案给公司或者债权人造成损失，公司、股东、董事、公司其他利害关系人或者债权人主张清算组成员承担赔偿责任的，人民法院应依法予以支持。”

第二百三十七条 【公司解散清算转化为破产清算】清算组在清理公司财产、编制资产负债表和财产清单后，发现公司财产不足清偿债务的，应当依法向人民法院申请破产清算。

人民法院受理破产申请后，清算组应当将清算事务移交给人民法院指定的破产管理人。

条文对照

2018 年《公司法》	2023 年《公司法》
第一百八十七条 清算组在清理公司财产、编制资产负债表和财产清单后，发现公司财产不足清偿债务的，应当依法向人民法院申请宣告破产。 ~~公司经人民法院裁定宣告破产后，~~清算组应当将清算事务移交给人民法院。	**第二百三十七条** 清算组在清理公司财产、编制资产负债表和财产清单后，发现公司财产不足清偿债务的，应当依法向人民法院申请**破产清算**。 **人民法院受理破产申请后**，清算组应当将清算事务移交给人民法院**指定的破产管理人**。

适用要点

本条是关于公司解散清算转化为破产清算的规定。

《企业破产法》第 7 条第 3 款规定：“企业法人已解散但未清算或者未清算完毕，资产不足以清偿债务的，依法负有清算责任的人应当向人民法院申请破产清算。”清算组在清理公司财产、编制资产负债表和财产清单后，应当知晓公司是否能够足额清偿债务，发现公司财产不足清偿债务的,应当依法向人民法院申请破产清算。人民法院受理破产申请后,清算组应当将清算事务移交给人民法院指定的破产管理人,由破产管理人接收进行清算。换言之,清算程序与破产程序之间的衔接应当是破产程序优先。

《公司法解释二》第 17 条规定:“人民法院指定的清算组在清理公司财产、编制资产负债表和财产清单时,发现公司财产不足清偿债务的,可以与债权人协商制作有关债务清偿方案。债务清偿方案经全体债权人确认且不损害其他利害关系人利益的,人民法院可依清算组的申请裁定予以认可。清算组依据该清偿方案清偿债务后,应当向人民法院申请裁定终结清算程序。债权人对债务清偿方案不予确认或者人民法院不予认可的,清算组应当依法向人民法院申请宣告破产。”

第二百三十八条　【清算组成员的义务和责任】清算组成员履行清算职责,负有忠实义务和勤勉义务。

清算组成员怠于履行清算职责,给公司造成损失的,应当承担赔偿责任;因故意或者重大过失给债权人造成损失的,应当承担赔偿责任。

条文对照

2018 年《公司法》	2023 年《公司法》
第一百八十九条　清算组成员应当~~忠于职守,依法~~履行清算义务。 ~~清算组成员不得利用职权收受贿赂或者其他非法收入,不得侵占公司财产。~~ 清算组成员因故意或者重大过失给公司~~或者~~债权人造成损失的,应当承担赔偿责任。	**第二百三十八条**　清算组成员履行清算*职责*,**负有忠实义务和勤勉义务**。 清算组成员**怠于履行清算职责**,给公司造成损失的,应当承担赔偿责任;因故意或者重大过失给债权人造成损失的,应当承担赔偿责任。

适用要点

本条是关于清算组在清算中的义务和责任的规定。

公司解散事由出现后，依法成立的清算组相当于原公司执行机关董事会，行使清算中公司的代表及执行机关的职能，清算组是负责公司清算事务的主要组织，清算组成员作为公司的执行机关或公司股东和债权人的委任人，负有与公司董事相同的信义义务，包括注意义务和忠实义务。[1] 因此，清算组成员履行清算职责时负有忠实义务和勤勉义务。清算组成员从事清算工作应认真、负责，清算组成员怠于履行清算职责，给公司造成损失，或者因故意或者重大过失而给债权人造成损失的，公司以及公司的债权人可请求清算组成员承担赔偿责任。特别是当清算组成员从事清算事务时因怠于履行清算职责给公司造成损失时，公司怠于向清算组成员主张权利的，股东有权根据股东代表诉讼的规定，为了公司的利益[2]以自己的名义直接向人民法院提起诉讼。

《公司法解释二》第 23 条规定："清算组成员从事清算事务时，违反法律、行政法规或者公司章程给公司或者债权人造成损失，公司或者债权人主张其承担赔偿责任的，人民法院应依法予以支持。有限责任公司的股东、股份有限公司连续一百八十日以上单独或者合计持有公司百分之一以上股份的股东，依据公司法第一百五十一条第三款的规定，以清算组成员有前款所述行为为由向人民法院提起诉讼的，人民法院应予受理。公司已经清算完毕注销，上述股东参照公司法第一百五十一条第三款的规定，直接以清算组成员为被告、其他股东为第三人向人民法院提起诉讼的，人民法院应予受理。"

---

〔1〕 参见宋燕妮、赵旭东主编：《中华人民共和国公司法释义》，法律出版社 2018 年版，第 364 页。

〔2〕 表面上是为了公司的利益，实质上是为了股东自己的利益（股东为公司的实质利益者），清算中股东系为了其剩余财产分配权利的实现。

典型案例

烟台银行股份有限公司与林某洋、林某清清算责任纠纷、金融借款合同纠纷案[1]

裁判要旨:2013年《公司法》第189条第3款规定,清算组成员因故意或者重大过失给公司或者债权人造成损失的,应当承担赔偿责任;《公司法解释二》第11条规定,清算组未履行通知和公告义务,导致债权人未及时申报债权而未获清偿,债权人主张清算组成员对因此造成的损失承担赔偿责任的,人民法院应依法予以支持;第19条规定,有限责任公司的股东在公司解散后,恶意处置公司财产给债权人造成损失,或者未经依法清算,以虚假的清算报告骗取公司登记机关办理法人注销登记,债权人主张其对公司债务承担相应赔偿责任的,人民法院应依法予以支持。林某洋、林某清作为清算组成员,在清算、注销康宇公司和永恩公司过程中,没有通知已知债权人烟台银行申报债权,并且没有将康宇公司和永恩公司所欠烟台银行的贷款列入清算报告,根据上述规定,林某洋、林某清存在没有通知已知债权人和以虚假的清算报告骗取公司登记机关办理康宇公司和永恩公司注销登记行为,应当对康宇公司和永恩公司的债务承担相应赔偿责任。

第二百三十九条　【清算报告和注销公司登记】公司清算结束后,清算组应当制作清算报告,报股东会或者人民法院确认,并报送公司登记机关,申请注销公司登记。

---

[1] 参见山东省高级人民法院民事判决书,(2014)鲁商终字第346号。

条文对照

2018 年《公司法》	2023 年《公司法》
第一百八十八条　公司清算结束后，清算组应当制作清算报告，报股东会~~、股东大会~~或者人民法院确认，并报送公司登记机关，申请注销公司登记~~，公告公司终止~~。	**第二百三十九条**　公司清算结束后，清算组应当制作清算报告，报股东会或者人民法院确认，并报送公司登记机关，申请注销公司登记。

适用要点

本条是关于清算报告和注销公司登记的规定。

公司未经清算，不得消灭。因此，公司在清算期间仍然具有民事权利能力和民事行为能力。公司终止必须经过清算程序，停止清算以外的活动，不得再进行经营活动。清算结束，是指公司的清算组依法履行了清算程序，完成了清算任务。清算结束时，清算组应当制作清算报告，附上清算期间收支报表及各种财务账册等，向股东会或者人民法院报送待审核确认后，清算组应向公司登记机关申请注销公司登记。公司注销登记一经完成，公司人格归于消灭。

第二百四十条　【公司简易注销】公司在存续期间未产生债务，或者已清偿全部债务的，经全体股东承诺，可以按照规定通过简易程序注销公司登记。

通过简易程序注销公司登记，应当通过国家企业信用信息公示系统予以公告，公告期限不少于二十日。公告期限届满后，未有异议的，公司可以在二十日内向公司登记机关申请注销公司登记。

公司通过简易程序注销公司登记，股东对本条第一款规定的内容承诺不实的，应当对注销登记前的债务承担连带责任。

条文对照

2018 年《公司法》	2023 年《公司法》
	第二百四十条　公司在存续期间未产生债务，或者已清偿全部债务的，经全体股东承诺，可以按照规定通过简易程序注销公司登记。 通过简易程序注销公司登记，应当通过国家企业信用信息公示系统予以公告，公告期限不少于二十日。公告期限届满后，未有异议的，公司可以在二十日内向公司登记机关申请注销公司登记。 公司通过简易程序注销公司登记，股东对本条第一款规定的内容承诺不实的，应当对注销登记前的债务承担连带责任。

适用要点

本条是关于公司简易注销的规定。

本条根据我国《市场主体登记管理条例》的相关规定，引入了公司简易注销制度，规定了公司在存续期间未产生债务，或者已清偿全部债务的，经全体股东承诺，可以通过简易程序注销公司登记。通过简易程序注销公司登记，应当通过国家企业信用信息公示系统予以公告，公告期限不少于 20 日。公告期限届满后，未有异议的，公司可以在 20 日内向公司登记机关申请注销公司登记。公司通过简易程序注销公司登记，股东如果对公司存续期间未产生债务，或者已清偿全部债务的内容承诺不实，应当对注销登记前的债务承担连带责任。公司债权人向承诺人主张权利即意味着公司债权人对公司股东或第三人的要约作出了承诺，双方形成了意思表示的合意。

《市场主体登记管理条例》第33条第1、2款规定："市场主体未发生债权债务或者已将债权债务清偿完结，未发生或者已结清清偿费用、职工工资、社会保险费用、法定补偿金、应缴纳税款（滞纳金、罚款），并由全体投资人书面承诺对上述情况的真实性承担法律责任的，可以按照简易程序办理注销登记。市场主体应当将承诺书及注销登记申请通过国家企业信用信息公示系统公示，公示期为20日。在公示期内无相关部门、债权人及其他利害关系人提出异议的，市场主体可以于公示期届满之日起20日内向登记机关申请注销登记。"《市场主体登记管理条例实施细则》第47条规定："申请办理简易注销登记，应当提交申请书和全体投资人承诺书。"

公司股东或第三人向登记机关作出的对公承诺对债权人具有法律效力。债权人有权主张在登记机关办理注销登记时对公司债权债务处理作出承诺的股东或者第三人对公司债务承担相应民事责任。该种责任的性质和范围依承诺的内容不同而有所区别：承诺内容是对公司债务承担偿还、保证责任等，承诺人应当对公司债务承担偿还或保证责任；承诺内容是负责处理公司债权债务，则承诺人承担对公司财产进行清算的义务，如果公司财产流失而无法清算，承诺人在造成公司财产损失范围内承担赔偿责任。[1] 需要注意的是，追究对承诺人的民事责任，并不当然免除清算义务人应当清算而不清算的责任，公司债权人仍然可以要求有限责任公司的股东、股份有限公司的董事和控股股东，以及公司的实际控制人因公司未经清算即办理注销登记，导致公司无法进行清算而对公司债务承担清偿责任。

《公司法解释二》第20条规定："公司解散应当在依法清算完毕后，申请办理注销登记。公司未经清算即办理注销登记，导致公司无法进行清

[1] 参见最高人民法院民事审判第二庭编著：《最高人民法院关于公司法司法解释（一）、（二）理解与适用》，人民法院出版社2008年版，第376页。

算，债权人主张有限责任公司的股东、股份有限公司的董事和控股股东，以及公司的实际控制人对公司债务承担清偿责任的，人民法院应依法予以支持。公司未经依法清算即办理注销登记，股东或者第三人在公司登记机关办理注销登记时承诺对公司债务承担责任，债权人主张其对公司债务承担相应民事责任的，人民法院应依法予以支持。”

典型案例

孙某军、冉某之等合同纠纷案[1]

裁判要旨：即便股东在公司注销时不知情，其通过提起上诉的行为对公司注销进行了追认，且无证据证明股东对公司注销提出过任何形式的异议，因此，股东关于注销公司与其无关的理由不能成立。《公司法解释二》第20条规定：“公司解散应当在依法清算完毕后，申请办理注销登记。公司未经清算即办理注销登记，导致公司无法进行清算，债权人主张有限责任公司的股东、股份有限公司的董事和控股股东，以及公司的实际控制人对公司债务承担清偿责任的，人民法院应依法予以支持。公司未经依法清算即办理注销登记，股东或者第三人在公司登记机关办理注销登记时承诺对公司债务承担责任，债权人主张其对公司债务承担相应民事责任的，人民法院应依法予以支持。”热度公司已经法定程序注销。根据孙某军、冉某之提交的热度公司注销材料，其二人在公司登记机关办理注销登记时承诺对公司债务承担责任。尽管孙某军、冉某之主张注销材料上其二人的签名不真实，但其二人在公司注销后始终未就此提出过异议，且通过实际行动对注销行为予以认可，二审判决认定热度公司的债务由股东窦某、孙某军、冉某之共同承担符合法律规定。孙某军、冉某之主张该案应适用《公

[1] 参见最高人民法院民事裁定书，(2021)最高法民申6127号。

司法解释二》第19条的规定，由公司股东、实际控制人窦某承担责任，但其二人未提交证据证明该案存在公司股东或实际控制人以虚假的清算报告骗取公司登记机关办理法人注销登记的情形，而且即便热度公司尚未依法清算，依据《公司法解释二》第20条的规定，债权人亦有权主张公司股东对公司债务承担清偿责任。因此，孙某军、冉某之关于其二人不应承担责任的理由不能成立。

第二百四十一条　【因被吊销营业执照责令关闭或者被撤销、注销登记】公司被吊销营业执照、责令关闭或者被撤销，满三年未向公司登记机关申请注销公司登记的，公司登记机关可以通过国家企业信用信息公示系统予以公告，公告期限不少于六十日。公告期限届满后，未有异议的，公司登记机关可以注销公司登记。

依照前款规定注销公司登记的，原公司股东、清算义务人的责任不受影响。

条文对照

2018年《公司法》	2023年《公司法》
	第二百四十一条　公司被吊销营业执照、责令关闭或者被撤销，满三年未向公司登记机关申请注销公司登记的，公司登记机关可以通过国家企业信用信息公示系统予以公告，公告期限不少于六十日。公告期限届满后，未有异议的，公司登记机关可以注销公司登记。 依照前款规定注销公司登记的，原公司股东、清算义务人的责任不受影响。

适用要点

本条是关于被吊销营业执照、责令关闭或者被撤销的公司注销登记的规定。

本条引入了强制注销制度，完善了市场主体退出制度。公司解散的原因之一是被吊销营业执照、责令关闭或者被撤销。如果满3年未向公司登记机关申请注销公司登记，对于这些僵尸公司，本条规定公司登记机关可以通过国家企业信用信息公示系统予以公告，公告期限至少60日。公告期限届满后，未有异议的，公司登记机关可以通过强制注销方式注销公司登记，从而清理公司退出市场，但不影响追究股东或清算义务人的法律责任。《市场主体登记管理条例》第30条第4款规定："市场主体歇业的期限最长不得超过3年。市场主体在歇业期间开展经营活动的，视为恢复营业，市场主体应当通过国家企业信用信息公示系统向社会公示。"第33条第4款规定："市场主体注销依法须经批准的，或者市场主体被吊销营业执照、责令关闭、撤销，或者被列入经营异常名录的，不适用简易注销程序。"《市场主体登记管理条例实施细则》第67条规定："市场主体被撤销设立登记、吊销营业执照、责令关闭，6个月内未办理清算组公告或者未申请注销登记的，登记机关可以在国家企业信用信息公示系统上对其作出特别标注并予以公示。"

第二百四十二条 【宣告破产及破产清算依据】公司被依法宣告破产的，依照有关企业破产的法律实施破产清算。

条文对照

2018 年《公司法》	2023 年《公司法》
第一百九十条　公司被依法宣告破产的，依照有关企业破产的法律实施破产清算。	**第二百四十二条**　公司被依法宣告破产的，依照有关企业破产的法律实施破产清算。

适用要点

本条是关于宣告破产及破产清算依据的规定。

《企业破产法》第 2 条第 1 款规定：“企业法人不能清偿到期债务，并且资产不足以清偿全部债务或者明显缺乏清偿能力的，依照本法规定清理债务。”第 7 条规定，债务人有该法第 2 条规定的情形，可以向人民法院提出重整、和解或者破产清算申请。债务人不能清偿到期债务，债权人可以向人民法院提出对债务人进行重整或者破产清算的申请。企业法人已解散但未清算或者未清算完毕，资产不足以清偿债务的，依法负有清算责任的人应当向人民法院申请破产清算。公司破产清算的具体规范不属于《公司法》调整的内容，人民法院处理公司破产案件可依照有关企业破产的法律实施破产清算。

第十三章　外国公司的分支机构

第二百四十三条　【外国公司定义】本法所称外国公司，是指依照外国法律在中华人民共和国境外设立的公司。

条文对照

2018 年《公司法》	2023 年《公司法》
第一百九十一条　本法所称外国公司是指依照外国法律在*中国*境外设立的公司。	**第二百四十三条**　本法所称外国公司，是指依照外国法律在*中华人民共和国*境外设立的公司。

适用要点

本条是关于外国公司定义的规定。

本条规定的外国公司，是指依照外国法律在中华人民共和国境外设立的公司，也就是说，外国公司是按照其本国法律规定的条件、程序设立的公司。

第二百四十四条　【外国公司在我国设立分支机构的程序】外国公司在中华人民共和国境内设立分支机构，应当向中国主管机

关提出申请,并提交其公司章程、所属国的公司登记证书等有关文件,经批准后,向公司登记机关依法办理登记,领取营业执照。

外国公司分支机构的审批办法由国务院另行规定。

条文对照

2018 年《公司法》	2023 年《公司法》
第一百九十二条　外国公司在*中国*境内设立分支机构,*必须*向中国主管机关提出申请,并提交其公司章程、所属国的公司登记证书等有关文件,经批准后,向公司登记机关依法办理登记,领取营业执照。 外国公司分支机构的审批办法由国务院另行规定。	**第二百四十四条**　外国公司在*中华人民共和国*境内设立分支机构,*应当*向中国主管机关提出申请,并提交其公司章程、所属国的公司登记证书等有关文件,经批准后,向公司登记机关依法办理登记,领取营业执照。 外国公司分支机构的审批办法由国务院另行规定。

适用要点

本条是关于外国公司在我国设立分支机构的程序的规定。

外国公司的分支机构属于我国的市场主体,是指依照外国法律设立的公司,依照本法的规定在中国境内设立的从事生产经营等业务活动的场所或者办事机构。[1] 外国公司在中国境内设立分支机构应当向中国主管机关提出申请,提交有关文件,包括所申请成立分支机构的外国公司的公司章程、所属国的公司登记证书,还包括负责人的任职文件和自然人

〔1〕 参见宋燕妮、赵旭东主编:《中华人民共和国公司法释义》,法律出版社 2018 年版,第 368 页。

身份证明等。[1] 经中国政府有关主管部门批准后，向公司登记机关依法办理登记，领取营业执照，但该分支机构不具有法人资格。本条第2款授权国务院另行规定外国公司在中国境内设立分支机构的审批办法。

第二百四十五条 【外国公司分支机构设立条件】外国公司在中华人民共和国境内设立分支机构，应当在中华人民共和国境内指定负责该分支机构的代表人或者代理人，并向该分支机构拨付与其所从事的经营活动相适应的资金。

对外国公司分支机构的经营资金需要规定最低限额的，由国务院另行规定。

条文对照

2018年《公司法》	2023年《公司法》
第一百九十三条 外国公司在*中国*境内设立分支机构，*必须在中国*境内指定负责该分支机构的代表人或者代理人，并向该分支机构拨付与其所从事的经营活动相适应的资金。 对外国公司分支机构的经营资金需要规定最低限额的，由国务院另行规定。	**第二百四十五条** 外国公司在*中华人民共和国*境内设立分支机构，*应当*在*中华人民共和国*境内指定负责该分支机构的代表人或者代理人，并向该分支机构拨付与其所从事的经营活动相适应的资金。 对外国公司分支机构的经营资金需要规定最低限额的，由国务院另行规定。

[1] 《市场主体登记管理条例实施细则》第30条规定："申请办理分支机构设立登记，还应当提交负责人的任职文件和自然人身份证明。"

适用要点

本条是关于外国公司分支机构设立条件的规定。

外国公司在我国设立分支机构应当在中华人民共和国境内指定负责该分支机构的代表人或者代理人，向该分支机构拨付与其所从事的经营活动相适应的资金。国务院对外国公司分支机构的经营资金规定最低限额的，外国公司必须按照规定执行。

第二百四十六条　【外国公司的分支机构的名称和章程置备】外国公司的分支机构应当在其名称中标明该外国公司的国籍及责任形式。

外国公司的分支机构应当在本机构中置备该外国公司章程。

条文对照

2018 年《公司法》	2023 年《公司法》
第一百九十四条　外国公司的分支机构应当在其名称中标明该外国公司的国籍及责任形式。 外国公司的分支机构应当在本机构中置备该外国公司章程。	**第二百四十六条**　外国公司的分支机构应当在其名称中标明该外国公司的国籍及责任形式。 外国公司的分支机构应当在本机构中置备该外国公司章程。

适用要点

本条是关于外国公司的分支机构的名称和章程置备的规定。

外国公司的分支机构应当在其名称中标明该外国公司的国籍及责任形式。外国公司的分支机构应当在本机构中置备该外国公司章程，方便社会公众了解相关情况和接受我国的监督和管理。

第二百四十七条 【外国公司分支机构的法律地位】外国公司在中华人民共和国境内设立的分支机构不具有中国法人资格。

外国公司对其分支机构在中华人民共和国境内进行经营活动承担民事责任。

条文对照

2018 年《公司法》	2023 年《公司法》
第一百九十五条 外国公司在*中国*境内设立的分支机构不具有中国法人资格。 外国公司对其分支机构在*中国*境内进行经营活动承担民事责任。	**第二百四十七条** 外国公司在*中华人民共和国*境内设立的分支机构不具有中国法人资格。 外国公司对其分支机构在*中华人民共和国*境内进行经营活动承担民事责任。

适用要点

本条是关于外国公司分支机构的法律地位的规定。

《民法典》第 74 条第 2 款规定,分支机构以自己的名义从事民事活动,产生的民事责任由法人承担。只有能够独立执行法人职能,即在一定范围内从事业务活动的组织机构,才能作为法人的分支机构。不管是外国公司,还是中国公司,公司的分支机构是公司的组成部分,分支机构的行为后果由公司承担。本法规定,分支机构不具有法人资格,其民事责任由公司承担。同理,外国公司在中国境内设立的分支机构不具有中国法人资格,外国公司对其分支机构的经营活动承担民事责任。

需要注意的是,领取营业执照的分支机构具有独立的诉讼主体地位。《民事诉讼法解释》第 52 条规定,《民事诉讼法》第 51 条规定的其他组织是指合法成立、有一定的组织机构和财产，但又不具备法人资格的组织：(1)依法登记领取营业执照的个人独资企业；(2)依法登记领取营业执照的合伙企业；(3)依法登记领取我国营业执照的中外合作经营企业、外资企业；(4)依法成立的社会团体的分支机构、代表机构；(5)依法设立并领取营业执照的法人的分支机构；(6)依法设立并领取营业执照的商业银行、政策性银行和非银行金融机构的分支机构；(7)经依法登记领取营业执照的乡镇企业、街道企业；(8)其他符合该条规定条件的组织。因此，对于依法成立的社会团体的分支机构、代表机构，依法设立并领取营业执照的法人的分支机构，依法设立并领取营业执照的商业银行、政策性银行和非银行金融机构的分支机构，均可以分支机构名义参与诉讼。

典型案例

江阴市恒盛橡塑制品有限公司与英国码头监理有限公司青岛代表处、英国码头监理有限公司买卖合同纠纷案[1]

裁判要旨：2013年《公司法》第195条规定，外国公司在中国境内设立的分支机构不具有中国法人资格。外国公司对其分支机构在中国境内进行经营活动承担民事责任。外国企业派驻我国的代表处，是该外国企业的代表机构，对外代表该外国企业，代表处在我国境内的一切业务活动，由其所代表的外国企业承担法律责任。本案中，英国码头监理有限公司（以下简称码头监理公司）青岛代表处向江阴市恒盛橡塑制品有限公司订货并在对账函上加盖码头监理公司青岛代表处印章的行为均代表码头监理公司本身，应由码头监理公司直接承担民事责任。

〔1〕 参见江苏省无锡市中级人民法院民事判决书，(2018)苏02民初281号。

第二百四十八条 【外国公司分支机构的活动原则】经批准设立的外国公司分支机构，在中华人民共和国境内从事业务活动，应当遵守中国的法律，不得损害中国的社会公共利益，其合法权益受中国法律保护。

条文对照

2018 年《公司法》	2023 年《公司法》
第一百九十六条 经批准设立的外国公司分支机构，在*中国*境内从事业务活动，*必须*遵守中国的法律，不得损害中国的社会公共利益，其合法权益受中国法律保护。	**第二百四十八条** 经批准设立的外国公司分支机构，在*中华人民共和国*境内从事业务活动，*应当*遵守中国的法律，不得损害中国的社会公共利益，其合法权益受中国法律保护。

适用要点

本条是关于外国公司分支机构活动原则的规定。

外国公司的分支机构经过批准在中华人民共和国境内合法成立，其在中国境内从事业务活动时，应当遵守中国的法律，不得损害中国的社会公共利益，其合法权益受中国法律保护。

第二百四十九条 【外国公司分支机构撤销清算】外国公司撤销其在中华人民共和国境内的分支机构时，应当依法清偿债务，依照本法有关公司清算程序的规定进行清算。未清偿债务之前，不得将其分支机构的财产转移至中华人民共和国境外。

条文对照

2018 年《公司法》	2023 年《公司法》
第一百九十七条　外国公司撤销其在*中国*境内的分支机构时，*必须*依法清偿债务，依照本法有关公司清算程序的规定进行清算。未清偿债务之前，不得将其分支机构的财产移至*中国*境外。	**第二百四十九条**　外国公司撤销其在*中华人民共和国*境内的分支机构时，*应当*依法清偿债务，依照本法有关公司清算程序的规定进行清算。未清偿债务之前，不得将其分支机构的财产**转**移至*中华人民共和国*境外。

适用要点

本条是关于外国公司分支机构撤销清算的规定。

外国公司的分支机构是依照中华人民共和国的法律法规设立的，其撤销与清算自然也应当依照中华人民共和国的法律进行。外国公司撤销其在中国境内的分支机构时，应当依法清偿债务，按照本法有关公司清算程序的规定进行清算。在清偿分支机构的债务前，外国公司不得将其分支机构的财产转移至中华人民共和国境外。

典型案例

陈某、青岛市外国企业服务总公司劳务派遣合同纠纷案[1]

裁判要旨：外国企业母公司董事、总经理所作出的停止经营的决议并不属于解散、撤销代表处的情形。外国公司撤销其在中国境内的分支机构时，必须依法清偿债务，依照《公司法》有关公司清算程序的规定进行清算。故在未清偿债务并对员工进行合法安置时，外国公司的董事、总经理无权单方撤销代表处。

〔1〕 参见山东省青岛市中级人民法院民事判决书，(2019)鲁02民终9642号。

第十四章　法律责任

第二百五十条　【欺诈取得公司登记违法行为的法律责任】违反本法规定，虚报注册资本、提交虚假材料或者采取其他欺诈手段隐瞒重要事实取得公司登记的，由公司登记机关责令改正，对虚报注册资本的公司，处以虚报注册资本金额百分之五以上百分之十五以下的罚款；对提交虚假材料或者采取其他欺诈手段隐瞒重要事实的公司，处以五万元以上二百万元以下的罚款；情节严重的，吊销营业执照；对直接负责的主管人员和其他直接责任人员处以三万元以上三十万元以下的罚款。

条文对照

2018年《公司法》	2023年《公司法》
第一百九十八条　违反本法规定，虚报注册资本、提交虚假材料或者采取其他欺诈手段隐瞒重要事实取得公司登记的，由公司登记机关责令改正，对虚报注册资本的公司，处以虚报注册资本金额百分之五以上百分之十五以下的罚款；对提交虚假材料或者采取其他	第二百五十条　违反本法规定，虚报注册资本、提交虚假材料或者采取其他欺诈手段隐瞒重要事实取得公司登记的，由公司登记机关责令改正，对虚报注册资本的公司，处以虚报注册资本金额百分之五以上百分之十五以下的罚款；对提交虚假材料或者采取其他欺

续表

2018 年《公司法》	2023 年《公司法》
欺诈手段隐瞒重要事实的公司，处以五万元以上五十万元以下的罚款；情节严重的，~~撤销公司登记或者~~吊销营业执照。	诈手段隐瞒重要事实的公司，处以五万元以上**二百**万元以下的罚款；情节严重的，吊销营业执照；**对直接负责的主管人员和其他直接责任人员处以三万元以上三十万元以下的罚款。**

适用要点

本条是关于欺诈取得公司登记违法行为的法律责任的规定。

公司设立登记是公司设立的必经法律程序，公司登记机关收到申请材料后准予公司设立登记是一种行政行为，而虚报注册资本、提交虚假材料或者采取其他欺诈手段隐瞒重要事实取得公司登记，不但严重影响了国家对市场主体登记制度的规范管理，而且破坏了社会主义市场经济制度，应当予以相应的法律制裁。按照本条的规定，违反本法规定，采取欺诈手段取得公司登记的，由公司登记机关责令改正，根据违法行为的情况处以罚款或者吊销营业执照。对虚报注册资本的公司，处以虚报注册资本金额 5% 以上 15% 以下的罚款；对提交虚假材料或者采取其他欺诈手段隐瞒重要事实的公司，处以 5 万元以上 200 万元以下的罚款；对于情节严重的违法行为，直接吊销营业执照；对直接负责的主管人员和其他直接责任人员处以 3 万元以上 30 万元以下的罚款。需要注意的是，撤销公司设立登记是从根本上否认了公司民事主体资格的合法性，被撤销公司登记的公司的民事主体资格归于消灭。因此，本条进一步放松了管制。

典型案例

顾某某、姜某某虚报注册资本，违规披露、不披露重要信息，挪用资金案[1]

裁判要旨：公司注册资本登记制度的改革及《公司法》的修改降低了公司的注册门槛，同时也降低了虚报注册资本行为的违法性，基于从旧兼从轻原则，应当从有利于行为人的角度对其行为进行定性。虚报注册资本罪在主观方面应当存在骗取公司注册登记的目的，而对于以其他目的实施虚报注册资本的行为则不宜认定为犯罪。此外，无论是从优化营商环境的角度来讲，还是出于对刑法谦抑性原则的贯彻，刑法均不宜过度介入经济发展，行为人虚报注册资本造成的损害后果轻微的，不宜认定为犯罪。

第二百五十一条　【公司违反信息公示事项的法律责任】公司未依照本法第四十条规定公示有关信息或者不如实公示有关信息的，由公司登记机关责令改正，可以处以一万元以上五万元以下的罚款。情节严重的，处以五万元以上二十万元以下的罚款；对直接负责的主管人员和其他直接责任人员处以一万元以上十万元以下的罚款。

条文对照

2018年《公司法》	2023年《公司法》
	第二百五十一条　公司未依照本法第四十条规定公示有关信息或者不

〔1〕参见最高人民法院刑事判决书，(2018)最高法刑再4号，最高人民法院依法平等保护民营企业家人身财产安全十大典型案例。

续表

2018年《公司法》	2023年《公司法》
	如实公示有关信息的，由公司登记机关责令改正，可以处以一万元以上五万元以下的罚款。情节严重的，处以五万元以上二十万元以下的罚款；对直接负责的主管人员和其他直接责任人员处以一万元以上十万元以下的罚款。

适用要点

本条是关于公司违反信息公示事项的法律责任的规定。

本法第40条规定了公司应当通过国家企业信用信息公示系统进行公示的事项，保护市场主体合法权益，促进创业创新，维护市场交易秩序，持续营造稳定公平透明、可预期的营商环境。

公司要通过国家企业信用信息公示系统如实公示有关信息，为确保公司履行公示义务，形成制度闭环，公司如未依照本法第40条规定公示有关信息或者不如实公示有关信息的，本条规定由公司登记机关责令改正，可以处以1万元以上5万元以下的罚款。情节严重的，处以5万元以上20万元以下的罚款；对直接负责的主管人员和其他直接责任人员处以1万元以上10万元以下的罚款，从而督促公司及时准确履行公示义务，有利于强化社会监督、保护交易安全、建设诚信的市场环境。

第二百五十二条　【虚假出资的行政处罚】公司的发起人、股东虚假出资，未交付或者未按期交付作为出资的货币或者非货币财产的，由公司登记机关责令改正，可以处以五万元以上二十万元

以下的罚款;情节严重的,处以虚假出资或者未出资金额百分之五以上百分之十五以下的罚款;对直接负责的主管人员和其他直接责任人员处以一万元以上十万元以下的罚款。

条文对照

2018 年《公司法》	2023 年《公司法》
第一百九十九条 公司的发起人、股东虚假出资,未交付或者未按期交付作为出资的货币或者非货币财产的,由公司登记机关责令改正,处以虚假出资金额百分之五以上百分之十五以下的罚款。	**第二百五十二条** 公司的发起人、股东虚假出资,未交付或者未按期交付作为出资的货币或者非货币财产的,由公司登记机关责令改正,**可以处以五万元以上二十万元以下的罚款;情节严重的,**处以虚假出资**或者未出资**金额百分之五以上百分之十五以下的罚款**;对直接负责的主管人员和其他直接责任人员处以一万元以上十万元以下的罚款。**

适用要点

本条是关于虚假出资行政处罚的规定。

我国公司注册资本从实缴制转变为认缴制以后,股东对出资享有期限利益,但是对公司的出资义务仍然存续,以确保公司资本充足。公司的发起人、股东要如实按期足额缴纳出资额,违反本法规定虚假出资,未交付或者未按期交付作为出资的货币或者非货币财产而假冒已经出资的,即构成虚假出资行为,应当承担相应的责任,即由公司登记机关责令改正,可以处以 5 万元以上 20 万元以下的罚款;情节严重的,处以虚假出资或者未出资金额 5% 以上 15% 以下的罚款;对直接负责的主管人员和其他直接责任人员处以 1 万元以上 10 万元以下的罚款。

第二百五十三条　【公司发起人、股东抽逃出资的行政处罚】公司的发起人、股东在公司成立后，抽逃其出资的，由公司登记机关责令改正，处以所抽逃出资金额百分之五以上百分之十五以下的罚款；对直接负责的主管人员和其他直接责任人员处以三万元以上三十万元以下的罚款。

条文对照

2018 年《公司法》	2023 年《公司法》
第二百条　公司的发起人、股东在公司成立后，抽逃其出资的，由公司登记机关责令改正，处以所抽逃出资金额百分之五以上百分之十五以下的罚款。	**第二百五十三条**　公司的发起人、股东在公司成立后，抽逃其出资的，由公司登记机关责令改正，处以所抽逃出资金额百分之五以上百分之十五以下的罚款；**对直接负责的主管人员和其他直接责任人员处以三万元以上三十万元以下的罚款。**

适用要点

本条是关于公司发起人、股东抽逃出资行政处罚的规定。

抽逃出资是严重侵蚀公司资本的行为，我国《公司法》明确禁止股东抽逃出资。股东抽逃出资实际上是股东不履行或只履行了部分的出资义务，却仍享有投资收益权、公司管理权等股东权利，且受到公司制度赋予股东有限责任制度保护的不公平现象。股东抽逃出资，不仅违反了公司资本制度，而且破坏了股东承担有限责任的公平性基础。抽逃出资行为的主体为公司发起人和股东，其抽逃出资行为是一种故意的行为，但具有复杂性、模糊性和隐蔽性等特点，抽逃出资的形式多种多样，很多时候难以凭一己之力完成，还存在其他股东、董事、高级管理人员或者实际控制人等其他主体参与协助抽逃的情况。抽逃出资行为应当承担的行政责任包括责令改正和罚款。公司的发起人、股东在公司成立后，抽逃其出资的，由公司登记机关责令改正，处以所抽逃出资金额5%以上15%以下的罚款，本条还规定可以对直接负责的主管人员和其他直接责任人员处以3万元以上30万元以下的罚款。

第二百五十四条　【另立会计账簿、提供虚假财会报告等材料的法律责任】有下列行为之一的，由县级以上人民政府财政部门依照《中华人民共和国会计法》等法律、行政法规的规定处罚：

（一）在法定的会计账簿以外另立会计账簿；

（二）提供存在虚假记载或者隐瞒重要事实的财务会计报告。

条文对照

2018年《公司法》	2023年《公司法》
第二百零一条　~~公司违反本法规定，~~在法定的会计账簿以外另立会计账簿的，由县级以上人民政府财政部门~~责令改正，处以五万元以上五十万元以下的罚款~~。 第二百零二条　~~公司在依法向有关主管部门~~提供的财务会计报告等材料~~上作~~虚假记载或者隐瞒重要事实的~~，由有关主管部门对直接负责的主管人员和其他直接责任人员处以三万元以上三十万元以下的罚款~~。	第二百五十四条　**有下列行为之一的，**由县级以上人民政府财政部门**依照《中华人民共和国会计法》等法律、行政法规的规定处罚：** （一）在法定的会计账簿以外另立会计账簿； （二）提供**存在**虚假记载或者隐瞒重要事实的财务会计报告。

适用要点

本条是关于违反公司财务管理制度另立会计账簿、提供虚假财会报告等材料的法律责任的规定。

本法第216条规定："公司应当向聘用的会计师事务所提供真实、完整的会计凭证、会计账簿、财务会计报告及其他会计资料，不得拒绝、隐匿、谎报。"第217条第1款规定："公司除法定的会计账簿外，不得另立会计账簿。"如果在法定的会计账簿以外另立会计账簿或者提供的财务会计报告等材料作虚假记载或者隐瞒重要事实，本条规定与《会计法》相衔接，直接规定按照《会计法》等法律、行政法规的规定处罚，其他特别规定优先适用。

《会计法》第42条规定："违反本法规定，有下列行为之一的，由县级以上人民政府财政部门责令限期改正，可以对单位并处三千元以上五万元以下的罚款；对其直接负责的主管人员和其他直接责任人员，可以处二千元以上二万元以下的罚款；属于国家工作人员的，还应当由其所在单位或者有关单位依法给予行政处分：（一）不依法设置会计帐簿的；（二）私设会计帐簿的；（三）未按照规定填制、取得原始凭证或者填制、取得的原始凭证不符合规定的；（四）以未经审核的会计凭证为依据登记会计帐簿或者登记会计帐簿不符合规定的；（五）随意变更会计处理方法的；（六）向不同的会计资料使用者提供的财务会计报告编制依据不一致的；（七）未按照规定使用会计记录文字或者记帐本位币的；（八）未按照规定保管会计资料，致使会计资料毁损、灭失的；（九）未按照规定建立并实施单位内部会计监督制度或者拒绝依法实施的监督或者不如实提供有关会计资料及有关情况的；（十）任用会计人员不符合本法规定的。有前款所列行为之一，构成犯罪的，依法追究刑事责任。会计人员有第一款所列行为之一，情节严重的，五年内不得从事会计工作。有关法律对第一款所列行为的处罚另有规定的，依照有关法律的规定办理。"

第二百五十五条　【公司合并、分立、减少注册资本或清算时的违法行为及法律责任】公司在合并、分立、减少注册资本或者进行清算时，不依照本法规定通知或者公告债权人的，由公司登记机关责令改正，对公司处以一万元以上十万元以下的罚款。

条文对照

2018 年《公司法》	2023 年《公司法》
第二百零四条第一款　公司在合并、分立、减少注册资本或者进行清算时，不依照本法规定通知或者公告债权人的，由公司登记机关责令改正，对公司处以一万元以上十万元以下的罚款。	**第二百五十五条**　公司在合并、分立、减少注册资本或者进行清算时，不依照本法规定通知或者公告债权人的，由公司登记机关责令改正，对公司处以一万元以上十万元以下的罚款。

适用要点

本条是关于公司合并、分立、减少注册资本或清算时违反通知、公告义务的法律责任的规定。

本法规定公司应当自作出合并、分立决议之日起 10 日内通知债权人，并于 30 日内在报纸上或者统一的企业信息公示系统公告。清算组应当自成立之日起 10 日内通知债权人，并于 60 日内在报纸上或者统一的企业信息公示系统公告。公司违反通知和公告义务，不依照本法规定通知或者公告债权人的，本条规定由公司登记机关责令改正，对公司处以 1 万元以上 10 万元以下的罚款。

第二百五十六条　【公司进行清算时的违法行为及法律责任】公司在进行清算时，隐匿财产，对资产负债表或者财产清单作虚假记载，或者在未清偿债务前分配公司财产的，由公司登记机关责令改正，对公司处以隐匿财产或者未清偿债务前分配公司财产金额百分之五以上百分之十以下的罚款；对直接负责的主管人员和其他直接责任人员处以一万元以上十万元以下的罚款。

条文对照

2018年《公司法》	2023年《公司法》
第二百零四条第二款　公司在进行清算时，隐匿财产，对资产负债表或者财产清单作虚假记载或者在未清偿债务前分配公司财产的，由公司登记机关责令改正，对公司处以隐匿财产或者未清偿债务前分配公司财产金额百分之五以上百分之十以下的罚款；对直接负责的主管人员和其他直接责任人员处以一万元以上十万元以下的罚款。	**第二百五十六条**　公司在进行清算时，隐匿财产，对资产负债表或者财产清单作虚假记载**，**或者在未清偿债务前分配公司财产的，由公司登记机关责令改正，对公司处以隐匿财产或者未清偿债务前分配公司财产金额百分之五以上百分之十以下的罚款；对直接负责的主管人员和其他直接责任人员处以一万元以上十万元以下的罚款。

适用要点

本条是关于公司进行清算时的违法行为及法律责任的规定。

公司清算是对公司法律关系进行清理，了结公司债权、债务，分配剩余财产等，实现公司合法有序的消亡。受托履行清算职责的清算组及相关人员对公司负勤勉、忠实义务。清算组的组成和具体的清算活动都应严格依照法律规定的程序和条件进行。行为人在清算组进行清算期间，为了隐匿财产而制作虚假的资产负债表或财产清单，或者在公司债务尚未清偿之前私自分配公司财产的，不仅会造成公司清算工作失去真实的、客观的依据，给公司清算工作增加难度，更为严重的是妨害了对公司财产的清算，侵害了债权人或其他人的合法权益。[1] 因此，需要对公司清算时，隐匿财产，对资产负债表或者财产清单作虚假记载，或者在未清偿债务前分配公司财产的行为进行规制。如果有上述违法行为，应当由公司登记机关责令改正，对公司处以隐匿财产或者未清偿债务前分配公司财产金额5%以上10%以下的罚款；对直接负责的主管人员和其他直接责任人员处以1万元以上10万元以下的罚款。

第二百五十七条　【承担资产评估、验资或者验证的机构违法行为的法律责任】承担资产评估、验资或者验证的机构提供虚假材料或者提供有重大遗漏的报告的，由有关部门依照《中华人民共和国资产评估法》、《中华人民共和国注册会计师法》等法律、行政法规的规定处罚。

承担资产评估、验资或者验证的机构因其出具的评估结果、验资或者验证证明不实，给公司债权人造成损失的，除能够证明自己没有过错的外，在其评估或者证明不实的金额范围内承担赔偿责任。

条文对照

2018年《公司法》	2023年《公司法》
第二百零七条　承担资产评估、验资或者验证的机构提供虚假材料的，由~~公司登记机关没收违法所得，处以违法~~	**第二百五十七条**　承担资产评估、验资或者验证的机构提供虚假材料**或者提供有重大遗漏的报告**的，由**有关部**

〔1〕 参见安建主编：《中华人民共和国公司法释义》（第2版），法律出版社2013年版，第316页。

续表

2018 年《公司法》	2023 年《公司法》
~~所得一倍以上五倍以下的罚款，并可以由有关主管部门依法责令该机构停业、吊销直接责任人员的资格证书，吊销营业执照~~。 承担资产评估、验资或者验证的机构因~~过失~~提供有重大遗漏的报告的，由~~公司登记机关责令改正，情节较重的，处以所得收入一倍以上五倍以下的罚款，并可以由有关主管部门依法责令该机构停业、吊销直接责任人员的资格证书，吊销营业执照~~。 承担资产评估、验资或者验证的机构因其出具的评估结果、验资或者验证证明不实，给公司债权人造成损失的，除能够证明自己没有过错的外，在其评估或者证明不实的金额范围内承担赔偿责任。	**门依照《中华人民共和国资产评估法》、《中华人民共和国注册会计师法》等法律、行政法规的规定处罚。** 承担资产评估、验资或者验证的机构因其出具的评估结果、验资或者验证证明不实，给公司债权人造成损失的，除能够证明自己没有过错的外，在其评估或者证明不实的金额范围内承担赔偿责任。

适用要点

本条是关于承担资产评估、验资或者验证的机构违法行为的法律责任的规定。

本法第 48 条第 2 款规定，对作为出资的非货币财产应当评估作价，核实财产，不得高估或者低估作价，法律、行政法规对评估作价有规定的，从其规定；第 101 条规定，向社会公开募集股份的股款缴足后，应当经依法设立的验资机构验资并出具证明。资产评估机构、验资、验证机构应当如实提供材料，不得弄虚作假，或者提供有重大遗漏的报告。本条规定与《资产评估法》《注册会计师法》关于违法行为的处罚规定相衔接，直接规定依照《资产评估法》《注册会计师法》等法律、行政法规的规定处罚。

承担资产评估、验资或者验证的机构因为自己的过错，出具了不实的评估结果、验资或者验证证明，公司债权人因为信任其评估结果、验资或者验证证明而遭受损失的，债权人有理由要求承担资产评估、验资或者验证的机构予以赔偿。承担资产评估、验资或者验证的机构除能够证明自己没有过错的外，在其评估或者证明不实的金额范围内承担赔偿责任。[1]

《刑法》第229条规定："承担资产评估、验资、验证、会计、审计、法律服务、保荐、安全评价、环境影响评价、环境监测等职责的中介组织的人员故意提供虚假证明文件，情节严重的，处五年以下有期徒刑或者拘役，并处罚金；有下列情形之一的，处五年以上十年以下有期徒刑，并处罚金：（一）提供与证券发行相关的虚假的资产评估、会计、审计、法律服务、保荐等证明文件，情节特别严重的；（二）提供与重大资产交易相关的虚假的资产评估、会计、审计等证明文件，情节特别严重的；（三）在涉及公共安全的重大工程、项目中提供虚假的安全评价、环境影响评价等证明文件，致使公共财产、国家和人民利益遭受特别重大损失的。有前款行为，同时索取他人财物或者非法收受他人财物构成犯罪的，依照处罚较重的规定定罪处罚。第一款规定的人员，严重不负责任，出具的证明文件有重大失实，造成严重后果的，处三年以下有期徒刑或者拘役，并处或者单处罚金。"

《资产评估法》第47条规定："评估机构违反本法规定，有下列情形之一的，由有关评估行政管理部门予以警告，可以责令停业一个月以上六个月以下；有违法所得的，没收违法所得，并处违法所得一倍以上五倍以下罚款；情节严重的，由工商行政管理部门吊销营业执照；构成犯罪的，依法追究刑事责任：（一）利用开展业务之便，谋取不正当利益的；（二）允许其他机构以本机构名义开展业务，或者冒用其他机构名义开展业务的；（三）以恶性压价、支付回扣、虚假宣传，或者贬损、诋毁其他评估机构等不

[1] 参见安建主编：《中华人民共和国公司法释义》（第2版），法律出版社2013年版，第322页。

正当手段招揽业务的；（四）受理与自身有利害关系的业务的；（五）分别接受利益冲突双方的委托，对同一评估对象进行评估的；（六）出具有重大遗漏的评估报告的；（七）未按本法规定的期限保存评估档案的；（八）聘用或者指定不符合本法规定的人员从事评估业务的；（九）对本机构的评估专业人员疏于管理，造成不良后果的。评估机构未按本法规定备案或者不符合本法第十五条规定的条件的，由有关评估行政管理部门责令改正；拒不改正的，责令停业，可以并处一万元以上五万元以下罚款。”

《注册会计师法》第39条规定：“会计师事务所违反本法第二十条、第二十一条规定的，由省级以上人民政府财政部门给予警告，没收违法所得，可以并处违法所得一倍以上五倍以下的罚款；情节严重的，并可以由省级以上人民政府财政部门暂停其经营业务或者予以撤销。注册会计师违反本法第二十条、第二十一条规定的，由省级以上人民政府财政部门给予警告；情节严重的，可以由省级以上人民政府财政部门暂停其执行业务或者吊销注册会计师证书。会计师事务所、注册会计师违反本法第二十条、第二十一条的规定，故意出具虚假的审计报告、验资报告，构成犯罪的，依法追究刑事责任。”对于同个行为存在不同法律规定的情形，本条规定了其他法律规定优先适用，即法律、行政法规对违反本条规定行为的法律责任另有规定的，从其规定。

典型案例

孟村回族自治县农村信用合作联社、河北民益投资有限责任公司借款合同纠纷案[1]

裁判要旨：公司注册资本的作用不仅在于为企业提供法人独立财产，亦在于对公司债权人履行债务的担保，对不特定第三人交易的信用担保。股东的虚假注资行为，必然

〔1〕参见河北省沧州市中级人民法院民事判决书，（2018）冀09民终6656号。

导致注册资本的减少，降低公司对外履行债务的能力，增加债权人债权无法实现的风险。金融机构的虚假资金证明行为，与公司债权人债权无法实现存在因果关系，应在虚假证明资金金额范围内承担赔偿责任。

第二百五十八条　【公司登记机关不当履职行为的法律责任】公司登记机关违反法律、行政法规规定未履行职责或者履行职责不当的，对负有责任的领导人员和直接责任人员依法给予政务处分。

条文对照

2018年《公司法》	2023年《公司法》
第二百零八条　公司登记机关对~~不符合本法规定条件的登记申请予以登记，或者对符合本法规定条件的登记申请不予登记的，~~对~~直接负责~~的~~主管~~人员和~~其他~~直接责任人员，依法给予~~行政~~处分。	**第二百五十八条**　公司登记机关**违反法律、行政法规规定未履行职责或者履行职责不当的**，对**负有责任**的**领导**人员和直接责任人员依法给予**政务**处分。

适用要点

本条是关于公司登记机关不当履职行为的法律责任的规定。

公司登记机关作为办理公司登记事项的行政机关，应当严格按照法定条件和程序履行职责，不得滥用职权。本法第29条规定，设立公司，应当依法向公司登记机关申请设立登记；法律、行政法规规定设立公司应当报经批准的，应当在公司登记前依法办理批准手续。《市场主体登记管理条例》第50条规定，登记机关及其工作人员违反本条例规定未履行职责或者履行职责不当的，对直接负责的主管人员和其他直接责任人员依法给予处分。不符合本法规定的设立条件的,不得登记为有限责任公司或者股份有限公司。公司登记机关违法履行职责,未履行或不当履行职责的,对不符合本法规定条件的登记申请予以登记,或者对符合本法规定条件的登记申请不予登记的,公司登记机关的上级部门强令公司登记机关违法履行登记职责,或者对公司登记机关的违法登记行为进行包庇的,会侵害当事人的合法权益,损害登记机关的威信,或者损害国家、社会和个人的利益,破坏市场经济秩序,应当对负有责任的领导人员和直接责任人员,依法给予政务处分。

公司登记机关的上级部门不应当强迫下级机关违法办理公司登记事项,如对不符合本法规定条件的登记申请予以登记,或者对符合本法规定条件的登记申请不予登记,或者对违法登记进行包庇。根据有关规定,应当对直接负责的主管人员和其他直接责任人员依法给予处分。

第二百五十九条 【假冒公司的法律责任】未依法登记为有限责任公司或者股份有限公司,而冒用有限责任公司或者股份有限公司名义的,或者未依法登记为有限责任公司或者股份有限公司的分公司,而冒用有限责任公司或者股份有限公司的分公司名义的,由公司登记机关责令改正或者予以取缔,可以并处十万元以下的罚款。

条文对照

2018 年《公司法》	2023 年《公司法》
第二百一十条 未依法登记为有限责任公司或者股份有限公司,而冒用有限责任公司或者股份有限公司名义的,或者未依法登记为有限责任公司或	**第二百五十九条** 未依法登记为有限责任公司或者股份有限公司,而冒用有限责任公司或者股份有限公司名义的,或者未依法登记为有限责任公司

续表

2018 年《公司法》	2023 年《公司法》
者股份有限公司的分公司，而冒用有限责任公司或者股份有限公司的分公司名义的，由公司登记机关责令改正或者予以取缔，可以并处十万元以下的罚款。	或者股份有限公司的分公司，而冒用有限责任公司或者股份有限公司的分公司名义的，由公司登记机关责令改正或者予以取缔，可以并处十万元以下的罚款。

适用要点

本条是关于假冒有限责任公司或者股份有限公司及其分公司名义的法律责任的规定。

本法第 7 条规定，依照本法设立的有限责任公司，应当在公司名称中标明有限责任公司或者有限公司字样。依照本法设立的股份有限公司，应当在公司名称中标明股份有限公司或者股份公司字样。行为人冒用有限责任公司或股份有限公司名义或者有限责任公司或股份有限公司的分公司名义，开展经营活动，扰乱市场经济秩序的，本条规定由公司登记机关责令改正或者予以取缔，可以并处 10 万元以下的罚款。

第二百六十条 【逾期未开业、不当停业或者不依法办理变更登记的法律责任】公司成立后无正当理由超过六个月未开业的，或者开业后自行停业连续六个月以上的，公司登记机关可以吊销营业执照，但公司依法办理歇业的除外。

公司登记事项发生变更时，未依照本法规定办理有关变更登记的，由公司登记机关责令限期登记；逾期不登记的，处以一万元以上十万元以下的罚款。

条文对照

2018 年《公司法》	2023 年《公司法》
第二百一十一条　公司成立后无正当理由超过六个月未开业的，或者开业后自行停业连续六个月以上的，~~可以由~~公司登记机关吊销营业执照。 公司登记事项发生变更时，未依照本法规定办理有关变更登记的，由公司登记机关责令限期登记；逾期不登记的，处以一万元以上十万元以下的罚款。	**第二百六十条**　公司成立后无正当理由超过六个月未开业的，或者开业后自行停业连续六个月以上的，公司登记机关**可以**吊销营业执照**，但公司依法办理歇业的除外**。 公司登记事项发生变更时，未依照本法规定办理有关变更登记的，由公司登记机关责令限期登记；逾期不登记的，处以一万元以上十万元以下的罚款。

适用要点

本条是关于逾期未开业、停业连续 6 个月以上或者不依法办理变更登记的法律责任的规定。

本法第 33 条第 1 款规定，依法设立的公司，由公司登记机关发给公司营业执照。公司营业执照签发日期为公司成立日期。为维护正常的社会经济秩序，公司成立后无正当理由超过 6 个月未开业的，或者开业后自行停业连续 6 个月以上的，公司登记机关可以吊销营业执照，但公司依法办理歇业的除外，该规定体现了对营业自由的尊重。《市场主体登记管理条例》第 30 条中规定，因自然灾害、事故灾难、公共卫生事件、社会安全事件等原因造成经营困难的，市场主体可以自主决定在一定时期内歇业。市场主体歇业的期限最长不得超过 3 年。市场主体在歇业期间开展经营活动的，视为恢复营业，市场主体应当通过国家企业信用信息公示系统向社会公示。

本法第 34 条第 1 款规定，公司登记事项发生变更的，应当依法办理变更登记。变更登记与设立登记都是公司登记法律制度的重要组成部分,公司登记事项发生变更,未依照本法规定办理有关变更登记,违反了法律规定的义务的,由公司登记机关责令限期登记;逾期不登记的,处以1万元以上10万元以下的罚款。

第二百六十一条 【外国公司擅自在中国境内设立分支机构的法律责任】外国公司违反本法规定,擅自在中华人民共和国境内设立分支机构的,由公司登记机关责令改正或者关闭,可以并处五万元以上二十万元以下的罚款。

条文对照

2018年《公司法》	2023年《公司法》
第二百一十二条 外国公司违反本法规定,擅自在*中国*境内设立分支机构的,由公司登记机关责令改正或者关闭,可以并处五万元以上二十万元以下的罚款。	**第二百六十一条** 外国公司违反本法规定,擅自在*中华人民共和国*境内设立分支机构的,由公司登记机关责令改正或者关闭,可以并处五万元以上二十万元以下的罚款。

适用要点

本条是关于外国公司擅自在中国境内设立分支机构的法律责任的规定。

本法第244条第1款规定,外国公司在中华人民共和国境内设立分支机构,应当向中国主管机关提出申请,并提交其公司章程、所属国的公司登记证书等有关文件,经批准后,向公司登记机关依法办理登记,领取营业执照。擅自在中华人民共和国境内设立分支机构的,由公司登记机关责令改正或者关闭，可以并处5万元以上20万元以下的罚款。

第二百六十二条　【从事危害国家安全、社会公共利益的严重违法行为的法律责任】利用公司名义从事危害国家安全、社会公共利益的严重违法行为的，吊销营业执照。

条文对照

2018年《公司法》	2023年《公司法》
第二百一十三条　利用公司名义从事危害国家安全、社会公共利益的严重违法行为的，吊销营业执照。	**第二百六十二条**　利用公司名义从事危害国家安全、社会公共利益的严重违法行为的，吊销营业执照。

适用要点

本条是关于利用公司名义从事危害国家安全、社会公共利益的严重违法行为的法律责任的规定。

公司从事经营活动，应当遵守法律法规，遵守社会公德、商业道德，诚实守信，接受政府和社会公众的监督。利用公司名义从事危害国家安全、社会公共利益的严重违法行为的，应当吊销营业执照。

第二百六十三条　【民事赔偿优先原则】公司违反本法规定，应当承担民事赔偿责任和缴纳罚款、罚金的，其财产不足以支付时，先承担民事赔偿责任。

条文对照

2018 年《公司法》	2023 年《公司法》
第二百一十四条 公司违反本法规定,应当承担民事赔偿责任和缴纳罚款、罚金的,其财产不足以支付时,先承担民事赔偿责任。	**第二百六十三条** 公司违反本法规定,应当承担民事赔偿责任和缴纳罚款、罚金的,其财产不足以支付时,先承担民事赔偿责任。

适用要点

本条是关于民事赔偿优先原则的规定。

《民法典》第 187 条规定,民事主体因同一行为应当承担民事责任、行政责任和刑事责任的,承担行政责任或者刑事责任不影响承担民事责任;民事主体的财产不足以支付的,优先用于承担民事责任。我国采取“民商合一”的立法模式,公司是营利法人,具有民事权利能力和民事行为能力,依法独立享有民事权利和承担民事责任。公司作为民事主体之一,《民法典》的规定也适用于公司。公司如因某一违法的行为构成责任竞合时,承担行政责任或者刑事责任不影响承担民事责任。本条规定,在违法的公司既应承担民事赔偿责任,又应承担行政责任和刑事责任、缴纳罚款或罚金情况下,其财产不足以同时支付的,应当先行承担民事赔偿责任。

第二百六十四条 【刑事责任】违反本法规定,构成犯罪的,依法追究刑事责任。

条文对照

2018 年《公司法》	2023 年《公司法》
第二百一十五条 违反本法规定，构成犯罪的，依法追究刑事责任。	**第二百六十四条** 违反本法规定，构成犯罪的，依法追究刑事责任。

适用要点

本条是关于违反本法规定，构成犯罪的，依法追究刑事责任的规定。

公司、企业、事业单位、机关、团体实施的危害社会的行为，法律规定为单位犯罪的，应当负刑事责任。公司属于刑法规定的单位犯罪主体，公司及其发起人或股东、清算组等不同主体在公司设立时虚报注册资本、抽逃出资、欺诈发行证券、妨害清算等违反本法规定，构成犯罪的，将被追究刑事责任。

第十五章　附　　则

第二百六十五条　【用语含义】本法下列用语的含义：

（一）高级管理人员，是指公司的经理、副经理、财务负责人，上市公司董事会秘书和公司章程规定的其他人员。

（二）控股股东，是指其出资额占有限责任公司资本总额超过百分之五十或者其持有的股份占股份有限公司股本总额超过百分之五十的股东；出资额或者持有股份的比例虽然低于百分之五十，但依其出资额或者持有的股份所享有的表决权已足以对股东会的决议产生重大影响的股东。

（三）实际控制人，是指通过投资关系、协议或者其他安排，能够实际支配公司行为的人。

（四）关联关系，是指公司控股股东、实际控制人、董事、监事、高级管理人员与其直接或者间接控制的企业之间的关系，以及可能导致公司利益转移的其他关系。但是，国家控股的企业之间不仅因为同受国家控股而具有关联关系。

条文对照

2018 年《公司法》	2023 年《公司法》
第二百一十六条 本法下列用语的含义： （一）高级管理人员，是指公司的经理、副经理、财务负责人，上市公司董事会秘书和公司章程规定的其他人员。 （二）控股股东，是指其出资额占有限责任公司资本总额百分之五十*以上*或者其持有的股份占股份有限公司股本总额百分之五十*以上*的股东；出资额或者持有股份的比例虽然*不足*百分之五十，但依其出资额或者持有的股份所享有的表决权已足以对股东会~~、股东大会~~的决议产生重大影响的股东。 （三）实际控制人，是指~~虽不是公司的股东，~~但通过投资关系、协议或者其他安排，能够实际支配公司行为的人。 （四）关联关系，是指公司控股股东、实际控制人、董事、监事、高级管理人员与其直接或者间接控制的企业之间的关系，以及可能导致公司利益转移的其他关系。但是，国家控股的企业之间不仅因为同受国家控股而具有关联关系。	**第二百六十五条** 本法下列用语的含义： （一）高级管理人员，是指公司的经理、副经理、财务负责人，上市公司董事会秘书和公司章程规定的其他人员。 （二）控股股东，是指其出资额占有限责任公司资本总额*超过*百分之五十或者其持有的股份占股份有限公司股本总额*超过*百分之五十的股东；出资额或者持有股份的比例虽然*低于*百分之五十，但依其出资额或者持有的股份所享有的表决权已足以对股东会的决议产生重大影响的股东。 （三）实际控制人，是指通过投资关系、协议或者其他安排，能够实际支配公司行为的人。 （四）关联关系，是指公司控股股东、实际控制人、董事、监事、高级管理人员与其直接或者间接控制的企业之间的关系，以及可能导致公司利益转移的其他关系。但是，国家控股的企业之间不仅因为同受国家控股而具有关联关系。

适用要点

本条是关于本法特定用语含义的规定。

本法规定公司的控股股东、实际控制人、董事、监事、高级管理人员不得利用关联关系损害公司利益。我国《公司法》所定义的高级管理人员，是指公司的经理、副经理、财务负责人，上市公司董事会秘书和公司章程规定的其他人员。控股股东，是指其出资额占有限责任公司资本总额超过50%或者其持有的股份占股份有限公司股本总额超过50%；出资额或者持有股份的比例虽然低于50%，但依其出资额或者持有的股份所享有的表决权已足以对股东会的决议产生重大影响的股东。实际控制人，是指通过投资关系、协议或者其他安排，能够实际支配公司行为的人。关联关系，是指公司控股股东、实际控制人、董事、监事、高级管理人员与其直接或者间接控制的企业之间的关系，以及可能导致公司利益转移的其他关系。国家控股的企业之间不仅仅因为同受国家控股而具有关联关系。

第二百六十六条 【施行日期、出资期限及出资额的调整】本法自2024年7月1日起施行。

本法施行前已登记设立的公司，出资期限超过本法规定的期限的，除法律、行政法规或者国务院另有规定外，应当逐步调整至本法规定的期限以内；对于出资期限、出资额明显异常的，公司登记机关可以依法要求其及时调整。具体实施办法由国务院规定。

条文对照

2018 年《公司法》	2023 年《公司法》
第二百一十八条　本法自~~2006~~年~~1~~月~~1~~日起施行。	第二百六十六条　本法自**2024**年**7**月**1**日起施行。 **本法施行前已登记设立的公司，出资期限超过本法规定的期限的，除法律、行政法规或者国务院另有规定外，应当逐步调整至本法规定的期限以内；对于出资期限、出资额明显异常的，公司登记机关可以依法要求其及时调整。具体实施办法由国务院规定。**

适用要点

本条是关于本法施行日期、出资期限及出资额的调整的规定。

法的适用效力，又称法的效力范围，主要指对人、对事以及地域、时间的适用范围。法的时间效力是法的适用效力的重要内容，是指法律何时生效、何时终止生效及法律对其颁布实施前的事件和行为是否具有溯及力的问题。由于新法实施后，会存在有的公司股东认缴期超过法定期限的情形，本条第2项专门针对本法施行前已登记设立的公司，出资期限超过本法规定的期限作了过渡安排，除法律、行政法规或者国务院另有规定外，授权国务院制定具体办法，逐步将其出资期限调整至本法规定的期限以内；对于出资期限、出资额明显异常的，公司登记机关可以依法要求其及时调整。"新法优于旧法"原则的基本要求是，由同一部门法就相同的问题，在不同时期先后作出的规定应该以最新规定为准。一般而言，在后的规范性规定均较在先的规定更科学，更符合实际情况，更有利于保护自然人、法人、非法人组织的合法权益。

法律修改后的生效日期也有两种形式：一种是属于修订法律，要重新公布法律的生效日期;另一种是对法律进行修改,一般不修改法律的生效日期,只是规定法律的修改决定的公布日期。根据本条规定,2023 年《公司法》施行之日起适用于所有一审、二审案件,不需要区分新受理的一审案件或审理中的案件。